ŒUVRES

POÉTIQUES

DE LAMARTINE

LA CHUTE D'UN ANGE

PARIS

FURNE, JOUVET et Cie, — PAGNERRE

HACHETTE et Cie

M DCCC LXXVII

ŒUVRES

POÉTIQUES

DE LAMARTINE

LA CHUTE D'UN ANGE

PARIS. TYPOGRAPHIE DE E. PLON ET Cie, RUE GARANCIÈRE, 8.

OEUVRES

POÉTIQUES

DE LAMARTINE

LA CHUTE D'UN ANGE

PARIS

FURNE, JOUVET et Cie, — PAGNERRE

HACHETTE et Cie

—

M DCCC LXXVII

ÉPIGRAPHE DE LA PREMIÈRE ÉDITION.

Ces sombres nuages du passé ne peuvent être déchirés que par le feu du ciel.
OMAÏAH BEN AIEDZ, poëte arabe.

AVERTISSEMENT

Ceci est encore un épisode du poëme dont *Jocelyn* fait partie. C'est une page de plus de cette œuvre de trop longue haleine dont je me suis tracé le plan de bonne heure, et dont j'ébaucherai quelques fragments de plus jusqu'à mes années d'hiver, si Dieu m'en réserve. La nature morale en est le sujet, comme la nature physique fut le sujet du poëte Lucrèce. L'âme humaine et les phases successives par lesquelles Dieu lui fait accomplir ses destinées perfectibles, n'est-ce pas le plus beau thème des chants de la poésie? Je ne me fais point illusion sur l'impuissance de mon faible talent et sur la brièveté de la vie, comparées à une semblable entreprise; aussi je ne prétends rien achever. Quelques pas chancelants et souvent distraits dans une route sans terme, c'est le lot de tout philosophe et de tout artiste. Les forces, les années, les loisirs manquent. Les jours de poëte sont courts, même dans les plus longues vies d'homme. La poésie n'est que ce qui déborde du calice humain. On ne vit pas d'ivresse et d'extase, et ceux qui commandent à un poëte d'être toujours poëte ressemblent à ce calife qui commanda à ses esclaves de le faire vivre de musique et de parfums : il mourut de volupté et d'inanition.

Je sais qu'on me reproche avec une bienveillante colère de ne pas consacrer ma vie entière à écrire, et surtout à polir des vers, dont je n'ai jamais fait ni prétendu faire qu'une consolation rare et accidentelle de ma pensée. Je n'ai rien à répondre, si ce n'est que chacun a reçu sa mission de sa nature. Je porte envie à ces natures contemplatives à qui Dieu n'a donné que des ailes, et qui peuvent planer toujours dans des régions éthérées, portées sur leurs rêves immortels, sans ressentir le contre-coup des choses d'ici-bas, qui tremblent sous nos pieds. Ce ne sont plus là des hommes, ce sont des êtres privilégiés qui n'ont de l'humanité que les sens qui jouissent, qui chantent ou qui prient : ce sont les solitaires ascétiques de la pensée. Gloire, paix et bonheur à eux ! Mais ces natures ont-elles bien leur place dans notre temps ? l'époque n'est-elle pas essentiellement laborieuse ? tout le monde n'a-t-il pas besoin de tout le monde ? ne s'opère-t-il pas une triple transformation dans le monde des idées, dans le monde de la politique, dans le monde de l'art ? L'esprit

AVERTISSEMENT. 3

humain, plus plein que jamais de l'esprit de Dieu qui le remue, n'est-il pas en travail de quelque grand enfantement religieux? Qui en doute? c'est l'œuvre des siècles, c'est l'œuvre de tous. L'égoïsme seul peut se mettre à l'écart et dire : « Que m'importe! »

Je ne comprends pas l'existence ainsi. L'époque où nous vivons fait nos devoirs comme nos destinées. Dans un âge de rénovation et de labeur, il faut travailler à la pyramide commune, fût-ce une Babel! Mais ce ne sera point une Babel! ce sera une marche de plus d'un glorieux autel, où l'idée de Dieu sera plus exaltée et mieux adorée. Car, ne nous y trompons pas, c'est toujours Dieu que l'homme cherche, même à son insu, dans ces grands efforts de son activité instinctive. Toute civilisation se résout en adoration, comme toute vie en intelligence.

Or, dans ces jours de crise sociale, tout homme qui vit pleinement a deux tributs à payer : un à son temps, un à la postérité; au temps les efforts obscurs du citoyen, à l'avenir les idées du philosophe ou les chants du poëte. On prétend que ces deux emplois de la pensée sont incompatibles. Les anciens, nos maîtres et nos modèles, ne pensaient pas ainsi. Ils ne divisaient pas l'homme, ils le complétaient. Chez eux, l'homme était d'autant plus apte à un exercice spécial de la pensée qu'il était plus exercé à tous. Philosophes, politiques, poëtes, citoyens, tous vivaient du même aliment; et de cette nourriture plus substantielle et plus forte se formaient ces grands génies et ces grands caractères, qui touchaient d'une main à l'idée, de l'autre à l'action, et qui ne se dégradaient point en s'inclinant vers d'humbles devoirs.

On attribue au défaut de loisir les incorrections de composition et de style qu'on reproche généralement à mes ébauches poétiques. Ces défauts, je les connais mieux que personne. Je ne cherche pas à les pallier. Je ne puis répondre à mes critiques qu'en m'humiliant et en réclamant pour ces faiblesses une plus grande part d'indulgence. Ils ne se trompent guère en considérant ces premières éditions de mes poésies comme de véritables improvisations en vers. Si elles sont destinées à se survivre quelques années à elles-mêmes, il me sera plus facile de les polir à froid, lorsque le mouvement de la pensée et du sentiment sera calmé, et que l'âge avancé m'aura donné ce loisir des derniers jours, où l'homme repasse sur ses propres traces et retouche ce qu'il a laissé derrière lui. S'il en est autrement, à quoi bon? Quand on a respiré en passant et jeté derrière soi une fleur de la solitude, qu'importe qu'il y ait un pli à la feuille, ou qu'un ver en ronge le bord? on n'y pense plus.

Il me reste à prier le lecteur bienveillant de ne pas m'imputer ce qu'il y a de trop fantastique dans cet épisode. Cela entrait comme élément nécessaire dans l'économie de mon poëme. La pierre lourde et froide sert quelquefois de fondation à un édifice plus gracieux et plus décoré. Les deux épisodes qui suivront celui-ci sont d'une nature plus contemporaine et plus saisissante. Ils rappelleront de plus près ce *Jocelyn* pour qui le public qui lit des vers a montré une si indulgente partialité. On le retrouvera plusieurs fois dans ce drame épique, d'où il n'a pas disparu sans retour.

L'épisode qui suit *la Chute d'un Ange* est intitulé *les Pêcheurs*.

Paris, 1ᵉʳ mai 1838.

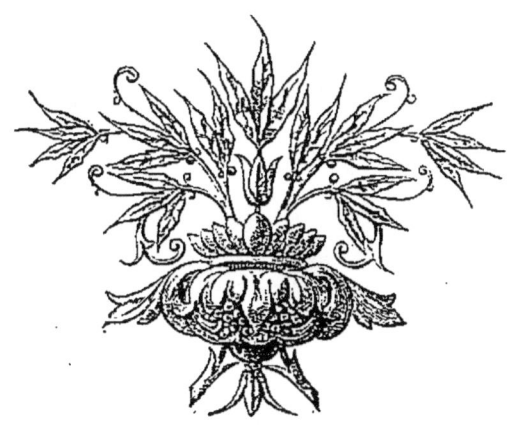

LA CHUTE D'UN ANGE

*

VISION

RÉCIT

« Vieux Liban ! » s'écria le céleste vieillard
En s'essuyant les yeux que voilait un brouillard,
Pendant que le vaisseau courant à pleines voiles
Faisait glisser nos mâts d'étoiles en étoiles,
Et qu'à l'ombre des caps du Liban sur la mer
L'harmonieuse proue enflait le flot amer.

« Sommets resplendissants au-dessus des tempêtes,
Qu'on vous cherchait alors bien plus haut qu'où vous êtes !
Votre front, maintenant comme un crâne blanchi,
Du poids de l'Océan n'avait jamais fléchi,
Et les flots du déluge, en minant vos collines,
N'avaient pas sur vos flancs déchiré ces ravines.
Vous ne laissiez pas voir, comme un corps sans manteau,
Ces rocs, grands ossements prêts à percer la peau ;

Mais vos muscles puissants, vaste épine d'un monde,
Revêtus à grands plis de bois, de sol et d'onde,
Dessinant sur le ciel d'harmonieux contours,
Même en s'y découpant s'arrondissaient toujours.
Oh! si vous l'aviez vu, mon enfant, dans sa gloire,
Tel que je le revois de loin dans ma mémoire,
Dans ces jours encor près de sa création,
Votre œil fondrait d'amour et d'admiration!

« Vous voyez sur ces bords qu'évite notre poupe
Ces écueils mugissants que la lame découpe;
Ces grands blocs dentelés, effroi du matelot,
Où monte et redescend l'assaut grondant du flot;
Vous voyez dans les flancs des monts ces déchirures,
Coups de hache au rocher qui montre ses blessures,
Et dont par intervalle un rare filet d'eau
Pleut comme la sueur d'un flanc sous un fardeau,
Tandis qu'au fond obscur de la noire ravine
Le lit sec d'un torrent que le soleil calcine
Ne révèle la veine où ses flots ont coulé
Qu'au stérile caillou que l'hiver a roulé;
Plus haut, ces longs remparts et ces cimes chenues
Dont les escarpements semblent porter les nues;
Puis ces neiges où rien n'ose plus végéter,
Puis ces pics dont la dent semble ébrécher l'éther!
Vaste amas de granit sans ombre et sans culture,
Où l'herbe même a peine à trouver nourriture,
Et qui fait dire à l'homme avec un cri d'effroi :
« Ce globe fut-il fait pour la pierre ou pour moi ? »

« Eh bien, cette âpreté n'est que décrépitude.
Tout était aussi grand, mon fils, rien n'était rude;
Partout pleines, partout comme grasses de chair,
Ces cimes que noyait l'océan bleu de l'air

S'élargissaient, montaient, ou seules ou jumelles,
De la terre encor vierge ainsi que des mamelles
Que fait renfler un sang plein de séve et d'amour,
Et dont la plénitude arrondit le contour.
Ces neiges, dont le poids semble affaisser leurs hanches,
N'opposaient pas alors leurs mornes taches blanches
Au bleu sombre et profond d'un firmament plus pur,
Où le vert des rameaux se fondait dans l'azur,
Comme au bleu d'une mer sans écume et sans algue
Le vert des bois se fond en trempant dans la vague.
Jusqu'aux derniers plateaux que l'homme ne voit plus,
Les chênes aux bras tors, les cèdres chevelus,
Élargissant leurs troncs en vivante colonne,
Pour porter à cent pieds leur flèche ou leur couronne,
Et dans les feux du ciel, toujours verts, les noyant,
Couvraient partout les monts d'un grand flot ondoyant;
Mais ces arbres géants, premiers-nés de la terre,
Ne cachaient pas au jour tout le sein de leur mère :
Leurs rejetons, pressés comme dans nos forêts,
Sous leurs troncs étouffés ne germaient pas si près;
Ils ne dérobaient pas de leurs branches jalouses
Le ciel et les rayons aux plantes des pelouses;
Ils décoraient la terre et ne la cachaient pas;
De larges pans du ciel s'ouvraient entre leurs bras,
Pour que les vents, le jour, l'humidité céleste,
De la création visitassent le reste.
La foudre quelquefois semant leurs troncs noircis
Sur des croupes à pic les avait éclaircis;
Les torrents en avaient balayé leurs rivages,
Et laissé pour les yeux des vides sur leurs plages;
De sorte qu'entre l'onde et ces grands troncs épars
Les pelouses laissaient circuler les regards,
Comme entre les piliers d'un dôme qu'il éclaire
Le soleil fait jouer son rayon circulaire.

De là brillaient les lacs à travers les rameaux ;
Les sept fleuves creusaient sept vallons sous leurs eaux,
Grandes veines d'argent qui de leur haute artère
S'épanchaient à flots bleus pour féconder la terre,
Et que par mille nœuds rassemblait comme au nid
L'innombrable réseau des sources du granit.

« Oh ! quelles fleurs croissaient sur ce berceau des fleuves !
Quels cèdres étendaient leurs bras sur ces eaux neuves !
Quels oiseaux se trempaient l'aile dans ces bassins !
Quel firmament la nuit constellait dans leurs seins !
Quels murmures secrets et quelle âme profonde
Sortaient avec ses flots, chantaient avec son onde !
C'était comme le chant confus, à demi-voix,
Des flots impatients d'écumer sous les bois.
Et quand le soir, rasant leur face occidentale,
Rougissait dans le ciel sa barre horizontale,
Et, retirant d'en haut ses rayons repliés,
Glissait entre les troncs du dôme incendiés,
Et semblait allumer sur ces fumantes cimes
Un bûcher colossal pour d'immenses victimes ;
Quand ces feux des sommets réfléchis par la mer
Dans ces vagues du soir paraissaient écumer ;
Que les brutes, sortant de leurs antres sauvages,
Venaient rôder, bondir, hurler sur ces rivages ;
Que les milliers de cris des nuages d'oiseaux,
Que l'innombrable bruit de tant de chutes d'eaux,
Comme un orgue à cent voix qu'une seule âme anime,
Donnaient chacun un son au cantique unanime ;
Et qu'un souffle des airs venant à s'exhaler,
La surface des monts semblait toute onduler,
Comme un duvet ému d'un cygne que l'on touche
Frémit de volupté sous le vent de la bouche ;
Que les cèdres plaintifs tordaient leurs bras mouvants,

RÉCIT.

Qu'un nuage de fleurs soulevé par les vents
Sortait de la montagne avec des bruits étranges
Et des flots de parfums pour enivrer les anges,
L'extase suspendait le cœur silencieux,
Les étoiles d'amour se penchaient dans les cieux,
Et Celui qui connaît la colline et la plaine
Écoutait l'hosanna dont sa cime était pleine!!! »

*

Mais, disais-je en mon cœur, ce vieillard inconnu
Parle comme quelqu'un qui lui-même aurait vu.
Il lut dans mon esprit ma pensée et mon trouble :
« Oui, j'ai vu, non par moi, non par ce regard trouble,
Non par cet œil de chair, mais par l'œil de ces saints
A qui Dieu, d'ici-bas, laisse voir ses desseins,
A qui des jours futurs l'avenir dit le nombre,
Et pour qui dans sa nuit le passé n'a point d'ombre!
— Je croyais qu'ici-bas il n'en restait aucun.
— Dans ces jours ténébreux, mon fils, il en reste un,
Un seul, digne héritier de ces sacrés prophètes
Dont l'éclair du Très-Haut illuminait les têtes,
Et dont par d'autres sens le sens divin instruit
Réverbérait ses feux jusque dans notre nuit!
Cet homme, quand du ciel le souffle le visite,
Tout ce que voit son œil, sa bouche le récite :
Heureux qui peut l'entendre en ces heures où Dieu
Le rend contemporain et présent en tout lieu!
Il assiste vivant au sublime mystère,
Aux actes successifs du drame de la terre.
Mais il faut à ce saint, d'un pur désir conduit,
Apporter un cœur simple et vide de tout bruit.

— Oh! dans quel coin du monde habite-t-il, mon père?
Des montagnes aux mers, voyageur sur la terre,
Pour chercher un rayon de pure vérité,
J'ai laissé le pays par mon père habité,
Cette tombe où ma mère habite avec mon âme;
J'ai pris par chaque main cet enfant, cette femme,
J'ai confié leur vie aux flancs de ce vaisseau,
Comme on emporte tout dans le pan d'un manteau;
J'ai risqué mes trésors, mes amours et ma vie.
Que voulez-vous de plus qu'un homme sacrifie?
— Eh bien, quand, au retour, de ces flots en courroux
L'abîme engloutirait et ces trésors et vous,
Vous n'auriez pas payé trop cher ce grand spectacle,
Et sur la nuit des temps un éclair de l'oracle.
— Mais sur quels bords lointains vit cet homme de Dieu?
Et qui m'enseignera le chemin et le lieu?
— Levez les yeux, mon fils; vous voyez sur nos têtes
Ce groupe du Liban, tout voilé de tempêtes,
Dont les vastes rameaux, des feux du ciel fumants,
Blanchissent au soleil comme des ossements,
Et qui du haut Sannin au cap blanc de Saïde
Descendent vers la mer dans leur chute rapide :
L'œil s'enfonce partout sous l'ombre des coteaux
Dont le granit soutient de sublimes plateaux,
Où les fentes du roc laissent sortir de terre
De distance en distance un sombre monastère.
En les voyant d'ici, l'œil même du nocher
Ne saurait distinguer leurs murs noirs du rocher;
Semblables à des caps qui brisent des nuages,
Ils s'élèvent au ciel d'étages en étages,
Noyés par les vapeurs dans les vagues de l'air;
On n'en voit quelques-uns qu'aux lueurs de l'éclair.
Nul n'en saurait trouver la route que les aigles.
Tout un peuple pourtant suit là de saintes règles,

Et, pour fuir l'esclavage et l'ombre du turban,
De trous comme une ruche a percé le Liban,
Et, suspendant son aire aux pans des précipices,
A fécondé du roc les moindres interstices :
Abeilles du Seigneur, dont la cire et le miel
Sont d'obscures vertus qui n'ont de prix qu'au ciel!
— Quel est ce peuple saint? — Ce sont les Maronites,
Tribu d'adorateurs, peuple de cénobites,
Qui, semblable aux Hébreux dans leur captivité,
A caché sur ces monts l'arche de vérité.
Dans les simples vertus que l'Occident oublie,
Là, depuis deux mille ans, leur race multiplie.
Ils n'ont pas recherché cette perfection
Qui s'affranchit des lois de la création :
Par les chastes liens des enfants et des femmes,
A l'amour du prochain ils exercent leurs âmes;
De leurs fruits, comme l'arbre, ils se font un honneur;
Un fils est à leurs yeux un tribut au Seigneur,
Un serviteur de plus pour servir le grand Maître,
Un œil, une raison de plus pour le connaître,
Une langue de plus dans le chœur infini
Par qui, de siècle en siècle, il doit être béni!
Ils ne dérobent pas, mendiants volontaires,
Leur pain aux indigents comme vos solitaires :
Du travail de leurs doigts pour tisser leurs habits,
Ils font filer le ver et paître les brebis;
Ils sèment le froment au bord des précipices,
Ils attellent au joug leurs robustes génisses;
Et souvent vous voyez ces pieux laboureurs,
A moitié d'un sillon arrosé de sueurs,
Aux accents de l'airain qui sort d'un monastère
Arracher tout à coup le soc fumant de terre,
Et, mêlant sous le ciel la prière au travail,
Chanter l'hymne en laissant respirer leur bétail.

« Sans jamais l'outrager, épurant la nature,
Leur vieux christianisme est une goutte pure
De cette eau que Jésus ne mêla d'aucun fiel
Quand sa bénite main la fit couler du ciel,
Et qu'il dit en partant : « Homme, je suis ton frère ;
« Mon royaume est le tien, et mon Père est ton père ! »

« Dans ce peuple d'élus quelques-uns cependant,
Soulevés d'ici-bas d'un soupir plus ardent,
Gravissant du Liban les sommets les plus rudes,
Sur la fin de leurs jours hantent les solitudes,
Où, livrés à l'esprit des contemplations,
Ils consument leur âme en aspirations :
Nouveaux Pauls du désert qu'une caverne abrite,
Que le lion nourrit et que l'aigle visite.
Il en est un surtout dont les anges, dit-on,
Ne prononcent entre eux qu'avec respect le nom,
Dont les hommes d'en bas, les plus vieux de leur race,
Ne connaissent plus l'âge, ont oublié la trace,
Et qu'ils n'ont jamais vu, dans leurs plus jeunes ans,
Qu'avec son front chenu, chauve de cheveux blancs,
Sa tempe approfondie et sa prunelle éteinte,
Où depuis soixante ans nulle clarté n'est peinte,
Mais qui semble, brûlée à des éclairs ardents,
Quoique aveugle en dehors, regarder en dedans.
Ah ! celui-là, mon fils, sait des choses étranges
Sur l'enfance du temps, sur l'homme et sur les anges ;
Soit qu'un récit divin lui fût un jour conté,
Soit qu'au-dessus des sens son esprit soit monté,
Soit que dans les rigueurs dont il se sanctifie
Son âme ait retrouvé le don de prophétie,
Et qu'au lieu de percer la nuit de l'avenir
Elle sache évoquer des temps le souvenir,
Comme un esprit robuste, à force de pensée,

Rappelle du lointain sa mémoire effacée.
Il voit les jours d'Adam comme ceux d'aujourd'hui.
Mais il n'est pas aisé de parvenir à lui;
Il habite, au plus haut de ces cimes visibles,
Un antre tout fermé de rocs inaccessibles;
Où des pas des mortels ne mène aucun sentier :
Le montagnard en vain gravit un jour entier.
On ne peut découvrir la grotte sans prodige;
On dit qu'à moins qu'un ange ou Dieu ne vous dirige,
De peine et de sueurs le corps anéanti,
On se retrouve au point d'où l'on était parti.
Mais l'esprit du Très-Haut, qui de si loin vous mène,
Vous conduira, mon fils, mieux qu'une trace humaine.
Laissez la blonde enfant avec sa mère en bas,
Et demain au Liban j'accompagne vos pas. »

Nous laissâmes tomber notre ancre dans la vase
Où l'antique Sidon, près d'un cap qui s'évase,
Rassemblait autrefois sous ses quais de granit
Ses voiles comme autant d'aiglons rentrés au nid.
Le temps n'a rien laissé de sa ruine immense
Qu'un môle renversé qui dort au fond d'une anse,
Du sable dont la lune éclairait la blancheur,
Et l'écume lavant la barque d'un pêcheur.
Que ton éternité nous frappe et nous accable,
Dieu des temps, quand on cherche un peuple dans du sable,
Et que d'un vaste empire où l'on descend la nuit,
La rame d'une barque, hélas! est tout le bruit!

*

Je laissai tous mes biens dans ma maison flottante,
Que ces flots assoupis berçaient comme une tente,

Et le vieillard et moi, d'un essor tout pareil,
Nos pas aux flancs des monts devançant le soleil,
Nous vîmes par degrés, au lever de l'aurore,
La mer derrière nous fuir et les pics éclore,
Et des sommets atteints d'autres sommets voilés
Fendre des firmaments par leur neige étoilés.
De là, le grand désert sous sa vapeur de braise
Brillait comme un fer chaud rougi par la fournaise;
Et la mer et le ciel fondus à l'horizon,
Trompant en s'unissant les yeux et la raison,
Semblaient un océan circulaire et sans plages,
Où nageaient le soleil, les monts et les nuages.
Nous passâmes au pied d'un haut mamelon noir
Que couronnaient les murs d'un antique manoir,
Tout semblable aux monceaux de gothiques ruines
Dont le Rhin féodal revêtait ses collines.
Des turbans noirs brillaient au sommet d'une tour.
« Quel est, dis-je au vieillard, ce terrible séjour?
Quel crime, ou quelle ardeur d'une âme solitaire,
A pu faire habiter ce palais du mystère?
— C'est là pourtant, mon fils, c'est là, répondit-il,
Qu'une femme d'Europe a bâti son exil [1],
Et que, livrant ses nuits aux sciences des Mages,
Elle s'élève à Dieu par l'échelle des sages :
Dieu connaît si son art est songe ou vérité,
Mais tout homme bénit son hospitalité. »
Nous passâmes la nuit dans ces hautes demeures :
La grâce et la sagesse en charmèrent les heures,
Les étoiles du ciel en fêtèrent l'accueil,
Et mes pieds en sortant en bénirent le seuil.

*

[1] Lady Stanhope, à Djioun.

RÉCIT.

De la crête des rocs aux torrents des abîmes,
Nous montâmes trois jours et nous redescendîmes :
Nous touchâmes du pied les sauvages tribus
Des enfants du désert, des races vils rebuts;
Des Druses belliqueux aux yeux noirs et superbes,
Adorateurs du veau qui rumine leurs herbes;
Des Arabes pasteurs, dont les chameaux errants
Viennent de trente jours pour boire les torrents,
Qui suivent les saisons, et dont les tentes blanches,
Portatives cités, brillaient entre les branches.
Nous dormions en tout lieu, sans soif et sans danger,
Car partout l'Orient a sacré l'étranger.
Enfin, aux sons lointains de leurs cloches bénites,
Nous connûmes de loin les monts des Maronites;
Et gravissant leurs pics où se brisent les vents,
Nous laissâmes en bas leurs plus sombres couvents.
Le Liban n'était plus pour nos pieds qu'un cratère,
Éclaté par ses flancs en cent bouches de terre,
Où le regard, plongeant sur son rebord profond,
Trouve la nuit, l'horreur, et le vertige au fond.
Les neiges, qui fondaient en pâle et jaune écume,
Fumaient comme des feux que le pasteur allume,
Et, roulant dans l'abîme en cent mille canaux,
Remplissaient l'air muet du tonnerre des eaux.
Nous marchions en tremblant où l'aigle à peine niche,
Quand, au détour soudain d'une étroite corniche,
Nous vîmes, étonnés et tombant à genoux,
Des cèdres du Liban la grande ombre sur nous;
Arbres plantés de Dieu, sublime diadème,
Dont le roi des éclairs se couronne lui-même.
Leur ombre nous couvrit de cette sainte horreur
D'un temple où du Très-Haut habite la terreur.
Nous comptâmes leurs troncs qui survivent au monde,
Comme, dans ces déserts dont les sables sont l'onde,

On mesure de l'œil, en renversant le front,
Des colonnes debout, dont on touche le tronc.
De leur immensité le calcul nous écrase ;
Nos pas se fatiguaient à contourner leur base,
Et de nos bras tendus le vain enlacement
N'embrassait pas un pli d'écorce seulement.
Debout, l'homme est à peine à ces plantes divines
Ce qu'est une fourmi sur leurs vastes racines.
De la croupe du mont où les neiges fondaient,
Jusqu'aux bords d'un plateau leurs bras noirs débordaient ;
Comme d'un coup de hache, en cet endroit fendue,
La pente tout à coup jusqu'à perte de vue
Plongeait en précipice, où, se brisant au fond,
Un fleuve tout entier s'élançait d'un seul bond,
Et de là, vers la mer se creusant en vallée,
Faisait serpenter l'onde en un lit rassemblée.

Couchés sur le rebord, pour qu'en plongeant en bas
Le vertige des eaux ne nous emportât pas,
L'écume dans les yeux et le vent au visage,
Nous regardions le gouffre ébattre son nuage,
Comme du haut d'un cap on regarde écumer
Sur les écueils fumants les grands flux d'une mer.
Nos fronts seuls débordaient la béante muraille.
Mon guide m'y montra du regard une entaille
Que l'onde avait creusée, et qu'en changeant de lits
Sa chute avait laissée en ces rochers polis :
C'était comme une immense et blanche cannelure
Dont l'onde aurait sculpté la profonde moulure,
Ou comme la moitié d'une solide tour
Dont un pan écroulé laisse les flancs à jour,
Et dont les jets de ronce et d'arbustes sauvages
Laissent compter à l'œil les débris des étages.
A quelques pas de nous, comme une fente au mur,

S'ouvrait dans ses parois un interstice obscur,
Semblable par sa forme aux portes colossales
Qui s'élèvent du seuil au toit des cathédrales;
Devant cette ouverture, un grand banc de rocher,
Promontoire du mont plus lent à s'ébrécher,
Étendait de niveau quelques pieds de surface,
Où la mousse et les pas trouvaient un peu d'espace.
A travers de grands blocs de porphyre sanglant,
Notre œil en démêlait le sentier circulant.
L'onde, dont le granit le plus dur se découpe,
En relevait les bords comme ceux d'une coupe.
Ce rebord défendait le regard et les pas
De l'abîme ondoyant qui mugissait en bas.
Une branche d'un cèdre, ainsi qu'un noir nuage,
S'abaissant sur la place avec tout son feuillage,
Dont les perles d'écume étincelaient au jour,
Versait un peu de nuit et de fraîcheur autour,
Et laissait du matin les rayons et les ombres
Luttant dans les rameaux jouer sur ces décombres.

« Rendons grâce au Seigneur, dit le vieillard tout bas;
Lui-même vers son saint il a guidé nos pas :
Nous sommes arrivés; ces gigantesques tiges
Des arbres de l'Éden sont les sacrés vestiges;
Du saint jardin ces lieux ont conservé le nom;
Ces cèdres étaient vieux aux jours de Salomon;
Leur instinct végétal est une âme divine
Qui sent, juge, prévoit, et raisonne, et combine;
Leurs gigantesques bras sont des membres vivants
Qu'ils savent replier sous la neige ou les vents;
Le rocher les nourrit, le feu les désaltère;
Leur séve intarissable est le suc de la terre.
Ils ont vu sans fléchir sur leurs dômes géants
Le déluge rouler les flots des Océans;

C'est un de leurs rameaux que l'oiseau bleu de l'arche
Rapporta de l'abîme en signe au patriarche ;
Ils verront le dernier comme le premier jour !
L'ermite sous leurs pieds a choisi son séjour.
Voilà depuis les temps l'antre affreux qu'il habite,
Où l'esprit du passé nuit et jour le visite,
Où, des rameaux sacrés peuplés d'illusions,
Descendent sur ses yeux les saintes visions ;
Son âme s'y confond à l'âme de la terre.
Jamais seul, et pourtant constamment solitaire,
Il converse sans cesse avec d'étranges voix ;
Il voit ce qui n'est plus, ainsi que je vous vois.
Sa chair ne ressent plus les lois de la nature,
Quelques fruits secs sont là toute sa nourriture ;
Et, si du monastère à nos pieds habité
De ses frères en Dieu l'active charité
Oubliait quelque jour d'apporter les corbeilles
Des dattes et du miel aliment de ses veilles,
Ce jour le trouverait mort d'inanition
Sans avoir suspendu sa contemplation.
Allons, suivez ma trace au bord du précipice ;
Mais de vos pieds muets que le bruit s'assoupisse ;
Demeurez à la porte, et gardez-vous d'entrer
Si je ne vous fais pas signe d'y pénétrer ;
Car un sens qui s'éteint en rend plus clair un autre ;
Son oreille entendrait ou mon pas ou le vôtre ;
Et, s'il est absorbé dans les choses d'en haut,
Craignons de réveiller son esprit en sursaut :
Nous chasserions la voix qui parle dans son âme,
Comme en la secouant on éteint une flamme ! »

Je suivis pas à pas mon guide ; en un clin d'œil
De l'antre révéré nous touchâmes le seuil.
Un sourd bourdonnement, écho d'un cœur qui prie,

Ou d'une solitaire et sainte rêverie,
Vers la porte du roc nous guidait en marchant,
Comme un bruit d'eau caché qui croît en s'approchant :
On eût dit que la roche, au lieu du solitaire,
Avait pris une voix et louait Dieu sous terre.
Nous ne distinguions pas les mots; mais les élans
De la voix pour l'oreille étaient assez parlants.
On y sentait l'ardeur et les bonds de l'extase
Qui d'un sein débordant jaillit et s'extravase,
Et de l'âme en travail le saint bouillonnement.
Le vieillard s'arrêta sur la porte un moment,
Entre les deux piliers tendit un peu la tête,
Prit ma main, et du doigt m'indiqua le prophète :
C'était lui; l'œil fermé comme un homme assoupi,
Sur le seuil de son antre il était accroupi,
Les deux pieds sous son corps, dans la sainte attitude
Dont ses membres pieux avaient pris l'habitude,
Ses mains sur ses genoux jointes par tous les doigts,
Le buste sur lui-même affaissé sous son poids,
Ses os près de percer sa chair d'anachorète
Dessinés sous sa peau comme ceux d'un squelette,
Mais où l'on retrouvait la charpente d'un corps
Dont un esprit puissant avait mû les ressorts.
Tout ce buste était nu; la lourde couverture
Que nouait une corde autour de sa ceinture
Déroulait seulement, pour ombrager le tronc,
Quelques plis effilés sur sa natte de jonc.
Ses longs bras attestaient la hauteur de sa taille;
Son épaule adossée à la rude muraille,
Imitant par la peau la teinte du rocher,
Comme un bloc de sculpteur semblait s'en détacher;
Et sur ce blanc du marbre on distinguait à peine,
Pour attester la chair, le bleu de quelque veine.
Son crâne, éblouissant d'un blanc teint de vermeil,

Ainsi qu'un dôme d'or éclatait au soleil ;
On eût dit que jamais aucune chevelure
N'en avait ombragé la robuste moulure ;
Seulement les fils blancs de ses deux hauts sourcils
Se mêlaient sur ses yeux à la blancheur des cils.
Ses yeux étaient fermés, comme si la paupière
N'eût plus cherché qu'en Dieu le ciel et la lumière ;
Un jour intérieur paraissait inonder
Son visage immobile et doux à regarder ;
Creusés par la pensée et non pas par des rides,
Ses traits purs n'étaient plus que des lignes arides
Dont la peau qui s'y colle embrassait le contour ;
Même à travers sa joue on croyait voir le jour.
De ce tissu fibreux la transparente trame
Ne semblait plus un corps, mais un vêtement d'âme ;
Et, si l'on n'eût pas vu ses lèvres murmurer
Et sa poitrine osseuse en s'enflant respirer,
On eût pu croire, aux traits que le jeûne exténue,
A l'immobilité de ce front de statue,
A la même couleur des membres et du roc,
Que l'homme et le rocher n'étaient qu'un même bloc !

Le soleil, qui rasait les parois de l'abîme,
De son front chauve et nu teignait déjà la cime.
Ce rayon où ses yeux allaient s'épanouir,
Bien qu'il ne pût le voir, il semblait en jouir,
Comme par l'autre sens dont la foi nous inonde
On sent Dieu, sans le voir, dans la nuit de ce monde.
La stupeur dans le roc pétrifiait nos pas ;
L'ombre sans mouvement ne nous trahissait pas ;
Nul souffle de nos sens ne lui laissait connaître
Entre le ciel et lui la présence d'un être.
Oh ! qui retrouverait les paroles de feu
Qui consumaient sa langue en jaillissant à Dieu !

Que le Dieu qui créa ces natures étranges
Des lèvres de ses saints aspire de louanges!
Quand il eut exhalé son matinal encens,
Sans qu'un signe visible eût averti ses sens,
Il se tourna vers nous, comme si la prière
D'un jour surnaturel eût guidé sa paupière :
« Jeune étranger, dit-il, approchez-vous de moi!
Depuis des jours bien longs, de bien loin je vous voi :
Vous venez, mon enfant, d'une ombre bien épaisse
Chercher le jour à l'heure où mon soleil s'abaisse;
Mais Celui dont la main me rappelle au tombeau
Avec une étincelle allume un grand flambeau;
Du levant au couchant l'inextinguible flamme
De l'âme qui s'éteint se communique à l'âme.
Ce flambeau du passé que ne souffle aucun vent,
Le mourant ici-bas le transmet au vivant;
Toujours quelqu'un reçoit le saint manteau d'Élie,
Car Dieu ne permet pas que sa langue s'oublie!
C'est vous que dans la foule il a pris par la main,
Vous à qui son esprit a montré le chemin,
Vous que depuis le sein d'une pieuse mère
De la soif du Seigneur sa grâce ardente altère;
C'est vous qu'il a choisi là-bas pour écouter
La voix de la montagne et pour la répéter.
Mais de ces grands récits des merveilles antiques
Hâtez-vous d'épuiser les sources prophétiques;
Car dans cette mémoire où Dieu les fit rouler
Elles n'ont plus, hélas! qu'un instant à couler.
Celui qui vous amène à mes dernières veilles
Veut que ma vieille voix meure dans vos oreilles.
J'ai vu ma dernière heure avec vous s'approcher,
Je vais laisser bientôt ma dépouille au rocher.
Pressez l'heure fuyante où Dieu me laisse vivre;
Lisez avant qu'un doigt ne déchire le livre

Des secrets de la terre; il est partout écrit.
Parlez : où voulez-vous que j'ouvre mon esprit?
— Que le souffle divin, dis-je, l'ouvre lui-même :
Qui suis-je pour parler devant la voix suprême?
— Eh bien, répondit-il, mon fils, recueillons-nous;
Mettez entre vos doigts le front sur vos genoux :
Quand vous relèverez de vos mains votre tête,
La mort aura scellé les lèvres du prophète. »

Et trois jours à ses pieds nous restâmes assis.
Ceci fut le second de ses douze récits.

PREMIÈRE VISION

Or c'était dans ces jours, avant que sur ces cimes
Dieu n'eût fait refluer les vagues des abîmes,
Quand tout être voisin de sa création,
Excepté l'homme, était dans sa perfection.
La lune dans le ciel, pâle sœur de la terre,
Comme aux bornes des mers la voile solitaire,
S'élevait pleine et ronde entre ces larges troncs,
Et, des cèdres sacrés touchant déjà les fronts,
Semblait un grand fruit d'or qu'à leur dernière tige
Avaient mûri le soir ces arbres du prodige.
De rameaux en rameaux les limpides clartés
Ruisselaient, serpentaient en reflets réfractés,
Comme un ruisseau d'argent, qu'une chute divise,
En nappes de cristal pleut, scintille et se brise;
Puis, s'étendant à terre en immenses toisons,
Sur les pentes en fleurs argentaient les gazons.
On voyait aux lueurs de la nocturne lampe
Des files de troupeaux gravissant une rampe,

Qu'une errante tribu de pasteurs, pris du soir,
Chassait dans le lointain derrière un tertre noir;
Hommes, femmes, enfants, ils s'enfonçaient dans l'ombre.
Cette famille humaine était en petit nombre.
Sous ce ciel sans ardeur et sans humidité
Nul tissu ne couvrait leur belle nudité :
Les femmes s'ombrageaient avec leur chevelure,
Qu'elles tressaient en frange autour de leur ceinture;
Et les hommes nouaient sur leurs flancs nus les peaux
Des plus beaux léopards, ennemis des troupeaux.
La taille, la grandeur, la force de ces hommes
Passait l'humanité des âges où nous sommes,
Autant que la hauteur de ces arbres géants
Surpasse en vos forêts vos chênes de cent ans.
Leur voix qui s'éloignait mourut dans la distance,
Et tout fut sous le bois solitude et silence.

Majesté des déserts, de la nuit et des cieux,
Qui pourrait vous chanter comme vous voient mes yeux?
Si vous gardez encore après votre ruine
Pour le regard de l'homme une empreinte divine,
Si la nuit rayonnante et ses globes errants
Lui montrent l'infini sous ces cieux transparents,
Qu'était-ce avant le jour où le dépôt de l'onde
Jeta sur notre sol son atmosphère immonde?
Qu'était-ce quand, du jour le grand globe couché,
Le firmament de nous par l'ombre rapproché,
Laissait lire au regard égaré dans ces routes
Ces voûtes de soleils derrière d'autres voûtes,
Et ce filet des cieux, vaste éblouissement
Dont chaque maille était un soleil écumant?
Qu'était-ce quand du mal le funèbre génie
N'avait du globe encor qu'effleuré l'harmonie,
Que ce monde terrestre était encore celui

PREMIÈRE VISION.

Où l'ordre et la beauté dans la force avaient lui?
Que tout, sortant d'Éden, s'y souvenait encore
De l'immortalité de sa première aurore,
Et que dans l'univers toute chose et tout lieu,
De jeunesse exultants, se sentaient pleins de Dieu?
Ah! si de tout flétrir tu ne t'étais hâtée,
O mort! on n'eût jamais compris le nom d'athée!

*

Or en ces jours, mon fils, tous les êtres vivants,
Qu'ils nagent dans les eaux ou volent sur les vents,
Du soleil au ciron, de la brute à la plante,
Étaient tous animés par une âme parlante.
L'homme n'entendait plus cet hymne à mille voix
Qui s'élève des eaux, des herbes et des bois;
De ces langues sans mots, depuis sa décadence,
Lui seul avait perdu la haute intelligence,
Et l'insensé déjà croyait, comme aujourd'hui,
Que l'âme commençait et finissait en lui;
Comme si du Très-Haut la largesse infinie
Épargnait la pensée en prodiguant la vie!
Et comme si la vie avait un autre emploi,
Père, que de comprendre en s'approchant de toi!
Mais bien qu'aux hommes sourds ces voix de la nature
Ne parussent qu'un vague et stupide murmure,
Les anges répandus dans l'éther de la nuit
D'une impalpable oreille en aspiraient le bruit;
Car du monde réel à leur monde invisible
L'échelle continue était plus accessible,
Aucuns des échelons de l'être ne manquaient;
Tous les enfants du ciel entre eux communiquaient;

Des esprits et des corps l'indécise frontière
N'élevait pas entre eux d'aussi forte barrière.
L'homme entendait l'esprit; l'être immatériel,
Habitant l'infini que l'homme appelle ciel,
Uni par sympathie à quelque créature,
Pouvait changer parfois de forme et de nature,
Et, dans une autre sphère introduit à son gré,
Pour parler aux mortels descendre d'un degré.
Bien plus, de ces amours des vierges et des anges
Il naissait quelquefois des natures étranges;
Hommes plus grands que l'homme et dieux moins grands
De la brute à l'archange occupant le milieu;   [que Dieu,
Monstres que condamnait leur nature adultère
A regretter le ciel en agitant la terre.
Du grand monde impalpable à ce monde des corps,
Nul ne sait, ô mon fils, les merveilleux rapports;
Nul ne peut remonter de parcelle à parcelle
Les générations de l'âme universelle;
Nul ne peut dénombrer, démêler, dénommer,
Ces gouttes s'écoulant de l'éternelle mer.
Mais la terre à nos pieds nous en rend témoignage :
De ce qu'on ne voit pas ce qu'on voit est l'image;
Un ciel réfléchit l'autre, et si dans nos sillons
La poussière de vie écume en tourbillons,
S'il n'est pas un atome en la nature entière,
Un globule de l'air, un point de la matière,
Qui ne révèle l'être et la vie à nos yeux,
L'infini d'ici-bas nous dit celui des cieux;
L'éternité sans fond n'a point de bord aride,
Et ce qui remplit tout ne connaît pas de vide!

De ces esprits divins dont sont peuplés les cieux,
Les anges étaient ceux qui nous aimaient le mieux :
Créés du même jour, enfants du même père,

Que l'homme en les nommant peut appeler mon frère;
Mais frères plus heureux, dont la sainte amitié
De tous nos sentiments n'a pris que la pitié !
Invisibles témoins de nos terrestres drames,
Leurs yeux ouverts sur nous pleurent avec nos âmes;
De la vie à nos pas éclairant les chemins,
Ils nous tendent d'en haut leurs secourables mains.
C'est pour eux que sont faits ces divins phénomènes
Dont l'homme n'entrevoit que les lueurs lointaines;
Et pour eux la nature est un saint instrument
Dont l'immense harmonie éclate à tout moment,
Et dont la claire voix et les mille merveilles
De sagesse et d'extase enivrent leurs oreilles.

A cette heure où du jour le bruit va s'assoupir,
Pour entendre du soir l'insensible soupir,
Quelques-uns d'eux, errant dans ces demi-ténèbres,
Étaient venus planer sur les cimes des cèdres.
Des étoiles aux mers, comme pleine de sens,
La montagne n'était qu'une âme à mille accents.
Il eût fallu Dieu même et l'oreille infinie
Pour démêler les voix de la vaste harmonie.
Les anges, le silence et la nuit écoutaient
Ce grand chœur végétal; et les cèdres chantaient.

CHŒUR DES CÈDRES DU LIBAN.

Saint, saint, saint le Seigneur qu'adore la colline !
Derrière ces soleils, d'ici nous le voyons;
Quand le souffle embaumé de la nuit nous incline,
Comme d'humbles roseaux sous sa main nous plions !
Mais pourquoi plions-nous ? C'est que nous le prions !
C'est qu'un intime instinct de la vertu divine
Fait frissonner nos troncs du dôme à la racine,

Comme un vent du courroux qui rougit leur narine,
    Et qui ronfle dans leur poitrine,
Fait ondoyer les crins sur les cous des lions.

    Glissez, glissez, brises errantes;
    Changez en cordes murmurantes
    La feuille et la fibre des bois!
    Nous sommes l'instrument sonore
    Où le nom que la lune adore
    A tous moments meurt pour éclore
    Sous nos frémissantes parois.
    Venez, des nuits tièdes haleines;
    Tombez du ciel, montez des plaines;
    Dans nos branches, du grand nom pleines,
    Passez, repassez mille fois!
    Si vous cherchez qui le proclame,
    Laissez là l'éclair et la flamme!
    Laissez là la mer et la lame!
    Et nous, n'avons-nous pas une âme,
    Dont chaque feuille est une voix?

Tu le sais, ciel des nuits, à qui parlent nos cimes;
Vous, rochers que nos pieds sondent jusqu'aux abîmes
Pour y chercher la séve et les sucs nourrissants;
Soleils, dont nous buvons les dards éblouissants;
Vous le savez, ô nuits dont nos feuilles avides
Pompent les frais baisers et les perles humides :
    Dites si nous avons des sens!
Des sens dont n'est douée aucune créature,
Qui s'emparent d'ici de toute la nature,
Qui respirent sans lèvre et contemplent sans yeux,
Qui sentent les saisons avant qu'elles éclosent;
Des sens qui palpent l'air et qui le décomposent,
D'une immortelle vie agents mystérieux!

PREMIÈRE VISION.

Et pour qui donc seraient ces siècles d'existence?
Et pour qui donc seraient l'âme et l'intelligence?
  Est-ce donc pour l'arbuste nain?
  Est-ce pour l'insecte et l'atome,
  Ou pour l'homme, léger fantôme,
  Qui sèche à mes pieds comme un chaume,
  Qui dit la terre son royaume,
Et disparaît du jour avant que de mon dôme
Ma feuille de ses pas ait jonché le chemin?
Car les siècles, pour nous, c'est hier et demain!!!

  Oh! gloire à toi, Père des choses!
  Dis quel doigt terrible tu poses
  Sur le plus faible des ressorts,
  Pour que notre fragile pomme,
  Qu'écraserait le pied de l'homme,
  Renferme en soi nos vastes corps!

  Pour que de ce cône fragile,
  Végétant dans un peu d'argile,
  S'élancent ces hardis piliers
  Dont les gigantesques étages
  Portent les ombres par nuages,
  Et les passereaux par milliers!

  Et quel puissant levain de vie
  Dans la séve, goutte de pluie
  Que boirait le bec d'un oiseau,
  Pour que ses ondes toujours pleines,
  Se multipliant dans nos veines,
  En désaltèrent le réseau!

  Pour que cette source éternelle
  Dans tous les ruisseaux renouvelle

Ce torrent que rien n'interrompt,
Et de la crête à la racine
Verdisse l'immense colline
Qui végète dans un seul tronc !

Dites quel jour des jours nos racines sont nées,
Rochers qui nous servez de base et d'aliment !
De nos dômes flottants montagnes couronnées,
    Qui vivez innombrablement ;
    Soleils éteints du firmament,
Étoiles de la nuit par Dieu disséminées,
    Parlez, savez-vous le moment ?
Si l'on ouvrait nos troncs, plus durs qu'un diamant,
On trouverait des cents et des milliers d'années
Écrites dans le cœur de nos fibres veinées,
    Comme aux couches d'un élément !

    Aigles qui passez sur nos têtes,
    Allez dire aux vents déchaînés
    Que nous défions leurs tempêtes
    Avec nos mâts enracinés.
    Qu'ils montent, ces tyrans de l'onde ;
    Que leur aile s'ameute et gronde
    Pour assaillir nos bras nerveux !
    Allons ! leurs plus fougueux vertiges
    Ne feront que bercer nos tiges
    Et que siffler dans nos cheveux !

    Fils du rocher, nés de nous-même,
    Sa main divine nous planta ;
    Nous sommes le vert diadème
    Qu'aux sommets d'Éden il jeta.
    Quand ondoiera l'eau du déluge,
    Nos flancs creux seront le refuge

De la race entière d'Adam ;
Et les enfants du patriarche
Dans notre bois tailleront l'arche
Du dieu nomade d'Abraham !

C'est nous, quand les tribus captives
Auront vu les hauteurs d'Hermon,
Qui couvrirons de nos solives
L'arche immense de Salomon.
Si, plus tard, un Verbe fait homme
D'un nom plus saint adore et nomme
Son Père du haut d'une croix,
Autels de ce grand sacrifice,
De l'instrument de son supplice
Nos rameaux fourniront le bois.

En mémoire de ces prodiges,
Des hommes inclinant leurs fronts
Viendront adorer nos vestiges,
Coller leurs lèvres à nos troncs ;
Les saints, les poëtes, les sages,
Écouteront dans nos feuillages
Des bruits pareils aux grandes eaux,
Et sous nos ombres prophétiques
Formeront leurs plus beaux cantiques
Des murmures de nos rameaux.

Glissez comme une main sur la harpe qui vibre
Glisse de corde en corde, arrachant à la fois
A chaque corde une âme, à chaque âme une voix ;
Glissez, brisés des nuits, et que de chaque fibre
Un saint tressaillement jaillisse sous vos doigts !
Que vos ailes frôlant les cintres de nos voûtes,
Que des larmes du ciel les résonnantes gouttes,

Que les gazouillements du bulbul dans son nid,
Que les balancements de la mer dans son lit,
      L'eau qui filtre, l'herbe qui plie,
      La séve qui découle en pluie,
      La brute qui hurle ou qui crie,
      Tous ces bruits de force et de vie
      Que le silence multiplie,
Et ce bruissement du monde végétal
Qui palpite à nos pieds du brin d'herbe au métal,
      Que ces voix qu'un grand chœur rassemble
      Dans cet air où notre ombre tremble
      S'élèvent et chantent ensemble
Celui qui les a faits, celui qui les entend,
Celui dont le regard à leurs besoins s'étend :
Dieu, Dieu, Dieu, mer sans bords qui contient tout en elle,
Foyer dont chaque vie est la pâle étincelle,
Bloc dont chaque existence est une humble parcelle !
      Qu'il vive sa vie éternelle,
      Complète, immense, universelle ;
      Qu'il vive à jamais renaissant
      Avant la nature, après elle ;
      Qu'il vive et qu'il se renouvelle,
Et que chaque soupir de l'heure qu'il rappelle
      Remonte à lui, d'où tout descend !!!

※

PREMIÈRE VISION.

Ainsi chantait le chœur des arbres, et les anges
Avec ravissement répétaient ces louanges;
Et des monts et des mers, et des feux et des vents,
De chaque forme d'être et d'atomes vivants,
L'unanime concert des terrestres merveilles
Pour s'élever à Dieu passait par leurs oreilles.
Et ces milliers de voix de tout ce qui voit Dieu,
Le comprend, ou l'adore, ou le sent en tout lieu,
Roulaient dans le silence en grandes harmonies,
Sans mots articulés, sans langues définies,
Semblables à ce vague et sourd gémissement
Qu'une étreinte d'amour arrache au cœur aimant,
Et qui dans un murmure enferme et signifie
Plus d'amour qu'en cent mots l'homme n'en balbutie!
. . . .
. . . .
Quand l'hymne aux mille voix se fut évaporé,
Les esprits, pleins du nom qu'il avait adoré,
S'en allèrent, ravis, porter de sphère en sphère
L'écho mélodieux de ces chants de la terre.
Un seul, qui contemplait la scène de plus bas,
Les regarda partir et ne les suivit pas.
Or, pourquoi resta-t-il caché dans le nuage?
C'est qu'au pied d'un grand cèdre, à l'abri du feuillage,
Un objet pour lequel il oubliait les cieux
Semblait comme enchaîner sa pensée et ses yeux.
Oh! qui pouvait d'un ange ainsi ravir la vue?
C'était parmi les fleurs une belle enfant nue,
Qui, sous l'arbre, le soir, surprise du sommeil,
N'avait vu ni baisser ni plonger le soleil,
Et qui seule, au départ des tribus des montagnes,
N'avait pas entendu les cris de ses compagnes.
Sa mère sur son front n'avait encor compté
Depuis son lait tari que le douzième été;

Mais dans ces jours de force où les séves moins lentes
Se hâtaient de mûrir les hommes et les plantes,
Douze ans pour une vierge étaient ce qu'en nos jours
Seraient dix-huit printemps pleins de grâce et d'amours.
Non loin d'un tronc blanchi de cèdre, où dans les herbes
L'astre réverbéré rejaillissait en gerbes,
Un rayon de la lune éclairait son beau corps;
D'un bassin d'eau dormant ses pieds touchaient les bords,
Et quelques lis des eaux, pleins de parfums nocturnes,
Recourbaient sur son corps leurs joncs verts et leurs urnes;
Son bras droit, qu'elle avait ouvert pour sommeiller,
Arrondi sous son cou, lui servait d'oreiller;
L'autre, suivant des flancs l'onduleuse courbure,
Replié de lui-même autour de la ceinture,
Noyait sa blanche main et ses doigts effilés
Dans des débris de fleurs de son doux poids foulés,
Comme si dans un rêve elle froissait encore
Les débris de ses jeux sur leur tige inodore.
Ses cheveux, qu'entr'ouvrait le vent léger du soir,
Ondoyaient sur ses bras comme un grand voile noir,
Laissant briller dehors ou ses épaules blanches,
Ou la rondeur du sein, ou les contours des hanches,
Et l'ovale arrondi de ce front d'où les yeux
N'auraient pu s'arracher pour regarder les cieux.
Entre ces noirs cheveux rejetés en arrière,
Ce front resplendissait d'albâtre et de lumière,
Jusqu'aux soyeux duvets où s'arquaient les sourcils.
Ces yeux étaient fermés par l'ombre des longs cils,
Mais le tissu veiné de ses paupières closes
Se teignait transparent de pâles teintes roses.
De l'arche des sourcils, qu'à peine il débordait,
Le profil de son nez sans courbe descendait;
Comme un pli gracieux de rose purpurine,
Une ombre y dessinait l'aile de sa narine,

PREMIÈRE VISION.

Qui, suivant de son sein le pur souffle dormant,
Palpitait, s'élevait d'un léger renflement.
Ses lèvres, comme un lis dont le bord du calice,
Prêt à s'évanouir, en volute se plisse,
S'entr'ouvraient, et faisaient éclater en dedans,
Comme au sein d'un fruit vert, les blancs pepins des dents.
Les deux coins indécis où cette bouche expire
Se noyaient dans un vague où naissait le sourire.
De ce sommeil d'enfant la rêveuse langueur
Laissait sur le visage épanouir le cœur;
Miroir voilé d'un rêve, on y voyait éclore
Cette âme dont le front s'éclaire et se colore.
Comme affaissé du poids des cheveux et du front,
Son bras renflait un peu son cou flexible et rond;
Des rayons fugitifs et des ombres flottantes
Sous la joue en marbraient les moires éclatantes.
Ses membres délicats aux contours assouplis,
Ondoyant sous la peau sans marquer aucuns plis,
Pleins, mais de cette chair frêle encor de l'enfance,
Qui passe d'heure en heure à son adolescence,
Ressemblaient aux tuyaux du froment ou du lin,
Dont la séve arrondit le contour déjà plein,
Mais où l'été fécond qui doit mûrir la gerbe
N'a pas encor durci les nœuds dorés de l'herbe.
Leur immobilité rivalisait la mort.
L'astre, sans l'émouvoir, caressait ce beau corps,
Et, si l'on n'eût pas vu le souffle qui s'exhale
Élever, abaisser son sein par intervalle,
Et les rêves passant à travers son sommeil
Teindre sa blanche joue avec son sang vermeil,
On eût cru voir briller devant soi dans un rêve,
Au jardin d'innocence, une vision d'Ève;
Ou, la veille du jour qui doit le voir aimé,
Le songe de l'époux dans ses bras animé!

L'ange, pour la mieux voir écartant le feuillage,
De son céleste amour l'embrassait en image,
Comme sur un objet que l'on craint d'approcher
Le regard des humains pose sans y toucher.
« Daïdha, disait-il, tendre faon des montagnes !
Parfum caché des bois ! ta mère et tes compagnes
Te cherchent en criant dans les forêts. Pourquoi
Ai-je oublié le ciel pour veiller là sur toi ?
C'est ainsi chaque jour : tous les anges mes frères
Plongent au firmament et parcourent les sphères ;
Ils m'appellent en vain, moi seul je reste en bas :
Il n'est plus pour mes yeux de ciel où tu n'es pas !
Pourquoi le roi du sort, ô fille de la femme,
A ton âme en naissant attacha-t-il mon âme ?
Pourquoi me tira-t-il de mon heureux néant
A l'heure où tu naquis d'un baiser, belle enfant ?
Sœur jumelle de moi, que par un jeu barbare
Tant d'amour réunit, et l'infini sépare !
Oh ! sous mes yeux charmés depuis que tu grandis,
Mon destin immortel, combien je le maudis !
Combien de fois, tenté par un attrait trop tendre,
Ne pouvant t'élever, je brûlai de descendre,
D'abdiquer ce destin, pour t'égaler à moi,
Et de vivre ta vie en mourant comme toi !
Combien de fois ainsi dans mon ciel solitaire,
Lassé de mon bonheur et regrettant la terre,
Ce cri, ce cri d'amour dans mon âme entendu,
Sur mes lèvres de feu resta-t-il suspendu :
Fais-moi mourir aussi, Dieu qui la fis mortelle !
Être homme ! quel destin !... oui, mais être aimé d'elle !
Mais aimer, être aimé ! s'échanger tour à tour !
Ah ! l'ange ne sait pas ce que c'est que l'amour !
Être unique et parfait, qui suffit à soi-même,
Non, il ne connaît pas la volupté suprême

PREMIÈRE VISION.

De chercher dans un autre un but autre que lui,
Et de ne vivre entier qu'en vivant en autrui !
Il n'a pas comme l'homme au milieu de ses peines
La compensation des détresses humaines,
La sainte faculté de créer en aimant
Un être de lui-même image et complément,
Un être où de deux cœurs que l'amour fond ensemble
L'être se multiplie en un qui leur ressemble !
Oh ! de l'homme divin mystérieuse loi,
De ne trouver jamais son tout que hors de soi,
De ne pouvoir aimer qu'en consumant un autre !
Que ce destin sublime est préférable au nôtre,
A cet amour qui n'a dans nous qu'un seul foyer,
Et qui brûle à jamais sans s'y multiplier !
. . . .
Jéhovah ! ce soupir est-il donc un blasphème ?
Et moi si malheureux, si seul, est-ce que j'aime ?
Et comment, ô mon Dieu, ne l'aimerais-je pas ?
N'ai-je pas eu toujours les yeux fixés en bas ?
Ne m'as-tu pas donné pour unique spectacle
Ce miracle au-dessus de tout autre miracle ?
Cette âme virginale à voir épanouir,
Ses pas à surveiller, son cœur à réjouir ?
Ses instincts indécis, ses premières pensées
Dans son âme ingénue à peine nuancées,
A tourner de mon souffle en inclinant son cœur
Comme avec son haleine on incline une fleur ?
Ne vois-je pas son âme à travers sa prunelle,
Comme l'on voit son sang sous sa peau, qui ruisselle ?
Depuis l'heure où sa mère à ses pieds l'étendit,
A son sourire en pleurs fière la suspendit,
Et la pressant des bras à sa blanche mamelle,
Vit le jour de ses yeux poindre dans sa prunelle,
Est-il de cette bouche un seul vagissement,

De cette âme naissante un premier mouvement,
Un battement secret de ce cœur qui s'ignore,
Que mon regard n'ait vu naître, germer, éclore,
Avant que leur frisson ait agité sa peau,
Comme je vois ces feux du ciel poindre sous l'eau?
N'ai-je pas tout suivi du regard d'une mère?
D'abord l'impression fugitive, éphémère,
De la vie essayant ses organes naissants,
Vague et confuse voix de ce concert des sens;
Puis ces étonnements pleins d'intimes délices,
Du sentiment qui naît délicates prémices;
Puis ces élans du cœur qui ne peut s'apaiser
Que sur un cœur de mère, et sous un chaud baiser;
Ces caresses d'instinct qui de l'âme trop tendre
Sur tout ce qu'elle voit cherchent à se répandre,
Et qui sans cause encor mouillaient ses yeux de pleurs,
Comme la goutte d'eau pend aux feuilles des fleurs;
Plus tard, en grandissant en esprit, à mesure
Que l'âge fait au cœur rayonner la nature,
Ces extases de l'œil et ces ravissements,
Des merveilles de Dieu ces éblouissements,
Cette soif d'aspirer dans son sein Dieu lui-même,
Cette adoration sans savoir qui l'on aime,
Ces chants intérieurs qui s'élèvent des sens,
Que l'abeille et l'enfant bourdonnent sans accents,
Mystérieux clavier de cette âme infinie
Dont sans savoir le sens on entend l'harmonie!
Et maintenant enfin pour mon œil enchanté
O spectacle trop plein d'amère volupté,
Qui fait fondre mon âme et fascine ma vue!
Voir cette âme d'enfant naïve et toute nue
Palpiter au contact d'un sentiment nouveau,
Comme au bord de son nid l'aile d'un jeune oiseau;
Se pénétrer d'un feu qui cache encor sa flamme,

Rougir de sa pensée en sentant qu'elle est femme;
Exhaler, solitaire et rêveuse, en soupir
Cet instinct que la nuit ne peut même assoupir;
Au foyer d'un cœur pur concentrer ses tendresses,
De ses yeux, de sa main retenir les caresses,
Rêver sur quel objet ce vague sentiment
S'épandra, de l'amour divin pressentiment!
Chercher à lui donner un nom, une figure,
La recréer cent fois, l'effacer à mesure,
Ne la trouver qu'en songe, et pleurer au réveil
Cet idéal amant que dissipe un soleil!
Ah! c'est trop pour un homme et pour un ange même!
Voilà ce que je vois; et je doute si j'aime!
Si j'aime! et sans amour serais-je si jaloux
De ses frères rêvant déjà le nom d'époux?
Dans l'oubli de ses sens où le sommeil la plonge,
Prendrais-je tant de soin de lui former un songe,
Et d'y faire apparaître avec des traits humains
Une image de moi que j'orne de mes mains,
Un fantôme idéal dont l'éclat la fascine,
Un frère revêtu de ma splendeur divine,
Afin de dégoûter par ce brûlant portrait
Ses yeux de tout mortel que son cœur rêverait?
Aussi, grâce à ce corps dont je prends l'apparence,
Elle voit les mortels avec indifférence,
Et son cœur n'a d'amour que pour ce front charmant
Que mon instinct jaloux lui présente en dormant.
Oh! que devant ses yeux nul autre ne l'efface!
Daïdha! que ne puis-je animer cette glace
Où sous des traits menteurs chaque nuit tu me vois,
Lui souffler mes transports, lui donner une voix
Pour dire à ton oreille, ô fille de la femme,
Des mots du ciel de feu pour embraser ton âme!
Si Dieu me permettait seulement, quand tu dors,

Sur mes ailes d'amour d'enlever ce beau corps,
De te bercer au ciel dans cet air où je nage,
D'avoir des sens aussi pour baiser ton visage,
Pour voir à ton réveil éclore dans tes yeux
Un rayon plus vivant que l'aurore des cieux,
Pour toucher ces cheveux dont le réseau te voile,
Plus noirs sur ton cou blanc que la nuit sans étoile !
Respirer sur ta lèvre un souffle suspendu,
Ou comme ce rayon de l'astre descendu
T'enveloppant de jour, de tiédeur, de mystère,
De mon brûlant regard te faire une atmosphère !
Oh ! si pour te parler je pouvais seulement
Transfigurer mon être et descendre un moment !
Mais déchoir de sa race est l'éternelle honte :
Dieu souffre qu'on descende, et jamais qu'on remonte.
Des anges consumés du même feu que moi
Ont éprouvé, dit-on, cette inflexible loi,
Et, du ciel attirés par les filles des hommes,
N'ont jamais pu d'en bas remonter où nous sommes.
Dégradés pour toujours d'un sort presque divin,
Condamnés à mourir, à renaître sans fin,
Ces exilés d'en haut, séparés de leurs frères,
Sans avoir leur espoir subissant leurs misères,
Ne peuvent revenir au rang qu'ils ont quitté
Qu'après avoir mille ans sur ce globe habité,
Et, dans un cercle long d'épreuves successives,
Lentement reconquis leurs splendeurs primitives :
Anges devenus homme, il leur faut à leur tour
D'homme devenir ange !... Oh ! pénible retour !
Humiliant exil dans cet enfer des larmes !
Et pourtant ils l'ont fait pour de bien moindres charmes !
Et pourtant, entraîné comme d'un poids fatal,
Moi-même j'ai maudit cent fois mon ciel natal !
Oh ! d'amour et d'orgueil furieuse tempête,

Ne t'apaiseras-tu jamais? Charmante tête,
Qui dors sans soupçonner mon trouble et mes remords,
Puisque je suis ton rêve, oh! dors, belle enfant, dors! »

Et Daïdha dormait, et de ce blanc visage
La lune repliait son jour sous le feuillage,
Et l'ange dont l'amour perçait l'obscurité
Voyait la sombre nuit luire de sa beauté.

*

On entendait pourtant dans le sacré silence
Comme l'écho lointain d'un pas sourd qui s'avance,
Et quelques mots tronqués, parlés à demi-voix,
Semblaient sortir non loin, des profondeurs des bois.
Bientôt, répercutés sur les larges troncs sombres,
Des feux intermittents sillonnèrent les ombres,
Semblables aux reflets des livides éclairs,
Qui palpitent aux cieux par la foudre entr'ouverts.
Un homme tout à coup se glissant sous leur voûte,
Comme quelqu'un qui cherche et dont l'oreille écoute,
Le corps penché, la tête et la jambe en avant,
Parut; il secouait comme une torche au vent
Le tronc d'un jeune pin fendu jusqu'aux racines,
Dont la flamme en jets bleus dévorait les résines,
Et dont l'éclat funèbre et le foyer dormant
Se rallumaient plus vifs à chaque mouvement.
Aux éblouissements de cette torche informe,
Qui semblait peu peser dans cette main énorme,
De l'homme de la nuit le corps livide et bleu
Se dessinait à l'œil sous la couleur du feu.
Aux hommes d'à présent son corps mâle et robuste

Était ce qu'un grand cèdre est au fragile arbuste ;
Les muscles, dont les nœuds faisaient gonfler sa peau,
S'enlaçaient sur son corps comme au cou du taureau,
Et de ses larges pieds les gigantesques plantes
Écrasaient sous son poids les herbes et les plantes.
On eût dit, aux contours solides de sa chair,
De durs membres de marbre avec des os de fer.
Ses membres étaient nus ; sa poitrine velue
D'un affreux ornement épouvantait la vue :
C'était, avec les poils, la peau d'un léopard,
Dont il avait fendu le col avec son dard,
Pour s'en faire un collier, et dont l'horrible bête
Terrifiait les yeux de sa hideuse tête :
Elle y pendait immense avec ses yeux ardents,
Et sa lèvre sanglante et les dards de ses dents ;
Les griffes de devant, comme debout dressées,
Des deux côtés du cou sur l'épaule placées,
Flottaient près de la gueule avec leurs ongles d'or,
Où la fureur semblait les contracter encor.
Le reste de la peau, tombant à l'aventure,
Se rattachait aux flancs avec une ceinture,
Et les lambeaux tigrés tombaient jusqu'à mi-corps,
En haillon dont les chiens ont déchiré les bords.
Ses cheveux, de son front rejetés en arrière,
Ondoyaient sur son dos en sauvage crinière ;
Son cou les secouait comme fait le lion.
Son visage, éclairé d'un sinistre rayon,
Dans ses grands traits communs aux aînés de la terre
Portait de la beauté le mâle caractère ;
Mais ce regard humain par qui tout œil est beau,
Ce rayon répandu du céleste flambeau,
Ne l'illuminait pas des reflets de sa flamme :
C'était une beauté de chair et non pas d'âme,
Qu'éclairait seulement d'instincts vils et puissants,

Ainsi qu'un jour d'en bas, la lumière des sens.
L'intelligence éteinte y laissait voir sans luttes
Triompher l'appétit et la force des brutes.
Des lèvres et de l'œil le muscle contracté
N'y trahissait que ruse et que férocité.
C'était une superbe et vile créature,
Ayant gardé sa forme et perdu sa nature :
Tels on en voit encor sur la terre aujourd'hui,
Hommes d'os et de chair où jamais Dieu n'a lui !

Un arc retentissant de corne épaisse et noire
Résonnait sur son dos contre un carquois d'ivoire ;
Trois flèches y plongeaient dans leurs tuyaux d'airain.
Il tenait devant lui sa torche d'une main,
Et de l'autre il portait une énorme massue.
Des plis d'un lourd filet la maille en fer tissue
Pendait de son épaule et semblait en glisser
Comme un filet fermé qu'un pêcheur va lancer.
Il marchait hésitant de clairière en clairière,
Jetant un œil furtif en avant, en arrière,
Étouffant sur le sol le bruit sourd de ses pas,
S'arrêtant quelquefois et se parlant tout bas :
« Les hommes ! disait-il, ô détestables races !
Je ne me trompais pas; enfin voilà leurs traces :
Mes compagnons et moi, sans les trouver jamais,
Depuis neuf longues nuits nous fouillons ces sommets ;
Jamais chasseur n'osa monter jusqu'où nous sommes.
Exécrable métier que d'être chasseur d'hommes !
Mieux vaut cent fois traquer les lions des déserts,
Le mammouth dans ses joncs, ou l'aigle dans les airs !
Mais aussi quel plaisir quand on tient dans sa serre,
Prises au même nid, les filles et la mère !
Mais aussi dans Balbek on nous paye un enfant
Plus cher que le lion, le tigre ou l'éléphant !

Ces esclaves humains ont plus d'intelligence;
Ils servent mieux l'amour, le plaisir, la vengeance;
Et puis l'homme superbe est plus glorifié
De fouler, disent-ils, son semblable à son pied :
Il sent mieux sa grandeur devant son esclavage,
Et jouit en secret d'avilir son image. »

En se parlant ainsi, le chasseur approchait
Du corps de Daïdha; le tronc qui la cachait
En trois pas dépassé lui laissa voir sa proie;
Son pied qu'il avançait resta levé de joie;
Il comprit d'un regard le prix de sa beauté.
Flottant entre l'amour et la cupidité,
Il se pencha muet sur sa fraîche figure,
Écarta doucement du doigt sa chevelure,
Et du front dévoilé parcourant les attraits,
D'un sourire infernal il contempla ses traits;
Puis, frappant ses deux mains en signe de conquête,
Vers sa suite invisible il retourna sa tête,
Et l'on vit accourir, au signal triomphant,
Six chasseurs comme lui près du corps de l'enfant.

Debout, l'environnant de leur cercle sauvage,
Ils avançaient le front pour mieux voir son visage;
Et lui, la main à terre et le genou ployé,
Aux lueurs du flambeau par le vent ondoyé,
Leur indiquait d'un geste et d'un coup d'œil féroces
Les merveilles d'amour de ses charmes précoces.
« Chut! ne l'éveillez pas! Voyez, leur disait-il,
Ces ondes où se noie un délicat profil,
Ce front où tant de paix sous tant d'amour s'épanche,
Ces pinceaux de cils noirs frangeant sa peau si blanche,
Et cette joue en fleur où le chaste baiser
D'une mère oserait à peine se poser;

Et ces lèvres qu'entr'ouvre une suave haleine,
Laissant compter des dents qui débordent à peine,
Pareilles dans sa bouche aux gouttes de lait blanc
Que laisse la mamelle aux lèvres de l'enfant ;
Et ce cou plus moiré que le long cou du cygne,
Et de ce sein naissant l'harmonieuse ligne,
Comme sur la fontaine un flot à peine enflé,
Avant que du matin l'haleine n'ait soufflé ;
Et ces flancs arrondis, et ce cœur que soulève
Le fantastique amour qui n'approche qu'en rêve ;
Et ces deux beaux pieds blancs aux orteils potelés,
Pour voler et bondir polis et modelés
Comme deux cailloux blancs roulés par l'onde amère,
Et qui tiendraient encor dans la main de sa mère !
Oh ! qu'encore un printemps, oh ! qu'encore un été
Fassent épanouir ces bourgeons de beauté ;
Que le rayon d'amour, qui seul mûrit la femme,
A travers ces cils noirs en épanche la flamme ;
Et les fils de Baal, devant ce divin front,
De désir et d'amour à l'envi se fondront.
Pour se la disputer que de sang et de larmes !
Quels trésors dans mes mains couleront pour ses charmes !
Cent esclaves, amis, ne m'achèteraient pas
Ce doux philtre animé qui dort là sous mes pas. »

A cet ardent espoir de l'énorme salaire,
Un murmure confus d'envie et de colère
S'éleva dans les cœurs des compagnons jaloux :
« Autant qu'à toi, Nemphid, n'est-elle pas à nous ?
Penses-tu que nos pieds se sont usés neuf lunes
Pour t'enrichir toi seul de nos rares fortunes ?
— Scélérats ! dit Nemphid le bras déjà levé,
Partager avec vous ce que seul j'ai trouvé !... »
Son imprécation expira sur sa bouche.

4

La troupe s'entendit d'un seul coup d'œil farouche :
Avant que de leurs pieds le superbe géant
Se fût, pour les parer, dressé sur son séant,
Six masses à la fois sur sa tête lancées
Brisèrent d'un seul coup son crâne et ses pensées.
Le géant, assommé, tomba sans mouvement,
De la rage à la mort n'eut qu'un gémissement;
Les racines du sol tremblèrent de sa chute.
Aux éclairs de la torche, aux clameurs de la lutte,
Daïdha réveillée ouvrit les yeux. L'horreur
S'échappa de son âme en un cri de terreur;
Comme un tronçon dormant de serpent qu'un pied presse
Du seul effort des nerfs sur lui-même se dresse,
Au sol qui la portait sans appuyer la main,
Elle fut sur ses pieds debout d'un bond soudain,
Et, trompant des chasseurs le cercle qu'elle brise,
Entre leurs doigts ouverts glisse comme une brise.
Mais l'un d'eux à l'instant élancé sur ses pas,
Dépliant le filet qui flottait sur son bras,
Prêt à l'atteindre enfin, le lance sur sa proie :
En volant dans les airs le filet se déploie,
Et des mailles de fer le treillis étouffant
D'une prison mobile enveloppe l'enfant.
L'horrible bande alors à quelques pas s'arrête;
Ils se rangent assis autour de leur conquête,
Et contemplent d'un œil attaché sur son corps
L'enfant qui se consume en d'impuissants efforts.

L'enfant, sous le réseau dont le tissu ruisselle,
Soulève en vain ses bras pour le secouer d'elle;
Le lourd voile de fer où se brisent ses doigts
Sur son front écrasé glisse de tout son poids;
Sur son cou renversé, sur sa pliante épaule,
Parmi ses longs cheveux il se mêle et se colle

PREMIÈRE VISION.

Tel qu'un tissu trempé dans le flot écumant,
De son corps torturé suit chaque mouvement,
Roule en boulet d'acier sur ses pieds qu'il enserre;
Plus elle s'y retourne et plus il se resserre,
Et, se tordant comme elle en ses nœuds assouplis,
Comme un serpent de fer l'étouffe de ses plis.
La sueur et le sang tachent sa peau meurtrie;
Elle appelle sa mère, elle pleure, elle crie,
Frappe son front des mains; mais les mailles de fer
Lui rivent ses cris même et semblent l'étouffer.
Elle cherche à ronger, comme avec des tenailles,
Avec ses dents de lait le nœud sanglant des mailles;
Mais les mailles en vain dégouttent de son sang.
Pour s'en débarrasser, d'un effort plus puissant
Elle roidit son corps, fléchit, se pelotonne;
Et, prenant un élan par un bond de lionne,
Veut en la soulevant dépouiller d'un seul coup
La chemise d'acier qui lui courbe le cou :
Mais plus elle bondit, plus le filet se plisse;
Dans le réseau glissant son pied s'embrouille et glisse,
Et sous le poids grossi des nœuds multipliés
Tombant près des chasseurs, elle roule à leurs pieds.

A ce jeu dont l'horreur eût fait pleurer les anges,
A ce beau corps froissé sous ses horribles langes,
Un rire universel d'atroce volupté
Éclate en longs échos sous les bois répété.
Au supplice ils joignaient la raillerie amère :
« Belle enfant, disait l'un, appelle donc ta mère!
Qu'elle vienne à ta voix ainsi te voir jouer,
Et, si ces nœuds de fleurs rompent, les renouer! »
Un autre, en ricanant, disait : « Pauvre petite!
Comme ton front rougit! comme ton cœur palpite!
Desserre, si tu peux, les bras de cet amant,

Écarte ses baisers, et respire un moment. »
Et celui-là, montrant du doigt son beau visage,
Qui roulait à ses pieds tout en sang : « Quel dommage,
Disait-il, de ternir de poussière et de pleurs
Ce beau front que bientôt on sèmera de fleurs !
Pourquoi meurtrir ainsi ces épaules de soie,
Et cette peau d'enfant que le fer marque et broie,
Et ce sein virginal, et ces pieds délicats
Dont des lèvres bientôt viendront baiser les pas !
Épargne, belle enfant, ces fureurs et ces larmes ;
Sais-tu que chaque effort nous coûte un de tes charmes,
Que chaque froissement de tes membres meurtris
Aux yeux des acheteurs nous vole de ton prix ? »
Et parcourant de l'œil les noires meurtrissures
Et les gouttes de sang coulant de ses blessures,
Touché par l'avarice et non par la pitié,
Plaignait ce bloc vivant qu'il remuait du pied.

Daïdha cependant, par la lutte lassée,
Et dans l'étroit réseau toujours plus enlacée,
Usait en vain, pendant ces sarcasmes affreux,
Son dernier désespoir en efforts douloureux.
Ses membres, palpitants sous le poids qui la froisse,
Par de sourds soubresauts trahissaient son angoisse ;
Puis enfin, de son corps suivant l'épuisement,
Le filet affaissé resta sans mouvement.
Telle aux bords frissonnants du bleu lac Méotide
On voit d'ardents pêcheurs une troupe cupide,
Dans le filet flottant qu'ils lancent de l'esquif,
Ramener sur la grève un beau cygne captif.
L'oiseau voluptueux, couché sur le rivage,
Aux mailles du lacet déchire son plumage,
Voit briller à travers le réseau concerté
Sa mer d'affection, son ciel de liberté ;

De ses frères de nid pour rejoindre les bandes
S'efforce d'élargir ses ailes toutes grandes,
Bat des pieds et du col, et du bec et des flancs,
L'élastique prison et ses nœuds ruisselants,
Et, s'affaissant enfin sous l'effort qui l'accable,
Souille son col de sang et sa plume de sable.

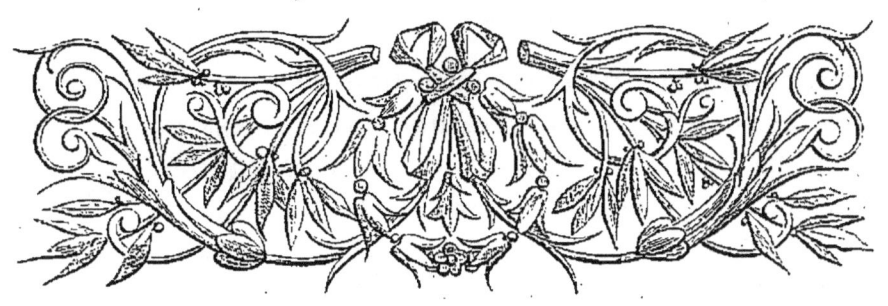

DEUXIÈME VISION

Or, de ce long supplice invisible témoin,
L'ange de Daïdha, Cédar, n'était pas loin;
Et si ma voix ne peut exprimer son martyre,
Le tien, esprit d'amour! quels mots pourraient le dire?
Arraché par ses cris à son ravissement,
Écrasé de stupeur et d'étourdissement,
Il était demeuré sans regard, sans parole,
Comme un homme qui passe et dont l'âme s'envole.
Avant Daïdha même il avait tout senti;
D'un cœur à l'autre, hélas! tout avait retenti :
Chaque goutte d'horreur des membres de la femme
Avait sué des siens et coulé de son âme.
Il avait vu l'enfant surprise à son sommeil;
Il avait écouté le sinistre conseil;
Il avait entendu quel infâme salaire
De sa virginité les chasseurs comptaient faire,
Et comment des brigands se dépeçaient entre eux
Celle que redoutaient ses regards amoureux!

Il avait espéré que pendant leur dispute
Ses frères reviendraient terminer cette lutte,
Et de leurs bras trompés sauvant leur jeune sœur,
Terrasser à ses pieds l'infâme ravisseur;
Mais quand il avait vu les sept hommes dans l'ombre,
Sur sa trace accourus, multiplier leur nombre,
Et dans les nœuds d'acier Daïdha, ses amours,
Trébucher et rouler sans espoir de secours,
Et, sous le lourd filet sur la terre écrasée,
Se débattre en mêlant son sang à la rosée,
Comme une mère en pleurs dont l'affreux lionceau
Vient d'emporter l'enfant dormant dans son berceau,
Plongeant ses bras fumants sous la dent qui le broie,
Membre à membre en lambeaux lui dispute sa proie,
L'ange, par son amour vaincu plus qu'à moitié,
N'avait pu retenir l'élan de sa pitié.
S'oubliant tout entier pour la vierge qu'il aime,
Il s'était à l'instant précipité lui-même;
Le désespoir jaloux qui l'avait surmonté
Avait anéanti toute autre volonté.
Un désir tout-puissant avait changé son être;
Il était devenu ce qu'il eût tremblé d'être,
Et, d'un terrestre corps et de sens revêtu,
D'une nature à l'autre il s'était abattu.

Au moment redoutable où changeait sa nature,
Semblable au cri rongeur du remords qui murmure,
Il avait dans son âme entendu retentir
Ce cri : « L'arrêt divin n'a point de repentir.
Tombe, tombe à jamais, créature éclipsée!
Périsse ta splendeur jusque dans ta pensée!
Savoure jusqu'au sang le bonheur des humains;
Tu déchires ta gloire avec tes propres mains;
Ta vie au fond du cœur n'aura pas l'espérance,

Tu n'auras pas comme eux la mort pour délivrance;
Au lieu d'une ici-bas tu subiras cent morts;
Dieu te rendra la vie et la terre ton corps,
Tant que tu n'auras pas racheté goutte à goutte
Cette immortalité qu'une femme te coûte ! »
Mais l'arrêt formidable en tombant entendu,
Avec le souvenir de son destin perdu,
Tout était déjà vague et loin dans sa mémoire.
Il ne lui restait rien de sa première gloire,
Rien du ciel, rien de lui, qu'un morne étonnement,
Je ne sais quel instinct et quel pressentiment
Du présent, du passé, de hautes destinées,
Semblables dans son âme aux images innées,
Où l'homme, rencontrant un objet imprévu,
Reconnaît d'un coup d'œil ce qu'il n'a jamais vu.

Or, en transfigurant son invisible image,
L'ange avait pris d'instinct la forme et le visage
De cet être idéal dont l'apparition
Hantait de Daïdha l'imagination,
Quand dans la tendre extase où le sommeil la plonge
Son angélique amour la visitait en songe :
C'était l'homme toujours, mais, sous des traits humains,
L'homme enfant tel que Dieu le pétrit de ses mains;
Ame visible aux yeux, ravissant phénomène,
Où l'esprit transparent sous l'enveloppe humaine,
Élevant la matière à sa sublimité,
L'empreint d'intelligence et l'orne de beauté,
Et de sa sympathie en s'échauffant lui-même
De l'amour qu'il ressent pénètre ce qu'il aime !
Il semblait que la vie eût mesuré ses jours
A ceux de cette enfant, ses divines amours :
Seulement par ses traits son jeune et beau visage
Révélait quelque chose au-dessus de cet âge,

Et, quoique dans sa fleur, sa précoce beauté
Approchait un peu plus de sa maturité.
Son regard doux nageait dans un azur moins pâle ;
Sa lèvre gracieuse avait un pli plus mâle ;
Les boucles d'or bruni de ses épais cheveux
Roulaient en flots plus courts sur un cou plus nerveux ;
Sa taille dépassait d'une demi-stature
Celle de la charmante et frêle créature ;
Ses membres arrondis, mais où des muscles forts
Trahissaient sous la chair la vigueur de son corps,
Sans aucun poids, d'un port majestueux et libre,
Posaient sur le gazon dans un juste équilibre,
Ainsi qu'un dieu sorti du ciseau du sculpteur,
Dont le pied porte seul toute la pesanteur !

C'était derrière un tronc de cèdre épais et sombre
Que l'ange ainsi s'était transfiguré dans l'ombre,
Et que dans un premier et long étonnement,
Inconnu de lui-même, il doutait un moment.
Sa chute avait brisé les fils de ses pensées,
Dans son âme nouvelle éparses, effacées ;
Mais l'élan qui l'avait précipité du ciel
Bouleversait encor son cœur matériel.
Sans savoir d'où venait l'instinct involontaire,
L'amour conçu là-haut le suivait sur la terre.
Tel, au fond du sépulcre où son visage dort,
L'homme atteint par la foudre et frappé par la mort,
Du dernier sentiment où l'âme s'est éteinte
Garde encor sur ses traits l'ineffaçable empreinte.

En voyant cette enfant d'ineffable beauté
Battre de son sein nu le sol ensanglanté,
Et ces hommes, riant d'une stupide joie,
Qui se baissaient déjà pour emporter leur proie,

DEUXIÈME VISION.

Sans rempart que son cœur, sans armes que sa main,
De l'ombre qui le cache il s'élance soudain,
Entre eux et Daïdha fond comme la tempête :
Faisant comme un bélier un levier de sa tête,
Au creux de la poitrine il en frappe d'un bond
Le premier des géants ; sous le choc de son front,
De ses poumons broyés la cavité sonore
Gémit comme un tronc creux d'if ou de sycomore.
L'haleine qu'il cherchait manque au sein du géant ;
Sa masse en chancelant fléchit de son séant,
Perd l'équilibre et tombe, et, roulant en arrière,
De ses yeux convulsifs cherche en vain la lumière.
Les cinq autres, frappés de surprise et d'horreur,
Reculent quelques pas ; leur commune terreur
Multiplie un seul homme en armée à leurs vues.
Pour protéger leur vie ils lèvent leurs massues ;
Mais certains du triomphe, ils reviennent sur lui,
Regagnent d'un élan le terrain qu'ils ont fui,
Et fondant à la fois sur l'unique adversaire,
Leur cercle menaçant l'entoure et le resserre.
Il les voit sans pâlir, et, de son bras tendu
Saisissant par les pieds le cadavre étendu,
Il le fait tournoyer sur lui comme une épée :
De sa massue humaine à chaque tour frappée,
La troupe homme par homme en un clin d'œil s'abat.
La forêt retentit de l'horrible combat ;
La tête du géant, comme une lourde masse,
Broie en éclats les os des crânes qu'il terrasse ;
Leur cervelle en lambeaux sur ses pieds vient jaillir,
Quatre ont mordu le sol. Mais son bras va faillir,
Et l'arme trop pesante, au cinquième adressée,
Trompe, en manquant le but, la main qui l'a lancée ;
C'était Djezyd, le seul survivant à ses coups,
Le seul, mais à lui seul plus terrible qu'eux tous.

Saisissant du terrain la prompte intelligence,
Son coup d'œil lui promet sa proie et sa vengeance.
Au moment où le pied lui glisse dans le sang,
Sur le vainqueur lassé d'un grand bond s'élançant,
De ses bras à ses bras, flancs à flancs il s'enlace,
L'étouffe de son poids, l'écrase de sa masse,
Et comme un tigre à l'os qu'il ne peut plus lâcher,
Emporte avec ses dents de grands lambeaux de chair.
Chair à chair, cœur à cœur, et poitrine à poitrine,
Comme deux troncs voisins que le vent déracine,
Enlaçant aux rameaux leurs rameaux confondus,
L'un sur l'autre appuyés, demeurent suspendus,
Les deux rivaux, du front se buttant dans la lutte,
Se soutiennent l'un l'autre et retardent leur chute.
On entendait crier leurs muscles et leurs os;
Leur sueur inondait leurs membres à grands flots,
Et les halètements de leurs fortes haleines
Sortaient comme le bruit des grands vents dans les chênes.
Enfin, plus lourd, plus fort que son jeune ennemi,
Djezyd du sol manquant le soulève à demi;
Et quand il sent ses pieds détachés de leur base,
Se précipite à terre et de son poids l'écrase :
L'un à l'autre incrustés, ils tombent d'un seul bloc;
La terre, sous leur corps, sonne et tremble du choc.
Sous le poids de Djezyd, dont la masse l'accable,
L'enfant du ciel roidit ses muscles comme un câble;
Mais, ne pouvant jamais se dégager de lui,
De son épaule à terre il prend un point d'appui,
Le serre étroitement des nœuds de sa colère.
Il s'imprime à lui-même un élan circulaire,
Avec son corps qui roule entraîne l'autre corps;
La pente du terrain seconde ses efforts :
Ils roulent confondus jusqu'au vert précipice,
Où sur le lit des eaux le sol se penche et glisse;

Et tous deux à la fois, dans le flot écumant,
Ils tombent embrassés : mortel embrassement,
Où, du dernier soupir ne s'enviant que l'heure,
Chacun d'eux veut mourir pourvu que l'autre meure !
Qui comprendra l'horreur de ce combat nouveau,
Dans l'ombre de la mort, sous le linceul de l'eau,
Où des deux combattants l'inextinguible rage
Empêchait son rival de mordre le rivage,
Et, pour précipiter son suprême moment,
Soi-même s'étouffait sous l'humide élément ?
L'abîme en connut seul l'horrible alternative,
Et l'onde bouillonnante en submergea sa rive.
Enfin, dans ces efforts de Dieu seul aperçus,
Le jeune homme reprit un moment le dessus ;
Au niveau du flot sombre il releva son buste ;
Pressant un corps dans l'eau sous son genou robuste,
Ouvrant de ses deux mains la mâchoire au géant,
Il fit jusqu'à la gorge entrer le flot béant,
Et bientôt, remontant du fond à la surface,
Un cadavre flottant en obscurcit la glace.
Ses traits morts respiraient la rage et la terreur,
Et le rayon des nuits s'en écartait d'horreur !

Tout ruisselant des flots et du sang qui l'inonde,
Le vainqueur déchiré sort à grands pas de l'onde,
Et, plein du même instinct dont l'éclair le guida,
Sans étancher son sang, revole à Daïdha ;
Pour briser le filet il se penche sur elle.
L'enfant, témoin et prix de la lutte mortelle,
Avait suivi des yeux et secondé du cœur
L'effort désespéré de son libérateur.
Cet être reconnu par sa vague mémoire
Brillait de sa beauté moins que de sa victoire ;
Et, bien qu'elle ignorât sur elle son dessein,

Elle pressait ses bras, se collait sur son sein,
Comme si par instinct sa tendre confiance
De son amour céleste eût eu la conscience.
Quand il eut soulevé les longs plis des réseaux,
Et des mailles de fer déroulé les anneaux,
Tout tremblant de froisser sous les nœuds qu'il déploie
Ses membres délicats ou ses cheveux de soie,
A ses pieds, que du front elle allait essuyer,
Daïdha se jetant voulait balbutier
A travers ses baisers son cri de délivrance,
Quand un nom tout à coup de mille voix s'élance :
« Daïdha! Daïdha! c'est elle, la voici! »
L'aube au ciel rougissait le nuage éclairci,
Et de tous les sentiers descendant des montagnes,
On voyait accourir ses frères, ses compagnes,
Qui la cherchaient dans l'ombre en lui tendant les bras.
Sa mère les guidait en devançant leurs pas;
Daïdha l'aperçut, et, bondissant vers elle,
Colla de cent baisers la lèvre maternelle.
Oh! qui dira jamais le transport étouffant
Dont la sauvage mère étreignit son enfant?
Et les convulsions de ce bras qui la presse,
Et ces élans d'amour, et ces bonds de tigresse,
Quand elle vit ce sang sur ses membres meurtris!
La féroce tribu fut l'écho de ses cris,
Et, se précipitant sur l'inconnu céleste,
Crut voir le meurtrier et l'immolait du geste :
Mais Daïdha, courant entre la foule et lui,
Et prenant par la main son sauveur, son appui,
Montre de l'œil, du doigt, à la foule tremblante
Les six corps des géants jonchant l'herbe sanglante.
Ils mesurent du pas ces cadavres affreux,
Lèvent les yeux au ciel et se parlent entre eux,
Comme si leur esprit se refusait à croire

Qu'un mortel eût suffi seul à cette victoire.
Ils se rangent muets près de l'heureuse enfant,
Qui leur fait de ces morts le récit triomphant.
Le merveilleux combat passe de bouche en bouche;
Autour de l'étranger on se presse, on le touche,
On l'entraîne en triomphe à travers les forêts,
Comme un frère de plus, jusqu'aux antres secrets
Où la tribu nomade a creusé ses asiles
Pour fuir la servitude et les travaux des villes;
Et les vieillards, assis sous l'arbre du conseil,
Pour parler et juger devancent le soleil.

Or, en ces temps, mon fils, des choses primitives,
Les enfants de Caïn, familles fugitives,
Vivant, comme la brute, éparses dans les bois,
N'avaient point inventé le pouvoir ou les lois.
Les lois n'étaient alors que ces instincts sublimes
Qui font vibrer en nous nos sentiments intimes :
Sons vagues et confus que rendait au hasard
L'âme humaine, instrument sans règles et sans art,
Avant que la sagesse, éclairant nos oreilles,
Eût pour un chant divin accordé ses merveilles.
Le pouvoir n'était rien que la paternité,
De la vie et du temps la sainte autorité,
Dont l'âge décernait l'évidente puissance,
Et pour qui l'habitude était l'obéissance.
Quand la famille humaine en rameaux s'étendait,
Le conseil des vieillards au père succédait;
Du destin des tribus séculaires arbitres,
Ils régnaient sans couronne, et gouvernaient sans titres;
Leur parole écoutée était leurs seules lois :
On respectait le temps qui parlait par leurs voix,
Mais à leur tribu seule ils devaient la justice;
L'ignorance livrait le reste à leur caprice :

Tout ce qui n'était pas du sang de leurs aïeux,
Profane, n'avait plus titre d'homme à leurs yeux.
Ennemis éternels des races étrangères,
Leur brutale équité se bornait à leurs frères;
Pareils dans leur démence aux peuples d'aujourd'hui,
Qui ne voient l'univers qu'où leur soleil a lui,
Proscrivent de leurs droits des nations entières,
Et pensent que de Dieu l'amour a des frontières!
Quand ils les surprenaient, ils livraient sans remord
La mère à l'esclavage et le père à la mort;
Et les enfants, proscrits même avant que de naître,
Croissaient dans la tribu pour y servir un maître.
Mais au-dessus des chefs, le vent des passions
Déchaînait quelquefois le feu des factions;
Pour le choix des troupeaux, des butins, des épouses,
La colère excitait des tempêtes jalouses;
Divisant la famille en partis inhumains,
Le pouvoir indécis flottait de mains en mains,
Jusqu'à ce que d'un chef l'heureuse tyrannie
Asservît à son tour sa race à son génie.
Ainsi vivait errante aux sommets du Sannyr
La sauvage tribu, famille de Phayr.

Phayr avait vécu presque l'âge des chênes
Sans avoir jamais vu les merveilles humaines
Dont les enfants d'Abel et leur postérité
Avaient couvert le sein du vieux monde habité.
Je ne sais quel instinct venu de père en père
Les poussait à rester voyageurs sur la terre :
Soit que du sang d'Abel par leur main répandu
Le cri vengeur par eux fût encore entendu;
Soit qu'un féroce attrait nourri par l'habitude
Les chassât dans les monts et dans la solitude,
Et qu'ils crussent que l'homme, en fondant la maison,

De son indépendance élevait la prison.
Des rejetons vivants, comme des glands sans nombre,
Étaient sortis de lui pour grandir sous son ombre;
Mais, arrachés de terre ou par la mort fauchés,
De sa tribu proscrite ils étaient retranchés :
Les uns avaient péri dans ces terribles luttes
Qu'ils joutaient dans les bois avec les rois des brutes,
Sous la griffe du tigre ou l'ongle des lions;
D'autres s'étaient enfuis dans leurs rébellions;
Traqués par les chasseurs jusque dans leurs asiles,
Plusieurs, traînés captifs par les enfants des villes,
Esclaves attelés traînaient de lourds fardeaux,
Ou, le frein dans les dents, leurs maîtres sur leur dos,
Des derniers animaux rendaient les vils services,
Tandis que leurs enfants les servaient dans leurs vices.
Sept fils d'âge inégal et les fils de leurs fils,
Et leurs femmes au sein portant leurs tendres fruits,
Et le superbe essaim de dix vierges, leurs filles,
Restaient seuls au vieillard d'innombrables familles;
Et ses yeux, en comptant sa race, pouvaient voir
Dans leurs rangs décimés décroître son espoir.
Sa raison chancelait sous le fardeau de l'âge;
Son pouvoir du passé n'était plus que l'image;
Ses fils, se disputant ce pouvoir emprunté,
S'arrachaient sous son nom sa feinte autorité :
D'un respect apparent ils couvraient leur puissance,
Et ce qui lui gardait un peu d'obéissance
C'était moins du passé le tendre souvenir,
Le droit sacerdotal de maudire ou bénir,
Que le droit de régler le destin des familles,
Aux fils de la tribu de décerner les filles.
Car le bien le seul cher et le seul disputé,
C'était, chez ces enfants du désert, la beauté!

Or, Phayr sous ses yeux voyait lui-même éclore
Cette fleur qui croissait pour s'embellir encore.
Il avait depuis peu couché dans le tombeau
Le dernier de ses fils, hélas! et le plus beau :
Ségor était son nom; depuis moins d'une année
Une épouse à ses flancs avait été donnée,
Et l'oiseau qui roucoule enviait leurs amours,
Quand la flèche d'Ischar avait tranché ses jours.
Phayr, dont cet enfant consolait la vieillesse,
Noya depuis ce coup ses yeux dans la tristesse.
Selon les vieilles mœurs, vieillard, il avait pris
Pour épouse Selma, la veuve de son fils,
Comme de l'arbre d'or que la tempête cueille,
Quand la tige est coupée, on ramasse la feuille.
Selma, qui dormait chaste à côté du vieillard,
Mit au monde son fruit, hélas! venu trop tard
Pour tendre ses bras blancs et sourire à son père,
Mais tout semblable au moins aux songes de sa mère.
Cette fille d'amour et de mort, Daïdha,
Cette enfant qu'en naissant l'œil de pleurs regarda,
Croissait depuis douze ans, fleur des nuits dont les larmes
En arrosant le front multipliaient les charmes;
Et chacun des sept chefs espérait pour son fils
De son obéissance un si ravissant prix;
Et chacun de leurs fils, quand il rêvait de femme,
Voyait de Daïdha les yeux bleus dans son âme!

La rougeur de l'enfant sur son beau front vermeil,
Daïdha s'avança vers l'arbre du conseil,
En tenant une main dans la main de sa mère
Et de l'autre menant l'étranger comme un frère,
L'étranger, que des yeux amoureux ou jaloux
De toute part déjà regardaient en dessous.
Le vieillard, en voyant ce sang souiller ses charmes,

A travers ses cils blancs laisse filtrer deux larmes,
Et, pressant sur son cœur ses membres délicats,
Met son front sur son front et ses bras sur ses bras;
Tandis que Daïdha, qui sur son cou se penche,
Mord de baisers secrets sa chevelure blanche.
Puis le vieillard levant les yeux sur l'étranger :
« Toi qui sus la sauver, dit-il, et la venger,
De quelque nom caché que ta race se nomme,
Qu'une femme en ses flancs t'ait porté comme un homme,
Ou que, sous forme humaine apparu sur ces bords,
La foudre soit ton âme et le fer soit ton corps,
Lis dans nos cœurs ouverts notre reconnaissance!
Ne crains pas de lever la tête en ma présence;
Entre ton cœur et nous ce jour vengeur a mis
Le sang sept fois versé de nos vils ennemis;
Que ce sang dont par toi l'herbe fut arrosée
Sur ta tête sept fois redescende en rosée!
Pour te payer le prix qu'on doit à ta vertu,
De nos bras, de nos cœurs, parle, qu'espères-tu?
Mais dis-nous avant tout si tu viens de la nue,
Ou d'une race humaine à nos yeux inconnue;
Ou si quelque adultère, à son neuvième mois,
Loin d'un époux trompé, t'allaita dans les bois.
Quel que soit son forfait, sa faute soit bénie!
Ta naissance l'absout de son ignominie.
Parle donc! apprends-nous ta merveille et ton nom;
Que de ton âme enfin la nôtre entende un son! »
Il se tut; le jeune homme attentif, en silence,
Des accents du vieillard écoutait la cadence,
Et semblait suivre en l'air avec attention
Des sons qu'il entendait chaque vibration,
Comme si la parole était une merveille
Dont chaque son portait un coup à son oreille;
Puis, essayant lui-même un accent modulé,

Ne proféra qu'un son vague, inarticulé,
Semblable au bégaiement qu'en essayant son âme,
Imite un tendre enfant des lèvres de la femme.
Chaque chef à son tour l'interrogeait en vain :
Il comprenait de l'œil, les yeux, le front, la main;
Mais les mots à ses sens n'étaient que des murmures.
La stupeur se peignait sur toutes les figures;
Et, depuis le vieillard jusques à Daïdha,
Dans un trouble muet chacun se regarda.
Le second des enfants de Phayr dit : « Mes frères,
Cet homme et cette nuit sont remplis de mystères.
Notre premier devoir, c'est d'ôter le danger;
Souvenons-nous des lois, et tuons l'étranger. »

Ainsi parla Jephyr; une honte unanime
Monta sur tous les fronts comme le sang d'un crime.
« Le tuer! » s'écria la foule; et Daïdha
Pressa sa main plus fort et de pleurs l'inonda.
« Le tuer! le tuer!.s'écria chaque mère.
— Eh bien! reprit Jephyr, que voulez-vous en faire?
Quel est cet inconnu, dites, le savez-vous?
Pourriez-vous sans péril renvoyer loin de nous
Un hôte que d'un sang ennemi Dieu fit naître,
Qui connaît notre trace, et qui, vendu peut-être
Aux éternels bourreaux des enfants de Phayr,
N'a paru nous sauver que pour mieux nous trahir?
Ou bien, si vous gardez libre dans notre race
Cet enfant dont l'œil tue et dont le cœur terrasse,
Cet homme dont les bras sur vous seront levés,
N'est-ce pas un tyran que vous vous réservez?
Faudra-t-il obéir aux fils des étrangères?
Faudra-t-il lui donner les filles de nos pères,
Afin qu'un germe impur, dans nos veines admis,
Mette au cœur de nos fils le sang des ennemis,

DEUXIÈME VISION.

Et qu'en nos propres seins, rivales éternelles,
Des races de lions se combattent entre elles?
Non! répandons sur l'heure, en détournant les yeux,
Le sang qui souillerait l'âme de nos aïeux! »
Namphi, Salem, Jorad, du regard approuvèrent;
Mais des femmes sur eux les clameurs s'élevèrent;
Et Saïd, en secret conseillé par Selma,
Prévoyant la tempête, en ces mots la calma :
« A qui parle de mort, honte sur sa pensée!
De sang pour notre cause une goutte versée,
Ce sang de l'étranger que notre terre a bu
Doit consacrer le reste aux yeux de la tribu :
De ce sang à nos fils Dieu demanderait compte;
Leur signe serait meurtre, et leur nom serait honte!
Cependant devons-nous livrer imprudemment
Le salut de Phayr à son entraînement?
Libre il serait danger, et mort il serait crime,
Qu'il vive! mais, de peur que sa main nous opprime,
Ou qu'il suive nos pas pour mieux les révéler,
Ou qu'au nôtre son sang ose un jour se mêler,
Qu'il vive, mais esclave au milieu des esclaves!
— Oui, qu'il vive! qu'il vive! Apportez les entraves! »
Crie en frappant des mains tout le peuple à la fois.
« Des fardeaux de Phayr il portera le poids.
Il combattra pour nous; de son fortuné maître,
Sans crainte des lions les troupeaux iront paître;
Et du père aux enfants il sera dans Sannyr
L'onagre et le chameau des enfants de Phayr. »

Les sept chefs à ce cri se lèvent, et la foule
En vagues autour d'eux flotte comme une houle.
On apporte à leurs pieds le honteux instrument,
Des esclaves d'alors torture et vêtement :
La cruauté de l'homme, en supplices féconde,

Les avait inventés dès l'enfance du monde ;
Seulement, dépourvu de ses arts d'aujourd'hui,
L'instrument en était barbare comme lui.
Des pasteurs du Liban la race encor sauvage
Des métaux assouplis ignorait tout usage,
Et les maîtres encor n'avaient pas inventé
Le fer, cet ennemi de toute liberté !
Des liens de feuillage enchaînaient les esclaves,
Comme aujourd'hui le joug des bœufs ; et les entraves
N'étaient qu'une liane où pour passer le cou
Le maître en la tressant laissait un large trou.
Lorsque dans ce carcan la tête était entrée,
Par un nœud éternel la liane serrée
Enfermait aussi fort qu'un carcan de métal
L'homme déshonoré dans le collier fatal.
Pour empêcher les mains d'élargir l'ouverture,
Un autre nœud liait le coude à la ceinture ;
De sorte que l'esclave, avec ses avant-bras,
N'avait de tout le corps de libre que ses pas,
Qu'on pouvait l'avilir au plus indigne usage
Sans craindre contre soi sa force ni sa rage,
Et que pour se nourrir ou se désaltérer
Il lui fallait, ô honte ! à terre se vautrer,
Et prendre avec les dents les viles nourritures
Que l'homme repu jette aux viles créatures !

Quand Jephyr et Segor, tout prêts à le lier,
Posèrent sur son cou leur main pour le plier,
A l'aspect d'un esclave, hélas ! son triste emblème,
Il comprit d'un regard leur dessein sur lui-même ;
Et secouant du bras les chefs, qu'il renversa,
Sous son genou courbé tous deux les terrassa.
La foule, s'écartant autour du jeune athlète,
Élargit de terreur son enceinte muette ;

Et Daïdha, comme elle avec horreur fuyant,
Dans les bras de Selma s'abritait en criant.
Mais Cédar, c'est ainsi que du lieu de sa gloire
La foule avait nommé l'enfant par sa victoire,
Cédar la voyant fuir et pleurer, son esprit
A ces signes d'effroi d'un coup d'œil la comprit;
Et ramassant lui-même avec dédain à terre
Les liens qu'il avait foulés dans sa colère,
Il les porta soumis aux pieds de Daïdha;
Il abaissa son cou sous sa main qu'il guida,
Et semblable au lion dont l'enfant qu'il caresse
Adoucit l'œil de sang en regard de tendresse,
Il laissa sans frémir, de son corps garrotté
Humilier la force avec la liberté,
Et suivit, humble et doux, la douce jeune fille
Qui le menait en laisse au roi de la famille.
Là, sur l'herbe accroupi, ses deux mains sur son front,
La femme et le vieillard l'attachèrent au tronc;
Et des vils animaux disputant la pâture,
Les glands tombés pour eux furent sa nourriture.

TROISIÈME VISION

Or, les chefs rassemblés dirent le lendemain :
« Les chasseurs de ces monts ont tenté le chemin ;
Ne voyant plus en bas leurs sept fils reparaître,
Plus nombreux et plus forts ils monteront peut-être.
La place où, sous les bois, ont brouté nos chameaux,
Les fruits dont notre main dépouilla les rameaux
Leur montreraient la terre où nos dieux nous font vivre ;
Fuyons si loin, si loin, qu'ils ne puissent nous suivre.
Le soleil, qui des cieux descend de mois en mois,
N'attiédit plus assez l'air élevé des bois ;
Descendons avec lui sur les bords de l'Oronte,
Et, cachés dans son lit, attendons qu'il remonte. »

Et les pasteurs, chantant le signal des départs,
Rassemblaient les troupeaux dans les herbes épars :
C'était la chèvre errante aux flancs des précipices,
L'onagre patient, les fécondes génisses,
La brebis dont la laine amollit le repos,
Le chien qui veille l'homme et commande aux troupeaux,
L'éléphant presque humain, les plaintives chamelles

Accourait embrasser ces mémoires sacrées,
Et, semblable à quelqu'un qui parle du dehors,
Collait sa bouche au sol et parlait à ses morts.

Une femme disait à l'âme de son père :
« O père ! l'eau des yeux coule-t-elle sous terre ?
Est-elle donc là-bas amère autant qu'ici ?
Combien j'en ai versé si loin ! Mais me voici.
Que de rameaux des bois sont tombés dans les ondes
Que d'esprits sont allés visiter d'autres mondes !
Ce qui s'est fait depuis que tu n'es remonté,
Ceux qui sont descendus te l'ont-ils raconté ?
Les flèches des géants ont sifflé sur nos têtes;
Nous avons habité sur le mont des tempêtes;
Selma dans ces combats a perdu son époux.
Un homme sans parole est venu parmi nous,
Les chasseurs sous sa main se renversent et meurent;
Les filles de Phayr le regardent et pleurent.
De leurs dons les plus chers nos dieux nous ont bénis,
Nous revenons des bois les mains pleines de nids.
Léa, ton doux regard et ta petite-fille,
Les chasseurs l'ont ravie enfant à sa famille.
Longtemps au fond des bois on l'entendit crier;
Ses cheveux n'ont servi, père, qu'à la lier !
Et moi, j'ai mis au monde un fils et sa jumelle :
Leurs blanches dents déjà me mordent la mamelle.
Dans les yeux de l'enfant aussi noirs que la nuit,
Mon souvenir croit voir ton amour qui me suit !
Regarde, il est couché près de moi sur la feuille,
Arrachant de ses doigts ton herbe qu'il effeuille;
Il essuie étonné ma joue avec sa main;
Nomme-le par son nom, pour qu'il vienne demain. »

Non loin de là, pressant un tertre de pelouse,

A l'ombre de sa fille ainsi parlait l'épouse :
« Adda, fleur de mon sein, larme du cœur, c'est moi !
Les hommes de dessous furent jaloux de toi,
Ils te firent tomber dans l'envieuse couche
Avant que mon doux lait fût tari sur ta bouche.
Oh! dis-moi, redis-moi, quel lait bois-tu là-bas?
Quelle mère en chantant te berce sur les bras?
De quel nom, mon Adda, plus doux t'appelle-t-elle?
Dis-le-moi, pour qu'aussi de deux noms je t'appelle,
Pour qu'en venant la nuit parler à ton gazon,
Tu ne te trompes pas et réponde à ton nom!
Enfant, as-tu grandi sous l'herbe où tu reposes?
Les enfants de la mort te tressent-ils des roses?
Des grains rouges des bois te font-ils un collier?
Il me semble parfois que je t'entends crier.
J'ouvre mes bras la nuit, ma fille, pour te prendre;
Car l'époux de mes nuits, hélas! a beau suspendre
Tes frères à mon cou pour m'y faire penser,
Des deux yeux de mon âme il ne peut t'effacer !
Je suis l'oiseau plaintif à l'aile bleue et blanche
Dont le courant du fleuve, en secouant la branche,
A fait tomber du nid et rouler dans les flots
Un petit, le premier de la couvée éclos :
Il a beau réchauffer les autres sous sa plume,
Du seul qu'il a perdu le souci le consume,
Et tout le jour il crie et regarde dans l'eau
Et porte sa becquée à son petit oiseau. »

Ainsi parlaient aux morts les hommes et les femmes,
En couvrant leurs gazons de présents pour leurs âmes.
Leurs pas, se détachant lentement de ces lieux,
Semblaient s'incorporer à ce sol des aïeux;
Tant peut sur les humains la mémoire chérie
C'est la cendre des morts qui créa la patrie.

Après avoir ainsi versé l'eau de leurs cœurs,
Chacun tira ses dieux de leurs arches de fleurs,
Et, les plaçant au seuil de ces antres sauvages,
Les pria d'habiter et d'aimer ces rivages.
C'étaient de vils objets où l'adoration
Profanait la pensée et la création :
Des plantes, des cailloux, des écorces bizarres,
Du lit séché des flots des coquillages rares ;
Tout ce qui séduit l'œil et fixe le regard,
Ce qu'accouple un vain songe ou présente un hasard ;
Du besoin d'adorer, d'espérer et de craindre,
Vil assouvissement que l'homme aime à se feindre.
Chacun avait le sien aux autres préféré,
Qu'on troquait, qu'on vendait, qu'on brisait à son gré,
A qui l'on prodiguait le respect ou l'insulte,
Selon que le hasard vérifiait le culte.
C'était à qui d'eux tous adorerait le mieux.
Mais les esclaves seuls n'avaient jamais de dieux !
Leur main eût profané des idoles immondes ;
La malédiction leur fermait les deux mondes ;
Et sur les dieux volés si leur main s'étendait,
Sous mille bras levés la loi les lapidait !

Quand il eut du retour accompli les mystères,
Et rallumé le feu dans la cendre des pères,
Tout le peuple pasteur, à l'abri des méchants,
Sur les rives du fleuve et sur les prés penchants
Se répandit en paix, comme une ruche pleine
Se répand sur les fleurs autour d'une fontaine ;
Et ses jours s'écoulaient l'un à l'autre pareils,
Et quelques vieillards seuls en comptaient les soleils.

Les esclaves, la nuit, liés au tronc d'un hêtre,
Allaient paître, le jour, les troupeaux de leur maître,

Et, de peur des lions, les rassemblant en un,
Passaient leur dure vie à pleurer en commun :
Les uns se racontaient à quel vil prix vendue,
Leur liberté natale avait été perdue ;
D'autres se souvenaient comment, leur père mort,
Leur mère en servitude était tombée au sort,
Et, captive au milieu des brebis et des chèvres,
D'un lait aigri de pleurs avait nourri leurs lèvres.
Ceux-là montraient du doigt sur leurs membres flétris
Les sillons noirs du fouet qui les avait meurtris ;
Ceux-ci leurs bras liés, et dont la ligature
Dans les veines avait tari la nourriture ;
Et, s'épiant l'un l'autre afin de se trahir,
Ne conservaient d'humain que le cœur pour haïr !
Tous regardaient Cédar avec un œil d'envie,
Et de son infortune ils consolaient leur vie.
Lui pourtant, sans parole, et ne comprenant pas,
Fuyait d'instinct les lieux que fréquentaient leurs pas,
Et guidant ses chameaux aux plateaux les plus rudes,
Ne hantait que les monts et que les solitudes,
Sans crainte des lions dont d'autres s'effrayaient ;
Car à son seul aspect les lions s'enfuyaient.
Là, couché de longs jours près des sombres fontaines,
Dont le fuyant murmure emporte aussi les peines,
Ou debout sur des pics qui dominaient les airs,
Il regardait les cieux, les plaines et les mers,
Et les mille rayons partant de toute chose,
Où tombe la pensée, où le regard se pose :
La nature d'abord, vaste éblouissement,
Lui-même pour lui-même immense étonnement,
Du firmament profond les merveilleux spectacles,
La végétation et ses nombreux miracles,
Et les brutes et l'homme, et leurs divers rapports,
Venant dans son esprit converger du dehors,

Développaient en lui l'inerte intelligence.
Comme un homme qui dort, qui s'éveille et qui pense ;
Et tout cela semblait n'être qu'un souvenir
Que du fond de son âme il sentait revenir.
Mais lorsqu'il s'efforçait de renouer la trame
Du présent au passé, de ses sens à son âme,
Le rayon s'éclipsait et ne l'éclairait plus.
Sa mémoire fondait en nuages confus ;
Il sentait sur sa tête une voûte abaissée
Qui comprimait son front et brisait sa pensée,
Et, le front tristement penché sur ses genoux,
Entre une nuit et l'autre il restait comme nous.

Il n'était arraché de cette rêverie
Que par le bruit des pas ou par la voix chérie
De Daïdha, venant traire au milieu du jour
Les chamelles d'Alphim qui broutaient alentour,
Et portant aux captifs leur pauvre nourriture,
Comme aux oiseaux des champs on jette leur pâture.
Sitôt qu'il entendait l'harmonieuse voix,
L'appelant par son nom, résonner sous les bois,
Tous ses sens absorbés vibraient dans son oreille ;
Il se levait semblable à l'homme qui s'éveille,
Oubliait sa pensée et la longueur du jour :
Le jour, c'était pour lui l'heure de ce retour.
Il s'élançait rapide à cette voix si douce
Dont son cœur recevait la soudaine secousse,
Il brisait en courant les branches devant lui,
Ses pieds prenaient à peine à terre leur appui :
Il semblait que son corps soulevé par une aile
L'emportait ; puis soudain, quand il approchait d'elle,
Quand de la pure enfant les célestes appas
Venaient à rayonner sur lui de quelques pas,
Sa force, défaillant à son âme trop pleine,

Dans son sein qui battait faisait manquer l'haleine,
Ses genoux vacillants sous lui se dérobaient,
Ses regards éblouis vers le sol retombaient,
Et debout, pâle et froid comme un homme de marbre,
Il restait un moment appuyé contre un arbre.

Mais elle, s'avançant dans sa chaste candeur,
Courait rouge de joie autant que de pudeur,
Déposait à ses pieds pour ses heures brûlantes
Son rustique festin dans les feuilles des plantes;
Élevant son amphore à ses lèvres de feu,
De l'écume du lait les abreuvait un peu;
Essuyait de la main sur sa joue embrasée
Ou la sueur brûlante, ou la froide rosée;
Lui souriait des yeux, de la bouche et du cœur;
Chargeait son doux regard de pitié, de langueur,
Et, touchant ses liens qu'elle eût voulu détendre,
S'essayait par le geste à lui faire comprendre
Qu'elle eût voulu briser les chaînes de ses bras;
Puis parlait, et voyant qu'il ne répondait pas,
D'un pied impatient elle frappait la terre,
Et devant lui restait immobile à se taire,
Baissait son front voilé du midi jusqu'au soir;
Et Cédar l'entendait pleurer, mais sans la voir,
Et des secrètes pleurs qu'elle eût dû cacher toutes,
Ses pieds sentaient parfois ruisseler quelques gouttes.

Cédar alors, courant rassembler le troupeau,
Retenait par le cou le petit du chameau,
Pendant que Daïdha, sous la mère penchée,
Pressait entre ses doigts la mamelle étanchée.
Quand l'amphore était pleine et que le lait fumant
Débordait sur ses mains de son vase écumant,
Pour empêcher le lait de fuir par l'orifice,

Il cueillait dans les champs la rose et le narcisse,
Et, semant de ces fleurs le breuvage enfermé,
Le couvrait avec soin d'un bouquet parfumé.
A la place où la vierge avait trempé sa lèvre,
Il en buvait un peu comme un chevreau qu'on sèvre;
Puis élevant l'amphore avec ses bras nerveux,
Et sous le poids du vase amassant les cheveux,
Sur le front de l'enfant, dont le cou tremble et vibre,
Il posait doucement le vase en équilibre;
Et l'enfant, relevant en anses ses deux bras,
Se tournait pour sourire et fuyait à grands pas.
Il semblait que son cœur s'en allait avec elle;
Il voyait ses cheveux, soulevés comme une aile,
Glisser entre les troncs des platanes jaloux;
Il la suivait des yeux, il tombait à genoux
Sur l'herbe où ses pieds blancs avaient laissé leur trace;
De sa bouche muette il en mordait la place.
Comme un homme pensif qui se ferme les yeux
Pour suivre une pensée et qui croit la voir mieux,
Il restait quelque temps les deux mains sur sa vue,
Pour mieux voir dans son cœur l'image disparue;
Il écoutait parfois si la brise en glissant
De la lointaine voix n'aurait pas un accent;
Et quand, dans le désert que faisait son absence,
Tout redevenait nuit, solitude et silence,
De son départ trop prompt attristé tout le jour,
Son âme impatiente aspirait au retour.

Ainsi passait pour lui, du retour à l'absence,
De l'absence au retour, toute son existence,
Qui de ses durs liens perdant le sentiment
N'avait qu'une pensée, un plaisir, un tourment :
Ame qui, pour nourrir sa vie intérieure,
Au cœur n'a qu'une image et dans le jour qu'une heure.

Et cependant son corps avec l'âge croissait,
De sa mâle beauté l'essor s'accomplissait :
Son âme à son insu dans sa forme divine
Rappelait par ses traits sa céleste origine;
Dans ce corps garrotté d'un esclave avili,
Quelque chose du ciel avait gardé le pli;
Son regard calme et doux avait pourtant des flammes
Dont les éclairs voilés faisaient rêver les femmes.
Comme pour se venger de leur stupide affront,
Il dépassait déjà tous les hommes du front.
Tel qu'un lion captif du maître qui le brave,
Même en l'humiliant ils admiraient l'esclave;
Timides et jaloux, ils fuyaient son aspect;
Leurs regards s'abaissaient de honte et de respect.
Daïdha seule osait lui commander du geste;
Il ne regardait qu'elle, il méprisait le reste;
Et, lisant dans ses yeux le regard commencé,
Elle était obéie avant d'avoir pensé.
Ainsi le fier taureau qu'une main d'enfant mène
Obéit à l'amour, et suit ses pas sans chaîne.

Cependant Daïdha sentait avec orgueil
L'empire qu'exerçaient sa voix et son coup d'œil,
Et, fière d'adoucir seule ce cœur sauvage,
Se faisait un honneur de ce noble esclavage.
Elle lui commandait devant eux quelquefois,
Seulement pour montrer ce que pouvait sa voix;
Et Selma rougissait de gloire pour sa fille,
Et Phayr triomphait de voir dans sa famille
Cet esclave muet, sa force et son honneur;
Et la foule envieuse admirait son bonheur.

Or, un jour Daïdha se disait, triste et tendre :

« Oh ! que serait-ce donc s'il pouvait me comprendre ! »
Lorsque élevant les yeux à la voûte des bois,
Elle vit un bulbul à la liquide voix,
Qui, posé sur la branche où son nid se balance,
De son chant qui ruisselle enchantait le silence,
Tandis que ses petits paraissaient s'essayer,
En écoutant son hymne, à le balbutier.
Ils chantaient, ils chantaient, mais leur langue inhabile
Pour saisir un passage en affaiblissait mille,
Et cependant leur voix par moments rappelait
L'écho mal éveillé de l'air qu'il redoublait ;
Et du nid où l'oiseau ne venait que de pondre,
Leurs accents et les siens paraissaient se répondre.
La vierge, en écoutant ces luttes de chansons,
Comprit que les oiseaux se donnaient des leçons,
Et que, du même accord multipliant l'étude,
Leur chant mélodieux n'était qu'une habitude.
A son esprit frappé Cédar vint à l'instant :
« Il est muet comme eux ! si j'en faisais autant ?
Dit-elle ; si j'étais ce bulbul, doux symbole,
Qui souffle à son petit le chant et la parole,
Jusqu'à ce que, ce chant par leur langue épelé,
Ils s'entendent entre eux l'un par l'autre appelé ?
Les mères aux enfants aussi comment font-elles ?
Ils imitent des yeux les lèvres maternelles.
Peut-être que Cédar n'eut point de mère, lui ?
Oh ! si je la pouvais remplacer aujourd'hui !
Si, déliant enfin sa langue avec la mienne,
Le son de ma pensée allait toucher la sienne !
S'il répétait les mots que ma mère m'apprit !
Moi qui lui dois la vie, il me devrait l'esprit.
Dans le fond de ses yeux je saurais ce qu'il pense,
Nos âmes n'auraient plus entre elles ce silence.
Que l'heure serait courte ensemble à l'écouter !

Oh! je veux dès demain en secret le tenter. »
Puis, se levant soudain comme d'un bras pressée,
Elle roula la nuit dans son front sa pensée;
Et, quand sur les forêts le jour naissant eut lui,
Sans rien dire à sa mère, elle courut vers lui.

Il était ce jour-là couché sur le rivage
Du fleuve, dont les eaux reflétaient son image,
Ravi d'étonnement, de peur et de plaisir,
Se penchant vers lui-même et voulant se saisir;
Puis, voyant que ses mains qui troublaient l'eau limpide
N'embrassaient que le flot qu'obscurcissait la ride,
Il pleurait cette image, et pour mieux la revoir
Il laissait un moment s'aplanir le miroir.
Daïdha, souriant de l'erreur qui l'attache,
Pour surprendre Cédar d'arbre en arbre se cache;
Sur la mousse flexible assoupissant ses pas,
En retenant son souffle elle marche tout bas,
Et, suspendant ses mains aux verts cheveux d'un saule,
Penche le cou sur l'eau par-dessus son épaule.
Le fleuve un peu voilé qui coule au-dessous d'eux
Au lieu d'un front charmant en a réfléchi deux.
Cédar, qui, tout à coup trompé par cette image,
Y voit de Daïdha briller le doux visage,
Pour la réalité prenant ce vain portrait,
Pousse un cri, tend les bras, s'élance comme un trait,
Croit que le fleuve emporte et roule dans les ondes
Ce beau corps qu'il irait sauver au fond des mondes,
Plonge pour la chercher sous la vague et la mort,
Y replonge trois fois, et ne revient au bord
Qu'aux cris de Daïdha, qui, ravie et craintive,
Passant du rire aux pleurs, l'appelait sur la rive.
Il vint, et de ce jour la fille de Selma

Comprit de quel amour il l'aimait, et l'aima.

Pour qu'il ne tentât pas une autre fois l'épreuve,
Assise à ses côtés sur la grève du fleuve,
Elle lui fit du doigt compter comment les eaux
Doublaient comme elle et lui les arbres, les troupeaux,
Des objets réfléchis vaine et vide apparence;
Mais lui, depuis ce temps, aimait de préférence
Le fleuve qui doublait Daïdha dans son cours;
Et des yeux, même absente, il l'y cherchait toujours.

Alors, comme une mère avec son fils épelle,
En lui montrant le mot et l'objet qu'il appelle,
Ainsi de l'œil au mot sa bouche le guida;
Le premier mot qu'il dit aussi fut Daïdha.
Daïdha! Daïdha! ce nom doux et sonore
Sur ses lèvres de feu cent fois venait éclore;
Et, chaque fois qu'ainsi son cœur le prononçait,
Un sourire l'aidait et le récompensait.
Oh! de l'heureuse enfant qui peindra le délire,
Pour la première fois en entendant redire
Son nom, son propre nom par l'amour révélé?
Il semblait que d'un mot son être avait doublé,
Qu'elle vivait deux fois dès lors; d'abord en elle,
Puis dans le son de voix de l'âme qui l'appelle.
Par le nom de Cédar elle lui répondit;
Avec l'autre soudain ce mot se confondit.
Leurs lèvres mille fois les redirent ensemble,
Comme deux sons amis qu'un même accord rassemble,
Et, quand le même instinct les faisait revenir,
Ils ne les prononçaient que pour les réunir!

Cédar, qui dans les yeux de Daïdha ravie

Lisait à chaque son sa joie épanouie,
S'apercevant déjà du bonheur qu'il donnait,
A ses douces leçons heureux s'abandonnait ;
Pour un sourire encor de la bouche qu'il aime
Il semblait du regard l'interroger lui-même ;
Il lui montrait la chose, elle disait le mot,
Que sa bouche novice essayait aussitôt ;
Et ce sourire aimant et cet accent de femme
Par l'oreille et par l'œil le gravaient dans son âme.

Ce que son œil d'abord le premier demanda,
Ce fut ce qui charmait les yeux dans Daïdha :
Son front, ses yeux, sa bouche et ses perles écloses,
Comme de son sourire, entre ses lèvres roses ;
Et ses bras et ses pieds, et ce voile soyeux
Dont ses cheveux couvraient tout son corps à ses yeux ;
Et ce frémissement que causait sa présence ;
Et cette tête lourde où pesait son absence ;
Et sur l'herbe ou les fleurs l'empreinte de ses pas ;
Et cette ombre sans corps qu'il pressait dans ses bras ;
Et tout ce qui dans l'œil, l'oreille ou la pensée,
Était elle présente ou même retracée.
Puis, passant d'elle à tout ce qu'elle remplissait,
D'interrogations son geste la pressait ;
Et son âme, à sa voix s'éclairant à mesure,
Se portait à la fois sur toute la nature :
Le firmament, le jour, la terre qu'il foulait,
L'arbre où chantait l'oiseau, le fleuve qui coulait,
Les plantes, les troupeaux, les fleurs, et chaque chose
Où flotte la pensée, où le regard se pose,
Les ombres et le jour, le silence et le bruit,
Ce qui marche ou qui vole, ou nage, ou plane, ou luit,
Indiqué tour à tour par son regard de flamme,
Recevait son vrai nom et passait dans son âme ;

Et de l'enfant nommant tous ces objets divers,
La parole semblait lui créer l'univers!
Daïdha, triomphante et frissonnant d'ivresse,
Lui payait chaque mot d'une chaste caresse,
Remerciait la bouche où la première fois
L'écho de sa parole avait donné la voix;
Puis elle s'en allait à travers la campagne,
Lente, comme quelqu'un qu'une idée accompagne,
Roulant dans sa pensée et cachant dans son cœur,
Tel qu'un secret d'amour, sa gloire et son bonheur.
Et Cédar, resté seul rêveur sur le rivage,
Dans chaque mot appris repassait son image!...

Comme deux clairs ruisseaux qui coulent dans les prés,
Par un étroit rivage en coulant séparés,
Réfléchissant chacun dans leur onde diverse
Leurs bords, leur firmament et ce qui les traverse;
Si, par un jour d'été, la bêche des pasteurs
Fait écrouler entre eux la muraille de fleurs,
Leur onde emprisonnée et leurs flots qui s'appellent,
L'un vers l'autre attirés, s'étendent et se mêlent;
Sous leur commun cristal ils effacent leur bord,
Leur course au même pas n'a plus qu'un même accord;
Et comme pour leur lit il n'est plus qu'un rivage,
Dans leur vague mêlée il n'est plus qu'une image!
Ainsi ces deux enfants, dont l'obstacle des sens
Séparait la pensée en deux, faute d'accents,
Quand, par instinct parlée et par amour apprise,
La parole de l'un par l'autre fut comprise,
Reflétant en commun l'univers autour d'eux,
Parurent n'avoir plus qu'une âme au lieu de deux.

Daïdha, sur les monts ou sur les bords du fleuve,
Tous les jours depuis lors renouvela l'épreuve;

Et l'esclave bientôt, par l'enfant répété,
Sentit la langue éclore au jour de la beauté,
Et parla des humains ce sublime langage,
Où chaque verbe était la chose avec l'image :
Langage où l'univers semblait se révéler,
Où c'était définir et peindre que parler ;
Car l'homme n'avait pas encor, dans son délire,
Brouillé ce grand miroir où Dieu l'avait fait lire,
Et, semant au hasard ses débris en tout lieu,
Mis son verbe terni sur le verbe de Dieu !

Alors leurs entretiens, plus longs et plus intimes,
S'élevèrent de terre aux choses plus sublimes :
Elle lui racontait, dans sa naïveté,
Les histoires du ciel et de l'humanité ;
Histoire de l'enfance où tout était merveilles,
Où des rêves grossis d'oreilles en oreilles,
Colorés au faux jour de leurs traditions,
Frappaient l'esprit humain de mille illusions,
Comme avant que le jour illumine le monde
En fantômes trompeurs la nuit douteuse abonde.
Elle disait comment des familles de dieux
Avaient créé chacun quelque morceau des cieux ;
Comment d'autres, tombés dans de célestes luttes,
Habitaient, exilés, la terre après leurs chutes ;
Comment l'air, et la terre, et la flamme, et les mers,
Obéissaient chacun à des maîtres divers ;
Comment, jaloux sans cesse, ils disputaient l'empire
Sur tout ce qui végète et tout ce qui respire ;
Comment, s'entre-choquant dans des courroux affreux,
Sous forme d'éléments, ils combattaient entre eux ;
Comment les uns aimaient les hommes comme frères,
Les autres leur faisaient d'inexorables guerres ;
Que, pour tromper les yeux, ils se cachaient parfois

Dans une herbe, une pierre, un vil morceau de bois ;
Qu'on les y retenait enchaînés par des charmes,
Soumis par la colère, attendris par les larmes,
Et qu'excepté l'esclave, et l'onagre et le chien,
Dans l'heureuse tribu chacun avait le sien.
Puis, passant aux récits des familles humaines,
Elle lui révélait l'homme et ses phénomènes :
Comment le fils naissait du père et grandissait ;
A des vierges, ses sœurs, comment on l'unissait ;
Comment la jeune mère, en mettant l'homme au monde,
Avait dans sa mamelle une source féconde,
Que l'amour douze mois empêchait de tarir,
Jusqu'à ce que l'enfant pût parler et courir ;
Comment les dieux amis, dans toute la nature,
Leur donnaient, sous les bois, asile et nourriture ;
Comment, s'ils échappaient aux flèches des géants,
Leurs vieillards, toujours verts, vivaient trois fois cent ans ;
Que la mort, se voilant d'un transparent mystère,
Était un long sommeil dans la couche de terre ;
Et que, sous le gazon, on faisait en dormant
Tout ce qu'on avait fait sous le bleu firmament ;
Que le petit enfant y caressait sa mère,
Que l'épouse y dormait sur l'épaule du frère,
Que les troupeaux nombreux y paissaient l'herbe en paix,
Mais que les fiers géants n'y descendaient jamais ;
Et qu'aux rayons amis d'une nuit souterraine,
Les dieux bons y régnaient vainqueurs des dieux de haine,
N'en permettant l'accès qu'à la voix des amis
Parlant près de l'oreille aux mânes endormis.

Cédar, à ces récits prêtant toute son âme,
Suçait l'humanité de ces lèvres de femme ;
Avec ce que l'enfant simple balbutiait,
Confiant et crédule, il s'identifiait ;

TROISIÈME VISION.

Comme notre chair vient du lait de notre mère,
Enveloppé partout de l'humaine atmosphère,
Homme par la figure, à ces naïfs accents
Il devenait tout homme et de cœur et de sens,
De leurs impressions il prenait l'habitude,
Et n'en différait plus que par sa servitude.
Distrait de ses récits, un jour il demanda
Une chose qui fit frissonner Daïdha :
« Des hommes, lui dit-il, les coutumes jalouses
Aux esclaves jamais donnent-ils des épouses?
Et si l'une sur nous abaissant ses regards
Change avec nous de cœur, que disent les vieillards? »
A ces mots, Daïdha, baissant les yeux à terre,
Pâlit et fit d'horreur un geste involontaire :
« Les esclaves, dit-elle, est-ce qu'ils ont des dieux?
Est-ce qu'ils ont des fils, eux qui n'ont point d'aïeux? »
Et, lui montrant du doigt un grand monceau de pierre
Dans un site lugubre au bord de la rivière :
« Un jour, un jour, dit-elle en abaissant la voix,
Les mères en passant me l'ont conté cent fois,
Une fille... (son nom est devenu sa honte),
La pierre sur son corps tous les jours tombe et monte;
Toujours détournant l'œil, et toujours maudissant,
Chacun de nous y jette une pierre en passant,
Et dit en la jetant : « Qui l'imite périsse
« Dans la même infamie et le même supplice!!! »
Cédar, depuis ce jour, quand Daïdha venait,
Pensif, dans son élan d'abord se retenait;
On voyait, dans l'effort, lutter sur son visage
L'instinct ardent du cœur contre une sombre image;
Souvent inattentif pendant qu'elle parlait,
De ses cils abaissés son regard se voilait,
Et l'on voyait sa peau, par un frisson ridée,
Frémir comme nos fronts que traverse une idée.

Mais plus il était triste, et plus la douce enfant,
De sa feinte froideur heureuse en triomphant,
Par le son de sa voix et ses chastes caresses
S'efforçait de percer l'ombre de ses tristesses.

Si quelquefois en vain son amour l'essayait,
En face de Cédar, triste, elle s'asseyait;
Sur ses deux genoux joints elle appuyait sa tête,
Comme sur un appui qu'un frère aimé nous prête,
Et, craintive et muette, elle le regardait
Jusqu'aux pleurs, et le bord de ses yeux s'inondait,
Et, comme de deux fleurs que l'orage secoue,
Deux gouttes d'eau du cœur, en coulant sur sa joue,
Tombaient sur les genoux de Cédar, et brûlaient
La place où les cheveux sur sa peau ruisselaient;
Et de son sein, gonflé sous le poids de sa peine,
Les globes écartaient son voile à chaque haleine,
Comme deux lis des eaux, qu'au vent ridé du soir
La vague tour à tour submerge et laisse voir.
D'un ton bas et grondeur : « Pourquoi, lui disait-elle,
Viens-tu si lentement maintenant quand j'appelle?
Tu m'entendais bien mieux quand nous ne parlions pas;
Au seul bruit de mes pieds tu venais à grands pas.
Ta tristesse, ô Cédar, je voudrais la connaître!
Peut-être languis-tu de ton exil? peut-être
Que depuis que ton cœur s'est ouvert à ma voix,
De ta captivité tu ressens plus le poids?
Peut-être ce lien te blesse ou t'humilie?
Oh! si c'est cela, viens! viens, que je le délie!
Donne tes pieds, ton cou, tes épaules, tes bras :
Te voilà libre, ô frère! oh! cours où tu voudras!
Marche dans les forêts où ta mère t'appelle!
Daïdha t'aimera si tu restes pour elle;
Mais si tu ne viens pas reprendre tes liens,

Frère, elle donnera ses membres pour les tiens.
Reprends la liberté qu'on t'a pour moi ravie;
Si ma mort t'affranchit, que m'importe ma vie? »
Et tout en lui parlant, elle avait déplié
Les liens aux sept tours dont il était lié,
Et Cédar, bondissant comme un taureau superbe
Dont le joug détaché roule à ses pieds sur l'herbe,
S'élançait dans sa grâce et dans sa liberté;
Sur ses membres meurtris par sa captivité
Effaçait, sous ses mains, la trace encore empreinte;
Écrasait des palmiers dans sa joyeuse étreinte;
Dans le fleuve, à grands cris, se jetait en courant,
Luttait contre la vague et contre le courant,
En ressortait couvert de sa fumante écume,
Aspirait l'air du ciel comme un coursier qui hume,
Et franchissant d'un bond les ravins, les sommets,
Semblait dans les déserts disparaître à jamais!
Daïdha, frissonnant de sa fuite imprévue,
Tendait vers lui ses bras, et le perdait de vue,
Quand, d'un pied plus rapide et plus souple qu'un daim,
Auprès d'elle à ses pieds il reparut soudain.
Et lui, posant les doigts sur sa tête brûlante :
« Pourquoi, lui disait-il, es-tu toute tremblante?
As-tu peur que je reste aux forêts où je cours?
Que ton esclave échappe et parte pour toujours?
Veux-tu pour te calmer me remettre ma chaîne?
Tiens. Mais ce n'est pas elle, ô ma sœur, qui m'enchaîne:
Va, je n'ai pas besoin de ces honteux liens;
Ma chaîne, ô Daïdha, c'est tes yeux sur les miens!
C'est le son de ta voix qui m'appelle sans cesse,
C'est le frisson brûlant que ton toucher me laisse,
C'est l'heure si pesante où j'attends ton retour,
Et l'image de toi qui me luit tout le jour!
Voilà le joug du cœur que je porte et que j'aime,

Que tu ne pourrais pas, enfant, briser toi-même,
Que je n'ai pas subi, que je n'ai pas reçu,
Mais qu'avec mes pensers moi-même j'ai tissu !
Va, rends-moi mille fois ma liberté ravie,
Je reviendrai toujours t'agenouiller ma vie ;
Je reviendrai toujours, esclave, en ton chemin
Mettre un pied sur ta trace, et mon cou sous ta main. »
Et Daïdha pleurait aux étranges paroles,
Et Cédar reprenait : « O mes seules idoles !
Toi mon père et ma mère, et qui seule en ces lieux
Me seras ma patrie et me seras mes dieux !
Eau de ma soif du cœur, ombre de mes pensées,
Soleil des jours de feu, lune des nuits glacées,
Gazelle apprivoisée, et dont l'œil est si doux
Que le lion la lèche et n'a plus de courroux,
Tiens, touche-moi ! Vois-tu comme tu me possède !
A ton moindre désir comme aussitôt je cède !
Comme du fond des bois à ton signe je viens
Obéir à tes yeux et baiser mes liens !
Oh ! ne crains pas jamais que ton lion s'enfuie ;
Que de sa servitude à la fin il s'ennuie ;
Qu'à son nom une fois il ne réponde pas :
Le désert est pour lui la place où tu n'es pas !
Tes yeux sont à mon cœur ce qu'aux saisons brûlantes
Le feu qui marche au ciel, le soleil, est aux plantes.
Partout où tes regards s'abaisseraient sur moi,
Je m'enracinerais sous ces rayons de toi !
Mais dis-moi seulement un seul mot de ta bouche,
Ce que l'on dit au chien qui lèche et qui se couche ;
Entre tes longs cils noirs entr'ouvre-moi mes cieux ;
Donne-moi ce frisson du cœur délicieux
De ta main sur ma peau, geste dont tu me calmes,
Comme un frisson du vent dans les fibres des palmes ! »
Et l'enfant, qu'à sa voix le bonheur suspendait,

TROISIÈME VISION.

Faisait innocemment ce qu'il lui demandait,
Laissait de ses yeux bleus pleuvoir l'humide flamme,
Lui commandait riante avec sa voix de femme,
Passait dans ses cheveux son doigt aérien,
Le laissait à ses pieds se coucher comme un chien,
Courir sous les forêts après elle, ou l'attendre,
Ou par un tronc caché tout à coup la surprendre ;
Et les heures ainsi n'étaient plus qu'un moment,
Et chaque jour rendait le même enivrement.
Puis, quand l'ombre grandie au soleil qui s'incline
En rasant les palmiers penchait vers la colline,
De peur qu'aux yeux jaloux des enfants de Phayr
Ce secret de pitié ne vînt à la trahir,
Elle lui renouait, comme avant, ses entraves,
Et trempait de ses pleurs ce signe des esclaves.

*

Cependant sa beauté, que l'âge accomplissait,
De sa pure ignorance encor s'embellissait :
Mais déjà quelquefois sa vague inquiétude
Lui faisait du désert craindre la solitude.
Partout rêveuse et triste où Cédar n'était pas,
La crainte en approchant ralentissait ses pas.
Comme une âme pudique, et qui sent qu'elle est nue,
Une rougeur montait sur son front, à sa vue ;
Sa voix la remuait et la faisait trembler ;
Son accent se fêlait en voulant lui parler :
Elle restait muette, immobile et confuse,
Comme un enfant surpris et qu'une mère accuse,
Ou comme Ève devant le père des humains,
Tenant le fruit coupable encore dans ses mains.

Quelquefois, sans oser lui parler la première,
Elle posait les fruits, le lait sur une pierre,
Sans rien dire, et, pendant qu'il ne la voyait pas,
Derrière les cyprès s'en allait à grands pas;
Puis cent fois, pour le voir, vainement retournée,
Emportait du malheur pour toute une journée.
D'autres fois, sous les ifs s'asseyant loin de lui,
Sa main à son menton servant de point d'appui,
Elle le contemplait des heures en silence,
Comme un être qu'on n'ose admirer qu'à distance,
Et l'esprit tout absent, quoique les yeux ouverts,
Semblait suivre du cœur des songes dans les airs;
Puis elle les baissait si tristement à terre,
Que Cédar ne pouvait s'éloigner ni se taire,
Mais que, s'approchant d'elle, et d'un son de voix doux,
Il parlait le premier, et disait : « Qu'avez-vous? »
Alors, comme quelqu'un qu'en sursaut on secoue,
Il lui tombait des yeux deux gouttes sur la joue :
Avec un faux sourire elle les essuyait,
Puis avec les pensers la tristesse fuyait;
Tout son cœur se noyait dans de douces paroles;
Sa tendresse enfantine avait des larmes folles,
Et semblait s'enivrer de son délire, exprès
Comme pour oublier que la mort était près.

Or la charmante enfant, pleine de sa pensée,
Marchait en revenant la paupière baissée,
Et distraite au retour ne s'apercevait pas
De l'admiration qu'excitaient ses appas;
Ou, quand elle sentait des yeux d'homme sur elle,
Son dédain s'affligeait de leur paraître belle.
Elle eût voulu, cachée ou laide aux yeux d'autrui,
N'être visible et chère et belle que pour lui!
Mais ses rayons en vain voilés d'indifférence

TROISIÈME VISION.

N'en répandaient pas moins l'extase et l'espérance ;
Et les fils de Phayr, qui d'elle s'enivraient,
De son choix différé tous les jours murmuraient.
« Quand la fleur de la vigne a parfumé la plaine,
Disaient-ils, que la grappe est colorée et pleine,
On ne la laisse pas, aux pampres serpentants,
Attendre une autre fleur et de seconds printemps.
L'enfant lève les bras, la respire et la cueille,
Sans quoi l'automne pâle en vient jaunir la feuille,
Et les vents de l'hiver soufflent et font tomber
Les grains que les oiseaux viennent lui dérober. »
Les pères mécontents à la fin s'entendirent
Pour parler à Phayr ; trois vinrent et lui dirent,
Et tous hochaient le front pendant que l'un parlait :
« Quand la brebis regimbe et refuse son lait,
Père ! la laisse-t-on au gré de ses caprices
Le perdre avec sa laine au flanc des précipices ?
Non : le berger soigneux approche son petit,
Qui bêle à ses côtés de soif et d'appétit ;
Et, fléchie à sa voix, de sa blanche mamelle
Le lait qu'elle retient entre ses doigts ruisselle.
Quand la poule et le paon, qui pondent à l'écart,
Vont semer sous les bois leurs œufs faits au hasard,
Les laisse-t-on ainsi sans nid et sans familles
Semer pour le renard leurs fécondes coquilles ?
Non : l'enfant du rocher va les chercher au loin,
Sur le duvet des bois les rassemble avec soin ;
Et la mère, le soir, qui revient et les trouve,
Sous son cœur qui s'échauffe avec amour les couve ;
Et bientôt les poussins par eux multipliés
Se répandent dans l'herbe et gloussent sous nos pieds. »

Le vieillard et Selma comprenaient ce langage
Où le désir voilé ne parlait qu'en images

Mais quand ils le voulaient eux-mêmes répéter,
L'enfant capricieux refusait d'écouter;
Ou bien, plissant sa lèvre et relevant l'épaule,
Allait au bord de l'eau pleurer au pied d'un saule.

Chacun des prétendants, vainement rebuté,
Essayait à son tour de fléchir sa beauté,
Et, suivant de ces jours le poétique usage,
Interrogeait son cœur dans un muet langage.
Avant de révéler les vœux inaperçus,
Ils parlaient quelque temps en emblèmes reçus;
Et la vierge, muette et répondant de même,
Acceptait, refusait, suspendait en emblème.

Ségor, fils d'Abniel, choisit dans le troupeau
Le plus doré de poil des petits du chameau,
Et le mettant la nuit parmi les jeunes bêtes
Dont la vierge au réveil devait compter les têtes,
Il se cache pendant que le sien défilait,
Pour voir si sa pitié lui donnerait le lait;
Mais, au lieu de mener le petit aux chamelles,
La vierge l'écarta de toutes les mamelles,
Et le laissa tout seul aux ronces d'alentour
De tristesse et de soif crier tout un long jour;
Et Ségor, le front triste et la vue offensée,
S'en alla sans parler, vaincu dans sa pensée.

Abna, fils de Kalem, dans un nid de roseau
Apporta près du seuil des œufs volés d'oiseau.
Si la fille, de l'antre en sortant vers l'aurore,
Recueillait ces œufs blancs pour qu'ils pussent éclore,
Et, se montrant neuf jours soigneuse à les sauver,
Sous l'aile du ramier les regardait couver,
Le jeune amant savait qu'une oreille de femme

Entendrait ses soupirs et couverait son âme.
A la porte de l'antre il veillait incertain :
Mais l'enfant de Phayr, en sortant le matin,
Voyant les œufs posés dans le nid sur la mousse,
Leur donnant du pied gauche une forte secousse,
Les fit en se brisant rouler sur le rocher ;
Et le fils de Kalem n'osa plus s'approcher.

Zebdani, fils d'Ormid, vint, la nuit, à l'entrée
De l'antre de Phayr, place aux dieux consacrée,
Dans la poudre du seuil par Selma balayé,
Imprimer en secret l'empreinte de son pied.
Si la vierge, au réveil, en s'échappant de l'antre,
Voyant ce pas écrit sur la place où l'on entre,
Le gardait sur le seuil au lieu de l'effacer,
Et posait à côté le sien pour l'y tracer,
Le jeune homme, de loin attendant ce symbole,
Entendait sans accents et lisait sans parole,
Et savait de lui-même, à ce signe épié,
Qu'un autre pas suivrait la trace de son pied.
Mais la vierge, au matin, en sortant la première,
Et voyant ce pas d'homme empreint sur la poussière,
L'effaça de son doigt sur ce sable mouvant,
Et d'un geste hautain jeta sa cendre au vent ;
Et Zebdani, voyant sa trace ainsi détruite,
Pleura son vain amour, rougit, et prit la fuite.

Les mères à Selma vinrent dire à leur tour :
« Peut-être que son cœur cache un secret amour,
Et que, dans la pudeur dont la rougeur lui monte,
Elle craint de nommer celui qui fait sa honte ?
Forçons-la d'avouer nous-même, à son insu,
Entre tous, le désir que son œil a conçu ;
Et quand son seul visage aura trahi son âme,

De l'amant fortuné l'aveu la fera femme. »
Et Selma consentit; et, quand le jour baissa,
Sur le cœur de l'enfant l'épreuve commença.

Daïdha vers le soir, des troupeaux revenue,
Dans le fond de la grotte était debout et nue;
De son front ondoyant ses cheveux déliés
Tombaient de toutes parts de sa tête à ses pieds,
Noyant de leurs flots noirs son sein et ses épaules,
Comme ces verts rameaux des frênes ou des saules
Qui, du sommet du tronc vers le sol refoulés,
Penchent jusqu'au gazon leurs jets échevelés,
Où les pleurs du matin distillent goutte à goutte;
D'une ombre transparente ils l'enveloppaient toute.
On eût dit une nuit sous son voile de jais,
Si le vent quelquefois, en soulevant le dais,
N'en eût fait par haleine ondoyer quelque tresse,
Et, découvrant un peu ce beau corps qu'il caresse,
N'eût laissé par éclair le rayon l'entrevoir,
Comme à travers la feuille une étoile le soir.
Or, sous ce noir réseau qui perçait cet albâtre,
On entendait sa voix et son rire folâtre;
Et sa mère lui dit : « Commençons, si tu veux! »
Et relevant de terre un pan de ses cheveux,
Elle les déplia des doigts en large voile,
Ainsi qu'un tisserand qui prépare sa toile,
Et qui noue au métier, avant de le tisser,
Le fil où sous le fil la trame va glisser.
Puis approchant des fleurs et des fibres trempées
Des feuilles du palmier par l'hiver découpées,
Et des perles du fleuve et des grains de carmin,
Elle les lui tendait en avançant la main;
Et les recevant d'elle en se penchant, sa fille,
Dans l'épine au long dard qui lui servait d'aiguille,

Comme fait le pêcheur des mailles d'un filet,
Aux fibres du palmier toutes les enfilait;
Et les glissant ensuite entre les fils d'ébène,
Si fins qu'ils frémissaient au tact de son haleine,
Passant et repassant son aiguille à travers
La trame des cheveux, à l'endroit, à l'envers,
Elle tissait ainsi, des pieds à la ceinture,
Ce voile aérien donné par la nature.
A mesure qu'en nœuds la vierge le tressait,
Ce tablier flottant de fleurs se nuançait :
Son aiguille avec art, parmi les roses blanches,
Associait l'azur des yeux bleus des pervenches,
Et la jaune jonquille et les boutons vermeils,
Et tous ces lis des eaux, étoiles ou soleils,
Et sur la nacre en feu des petits coquillages
Faisait de l'oiseau-mouche éclater les plumages.
Ainsi se façonnait l'unique vêtement,
Des femmes de ces jours le voile et l'ornement.
Tout ce qu'à son printemps la terre orientale,
De couleurs, de parfums et de lumière étale,
Servait à contenter cet instinct de beauté
Que la vierge reçoit de sa virginité;
De sorte que, d'éclat et de parfums vêtue,
Quand du jeune homme ainsi sa sœur frappait la vue,
On eût cru voir marcher une forme des fleurs,
Et que ce corps charmant, ces odeurs, ces couleurs,
D'un triple enivrement poignant les sens et l'âme,
Fascinaient le désir et précédaient la femme.
Quand la dernière brise avait fané les lis
Dont ces tissus flottants odoraient embellis,
Quand la dernière rose y mourait sur sa tige,
On en renouvelait l'industrieux prestige :
C'était un jour de fête, où, fuyant à l'écart,
Les femmes pour charmer luttaient d'amour et d'art.

Mais, pour broder ainsi sa trame fugitive,
Il fallait la tenir d'une main attentive ;
Car si ce doux travail était interrompu,
Si des cheveux tissés un seul était rompu,
La trame, s'échappant des doigts de l'ouvrière,
Comme un filet sans nœuds s'écoulait tout entière ;
Et la beauté soudain regardait tout en pleurs
A ses pieds ce monceau de plumes et de fleurs.

Or, au moment précis où la trame qui glisse
Demande plus de soin à la main qui la tisse,
A la porte de l'antre un grand bruit s'entendit ;
Une femme à grands pas se précipite, et dit :
« Ségor, fils d'Abniel, est tombé dans le fleuve ! »
Et Selma, qui feignait pour accomplir l'épreuve,
Levant les bras au ciel, fit un cri de douleur.
L'effroi sur Daïdha répandit sa pâleur,
Une larme roula témoin de sa pensée,
Et sa main suspendit la trame commencée ;
Mais il ne tomba pas une fleur de sa main,
Et ses doigts tout tremblants la reprirent soudain.

Une autre vint, et dit : « Abna, j'en tremble encore !
Dans le fond des forêts un lion le dévore !
Ses frères, dont sa mort a glacé les regards,
Pour les ensevelir cherchent ses os épars. »
A cet affreux récit les femmes se troublèrent,
Les larmes, les clameurs, les gestes redoublèrent ;
Sur ses genoux émus l'enfant fléchit un peu,
Mais l'aiguille trembla sans rompre un seul cheveu.

Une troisième accourt : « O jour, jour de misères !
Pleurez, yeux de Phayr ! frappez vos seins, ô mères !
De la race d'Ormid tout l'espoir est fini.

La flèche des chasseurs a percé Zebdani ! »
Et l'antre, déjà plein de silence et d'alarmes,
Retentit, à ce nom, de sanglots et de larmes,
Et Daïdha pleura ses trois frères chéris;
Mais ni le cœur brisé, ni les pleurs, ni les cris
Ne firent de ses doigts tomber toute la trame;
La terreur la laissa maîtresse de son âme;
Et chaque coup au cœur par la vierge reçu
Suspendait son travail sans briser le tissu.

Au peu d'impression des sinistres nouvelles
Les mères sans parler échangèrent entre elles
Un regard scrutateur que l'enfant ne vit pas.
L'une d'elles sortit, et revint à grands pas :
« O perte de Phayr! dit-elle; les esclaves
Dans la confusion ont brisé leurs entraves;
Et Cédar, ô Phayr, ton trésor, ton appui...
— Cédar! dit le vieillard, eh bien? — Il s'est enfui! »
A ces mots, à ce nom chéri, la jeune fille
De ses doigts entr'ouverts laissa tomber l'aiguille;
Le tremblement du fil fit rompre les cheveux,
Les mailles sous leur poids coulèrent nœuds à nœuds,
Et foulant sous ses pieds la trame répandue,
Daïdha s'élança vers l'entrée éperdue.
Mais les femmes soudain ouvrant toutes leurs bras,
Et Selma courroucée, entravèrent ses pas :
« A l'opprobre, dit-elle, ô fille, sois moins prompte!
Rentre! de tout cela rien n'est vrai que ta honte;
Rien n'est vrai que le cri qui vient de te trahir,
Cri qui refoule au cœur tout le sang de Phayr.
Le fruit mûr de Selma pour la dent de l'esclave!
O mères, écrasez la fille qui nous brave!
Dieux, qui me trahissez, brisez-vous sur le seuil!
Antres, tombez sur elle, et soyez son cercueil!

Oh! cachez ce mystère, ô mères, à vos filles :
L'horreur s'en répandrait dans toutes les familles;
Les sœurs en parleraient, et se diraient : « Sais-tu
« Que pour un vil esclave un cœur libre a battu? »
Et le sang des aïeux, s'il savait ce mystère,
De honte et de courroux bouillonnerait sous terre.
De ce seuil profané fuyez, et laissez-moi!
Et toi qui fus ma fille et qui n'es plus... et toi,
Dans la nuit de la honte et de la terre rentre!
Que jamais le soleil ne te voie hors de l'antre!
Que jamais sur tes yeux ne tombe l'œil du jour
Jusqu'à ce que ton fiel ait bu tout ton amour,
Jusqu'à ce que, tes pleurs rendant ta lèvre amère,
Tu viennes à mes pieds, et me dises : « Ma mère,
« J'ai lavé cette tache avec l'eau de mes yeux :
« Unissez votre fille au fils de vos aïeux! »
Et prenant Daïdha par une longue tresse,
Comme un chien qu'aux forêts le chasseur mène en laisse,
Elle la conduisit au fond de l'antre obscur,
Où des racines d'arbre avaient fendu le mur,
Et par ses noirs cheveux aux racines liée,
Elle la laissa là comme une âme oubliée.

Aux genoux de Phayr, Selma, dans son courroux,
Cria : « Tuons l'esclave, ou l'opprobre est sur nous! »
Mais le vieillard lui dit : « O cœur léger de femme,
Quel crime a-t-il commis pour une mort infâme?
Si ma pierre aujourd'hui tombe, est-ce que demain
Tes lèvres sans horreur pourront toucher ma main?
Est-ce un crime au lion d'étaler sa crinière?
Est-ce un crime au soleil d'éblouir la paupière?
Est-ce un crime à Cédar de ce que Daïdha
D'un regard de pitié folle le regarda?
Ai-je donc tant vécu pour ignorer, ô femmes!

Qu'un regard de vos yeux n'enlace pas vos âmes,
Et que le cours du fleuve est moins capricieux
Que le cœur d'un enfant pris d'amour par les yeux?
Crois-moi, ce qu'un vent porte, un autre vent l'enlève;
Chaque heure a sa pensée, et chaque nuit son rêve :
L'heure éteint d'elle-même un feu sans aliment.
Sépare quelques jours la fille de l'amant :
Envoyons-le garder sur la montagne sombre
Ces troupeaux dont ses soins ont augmenté le nombre;
Tiens ta fille captive et seule, et veille autour,
Jusqu'à ce que ses yeux aient noyé son amour.
Un autre amour naîtra, car le cœur est une onde
Qui jamais ne tarit, murmurante et profonde,
Et qui, lorsque la main s'oppose à ses détours,
Se creuse un autre lit et prend un autre cours. »
Puis baisant ses cheveux de sa main paternelle,
Comme un lion clément qui lèche une gazelle,
Avec de tendres mots dont l'accent la calma,
Il assoupit le cœur et les yeux de Selma.
Le sommeil descendit dans l'antre de l'aïeule;
Et, dévorant son cœur, Daïdha resta seule.

Cependant, quand aux eaux le troupeau descendit,
Par les bouches de femme un bruit se répandit :
La perle de Phayr perdue et profanée!
Par l'œil de l'étranger Daïdha fascinée!
Un murmure d'horreur de toutes parts monta;
La foule vers Cédar courut et s'ameuta.
L'esclave poursuivi, sans armes et sans juge,
Près du seuil de Selma vint chercher un refuge.
Mais devançant ses pas, les mères, les enfants,
Et de son abandon ses rivaux triomphants,
Excités par la haine et par la jalousie,
Satisfaisaient sur lui leur lâche fantaisie.

« C'est donc toi, criaient-ils, qui de nos chastes sœurs,
Vil chacal de la nuit, nous dérobes les cœurs !
A toi, honteux muet, qui n'es pas même un homme,
Brute qui ne sais pas le nom dont on te nomme,
Toi sur qui le regard en tombant se salit,
Que l'onagre et le chien chasseraient de leur lit,
A toi la fleur des yeux que notre âme respire,
Daïdha ! » Puis mêlant la rage avec le rire,
L'un à l'envi de l'autre inventait un affront,
Lui lançait la poussière ou la salive au front ;
Celui-là du rocher lui jetait une brèche ;
Celui-ci dans sa chair désaltérait sa flèche ;
Le lâche, triomphant de ses membres liés,
Le renversait à terre et le foulait aux pieds ;
Et n'osant par la mort satisfaire leur rage,
Chacun lui prodiguait le supplice et l'outrage.
Quand leur vil cœur enfin d'insultes fut vidé,
Il resta sur la terre à demi lapidé,
De la mort sur son front les blancs frissons glissèrent,
Et, de haine assouvis, les tigres le laissèrent.

Aux cris de ton Cédar sous la fronde abattu,
Pauvre vierge enchaînée, hélas ! que faisais-tu ?
Sans oser réveiller sa mère qui sommeille,
Chaque insulte arrivait de loin à son oreille :
La raillerie amère et l'outrageux affront
La meurtrissaient au cœur et lui montaient au front ;
Son âme bondissait dans son sein de colère,
Comme un fruit qui remue au ventre de sa mère ;
Chaque coup que la roche entendait retentir,
Ses membres tressaillants croyaient le ressentir ;
Chaque élan que l'horreur donnait à sa poitrine
D'une égale secousse ébranlait la racine :
Et ses cheveux, aux rocs par sept nœuds attachés,

De secousse en secousse étaient presque arrachés.
Aux coups sourds, aux accents de cette voix plaintive
Elle essayait en vain, de sa main convulsive,
De délier du roc les cordes de cheveux
Dont la mère, plus forte, avait serré les nœuds :
La chaîne de son front s'en serrait davantage.
Enfin, dans le transport de son aveugle rage,
Comme un renard captif par l'enfant entravé,
Qui lime avec ses dents l'anneau qu'on a rivé,
Rongeant entre ses dents sa noire chevelure,
Et de ses nœuds rompus déliée à mesure,
Elle coupa sa tresse, et s'élançant dehors,
Un sourd gémissement la guida près du corps.

Sur la croupe des monts, la lune à demi pleine
Rasait la feuille sombre et débordait à peine,
Et les troncs noirs, coupant ses rayons encor bas,
N'étaient qu'un crépuscule où tâtonnaient ses pas.
Elle en assoupissait la chute sur la terre
Pour que l'herbe muette en gardât le mystère,
Et, la tête penchée et les bras en avant,
Marchait comme la biche en écoutant le vent.
Le souffle entrecoupé d'une haleine oppressée
Lui découvrit Cédar; vers la terre baissée,
Et relevant ses bras par l'horreur écartés,
Elle buvait des yeux ses traits ensanglantés.

L'esclave évanoui sur un monceau de pierres,
La pâleur sur le front, la nuit sur ses paupières,
Des flèches dans le corps, sous l'excès du tourment
Avait de la douleur perdu le sentiment.
Il était dans ce calme où, du coup étourdie,
Du sommeil à la mort l'âme nage engourdie.
D'une froide sueur ses membres découlaient,

L'herbe ne sentait pas ces pieds légers marcher,
Qui du sol, au retour, ne pouvaient s'arracher.
Rentrée avec ton ombre au fond de nos demeures,
Mon ennui dans le ciel comptait toutes les heures;
J'aurais voulu rayer de la nuit et du jour
Celles qui séparaient le départ du retour.
Je remplissais de toi ce vide des journées.
Comme ces plantes d'or, vers le soleil tournées,
Qui regardent toujours où leur astre est monté,
Mon âme regardait toujours de ton côté;
Les accents de ta voix restaient dans mon oreille,
Comme ceux de l'enfant que sa mère réveille.
Dans le silence en moi toujours je t'entendais :
Tu me disais... que sais-je?... et je te répondais;
Et dans ces entretiens tu me parlais de choses
Qui sur ma joue en feu faisaient monter les roses.
Et puis je regardais, le cœur tout suspendu,
Si les autres aussi n'avaient rien entendu,
Si l'on n'avait pas vu rougir ma joue heureuse.
Mais en venant vers toi, je me sentais peureuse,
Et je ne trouvais rien à te dire, et souvent,
Pour qu'il te le rendît, je le disais au vent.
Oh! n'en disait-il rien à ta tendre pensée,
Quand, relevant sur moi ta paupière baissée,
Comme écoutant quelqu'un qui te parlait tout bas,
Tu commençais des mots que tu n'achevais pas?...

« Je n'étais qu'un enfant alors; mais à mesure
Que la lune en changeant rendait ma raison mûre,
Tout ce bonheur partit et tout l'amour resta :
Tu sais comme entre nous le regard s'attrista.
Oh! mais tu ne sais pas, je te cachais, ô frère!
Que de pleurs ma pitié donnait à ta misère.
Combien de fois, assise à l'ombre des forêts,

Je me cachais de toi pour contempler tes traits,
Épiant le regard, l'attitude, le geste,
Les pas, le son de voix, et devinant le reste!
En adorant des yeux ta céleste beauté,
En voyant ce vil joug de ta captivité
Peser sans l'avilir sur ton cou qu'il relève,
Comme un piége rompu que l'aigle au ciel enlève;
En voyant profaner sous d'indignes liens
Celui dont le regard faisait baisser les miens,
Celui qui, dépassant les épaules mortelles,
Semblait un Dieu dont l'homme aurait volé les ailes,
Je me disais, le front devant toi prosterné :
« C'est pour l'amour de moi qu'il languit enchaîné;
« C'est pour moi que ce front dont mes yeux sont le culte
« Obéit sans murmure à l'enfant qui l'insulte;
« C'est pour moi qu'à jamais il se laisse fouler
« Par ceux que d'un seul geste il a fait reculer! »
Et mon cœur indigné se haïssait lui-même
Pour avoir de son rang dégradé ce qu'il aime;
Et j'aurais tout donné cent fois pour secouer
Ces chaînes de ton corps, ou pour m'y dévouer.
Tes bras ennoblissaient à mes yeux ces entraves,
Et pour les partager j'enviais les esclaves;
Et de ta servitude épuisant chaque affront,
Sur mes genoux meurtris je me frappais le front;
Et mes yeux ruisselaient comme deux sources pleines,
Et mon sein étouffait et coupait mes haleines,
Et des soleils entiers je sanglotais tout bas
Pour que tes pieds vers moi ne se tournassent pas!
Et, de peur d'éveiller contre toi d'autres haines,
Je lavais au retour mes yeux dans les fontaines,
Derrière mes regards j'enfonçais mon chagrin,
Et le nuage au cœur laissait mon front serein.

« Mais à quoi m'a servi ma prudence insensée ?
Mes mains à ton nom seul ont trahi ma pensée.
J'ai méprisé leurs fils; ils ont appris pourquoi :
Leur lâche inimitié va se venger sur toi.
Ils ont déjà frappé de flèches et de pierres
Ces membres tout baignés de l'eau de mes paupières.
N'ai-je pas entendu ce qu'ils ont dit et fait?
Ils reviendront demain achever leur forfait.
La crainte de Phayr retarde ton supplice;
Mais ma mère au vieillard a demandé justice;
Son orgueil veut couvrir par la mort et l'oubli
La honte de son sang dans mon cœur avili.
Tu mourras sous leur pierre ou tu vivras d'outrages,
Si la fuite à l'instant ne trompe tant de rages.
Va, fuis sans regarder derrière, et sans retour
Fuis, emporte avec toi ma vie et mon amour !
Par la flèche des yeux mortellement blessée,
Je mourrai vite ici des coups de ma pensée :
Les gouttes de mes yeux étoufferont mon cœur,
Comme l'ondée abat et défeuille la fleur;
Mais fidèle à ta trace, ô frère de mon âme,
Nul enfant du désert ne m'appellera femme;
Et, s'il est sous la terre, au pays des aïeux,
Une terre où l'esclave a des sœurs et des dieux,
Échappant aux fureurs de leur haine jalouse,
J'irai t'y préparer la couche de l'épouse,
Et, rejoints pour toujours sous d'autres firmaments,
Nous irons nous aimer dans le ciel des amants! »

En lui parlant ainsi, les lèvres sur sa joue,
Entre les cils des yeux que le sanglot secoue
Les gouttes de ses pleurs filtraient comme un ruisseau;
Et Cédar, sur son front sentant tomber leur eau
Par sa lèvre altérée ardemment recueillie,

De ce cœur qui se fond buvait jusqu'à la lie.
Au son de cette voix dans son âme entendu
Il demeurait muet, enivré, suspendu,
N'osant d'un mouvement, d'un coup d'œil ou d'un geste,
Arrêter de l'amour l'écoulement céleste;
Comme un homme altéré, qui trouve en son chemin
L'enfant qui vient du puits une amphore à la main,
Colle sa lèvre ardente, et, sans reprendre haleine,
Épuise jusqu'au fond la coupe toute pleine.
Par leur baume divin chacun de ses accents
Changeait en volupté l'angoisse de ses sens :
Son sang ne coulant plus de la moindre blessure,
Rappelé vers le cœur, s'arrêtait à mesure;
Il ne sentait pas plus ses membres douloureux
Qu'au retour du printemps le lion amoureux
Que le rugissement de la lionne appelle,
Bondissant sur ses pas, le feu dans sa prunelle,
Laissant aux rocs aigus sa crinière et son sang,
Ne sent, dans ses transports, l'épine dans son flanc.
Cet amour qu'il buvait sur sa lèvre glacée
Avait en un seul sens concentré sa pensée.
Mais quand la voix tremblante et muette eut tout dit,
Il ne se leva pas de la terre : il bondit.
Comme une âme d'un flot de bonheur débordée
Dont un ressort soudain fait échapper l'idée,
Ne pouvant contenir ses intimes transports,
Croit chasser la pensée en secouant le corps,
Ses cheveux ondoyants comme sous la tempête,
Élevant ses deux mains au niveau de sa tête
Et les frappant ensemble au-dessus de son front,
Courant d'un arbre à l'autre, en embrassant le tronc,
Sans paraître écouter la voix qui le rappelle,
Il décrivit trois fois un grand cercle autour d'elle;
Puis se précipitant à ses pieds à genoux :

« Toi m'aimer, Daïdha ! dit-il, moi ton époux !
Toi me parler d'amour la nuit, et moi t'entendre !
Moi boire encor ces pleurs que tu viens de répandre ?
Moi reposer encor ma tête sur tes bras
Pendant qu'ainsi toujours tu me regarderas ?
Moi sentir sur mon cou le frisson de ta bouche,
Comme l'eau qui frémit sous le vent qui la touche ?
Moi m'enfoncer ainsi le front sous tes cheveux,
Ton souffle dans mon souffle et mes yeux dans tes yeux ?
Et moi partir, et moi craindre les coups du lâche ?
Oh ! béni soit cent fois le joug dont il m'attache !
Que m'importent leurs coups ? Tiens, vois, je suis guéri :
Sous ta lèvre à l'instant tout mon sang a tari !
A ce prix, Daïdha, que mille fois je meure,
Car je vis mille fois dans une pareille heure !... »
Il arracha des mains et foula sous ses pieds
Les feuillages de simple à ses membres liés ;
Mais portant les cheveux à ses lèvres brûlantes :
« Cheveux de Daïdha, soyez mes seules plantes !
De mon terrestre Éden vous ombragez la fleur !
Vous prenez pour grandir votre suc dans son cœur !
Vous embaumez les airs du vent de ses haleines !
Je vous arroserai du pur sang de mes veines ! »
De ses baisers de flamme il les couvrit cent fois,
Et comme des anneaux les noua sur ses doigts.

Des larmes dans les yeux, sur les dents un sourire,
Daïdha sans parler contemplait ce délire.
Dans ses bras recourbés il la prit triomphant,
Comme dans son berceau la mère son enfant ;
Il l'enleva de terre en gémissant de joie,
Et, comme pour montrer aux étoiles sa proie,
L'élevant à son cœur sans en sentir le poids,
Il la porta muette aux profondeurs des bois :

« Fuyons, lui disait-il à lèvres demi-closes,
Pour que la lune au ciel n'entende pas ces choses.
Son rayon sur les eaux semble épier nos pas;
Fuyons, pour qu'à ta mère il ne les montre pas! »
Et la vierge en tremblant lui rendait ses caresses,
Nouait son cou robuste avec ses longues tresses,
Et croyait, en sentant ses lèvres sur ses yeux,
Que le vent emportait son esprit dans les cieux.
« O Cédar! disait-elle, oh! que la mort est forte
Quand on y court ainsi sur l'amour qui vous porte!
O Cédar! disait-elle, emporte où tu voudras
L'esclave de ton cœur, dont la chaîne est ton bras;
Sauve-toi de leurs fers dans ce seul cœur de femme;
Sois l'esclave de tous et le roi de mon âme!
Oh! que n'ai-je, ô Cédar, cent cœurs et cent beautés
Pour te rendre cent fois plus de félicités! »

Loin du jour importun, de la lune jalouse,
Penchait au bord du fleuve un tertre de pelouse,
Où des arbres géants dans l'onde enracinés
Répandaient sur son cours leurs rameaux inclinés;
La végétation, sous leur ombre féconde,
Que nourrissait la terre et désaltérait l'onde,
Fourmillait à leurs pieds de parfums, de couleurs;
Les pas disparaissaient sous le velours des fleurs,
Et Cédar, en marchant, fendant leur vert nuage,
En écartait les flots comme un homme qui nage.
Des lianes en fleurs qui s'enlaçaient aux troncs
Grimpaient de branche en branche et montaient jusqu'aux
Et retombant d'en haut en trame de verdure,   [fronts,
Comme un câble rompu tombe de la mâture,
A des câbles pareils allant s'entre-nouer,
Formaient un second sol comme pour se jouer.
A ces vastes tissus, des lianes moins grandes

S'accrochaient à leur tour pour porter leurs guirlandes.
La vigne y répandait ses pampres ; les citrons
Y dégouttaient de fleurs ; les jaunes liserons,
Resserrant du filet les mailles diaprées,
Pendaient et retrouvaient leurs grappes séparées.
Le vent y secouait le duvet des roseaux ;
Et les plumes de feu des plus rares oiseaux,
Qui tombaient de la branche où leur aile s'essuie,
Parsemaient ces réseaux de leur flottante pluie ;
L'aile des papillons s'y brisait en volant ;
De la lune voilée un rayon ruisselant,
Comme à travers la mousse un filet des cascades,
Venait d'un crépuscule argenter ces arcades.
Au-dessus du gazon, la trame du filet,
Comme un hamac de fleurs, au moindre vent tremblait ;
Si l'oiseau s'y posait, elle s'ébranlait toute ;
Chaque humide calice y distillait sa goutte.
Un nuage odorant d'étamines de fleurs,
D'ailes de papillons, d'insectes, de couleurs,
Comme d'un pré trop mûr qu'un pied de faucheur foule,
Dans l'air éblouissant s'en exhalait en foule ;
Et l'haleine des fleurs à travers les rameaux
Y soufflait l'harmonie et la fraîcheur des eaux.

*

Cédar, en s'enfonçant sous les rives du fleuve,
Parmi tous les secrets de cette terre neuve,
Avait seul découvert, et souvent admiré
Les mystères de paix de ce lieu retiré ;
Sur ce hamac de fleurs souvent couché lui-même,
Fermant au jour ses yeux pleins de l'ombre qu'il aime,
Son âme avait rêvé que dans ce nid d'odeur

Sa colombe écoutait les paroles du cœur.
Souvent, en le cherchant sous les troncs des platanes,
L'enfant l'avait trouvé sous l'arche des lianes;
Souvent, dans l'innocence où s'égaraient leurs jeux,
Sur ce berceau flottant d'où pendaient ses cheveux,
Voyant parmi ces lis Daïdha renversée,
Au doux chant du sommeil sa main l'avait bercée,
Pendant qu'elle feignait de dormir un moment,
Et jetait en fuyant le rire à son amant.

Je ne sais quel instinct vague de sa pensée
Le poussait vers ce lieu dans sa fuite insensée.
Était-ce un sentiment aveugle de l'amour,
Qui pour un tel bonheur voulait un tel séjour?
Était-ce qu'exaltant son âme jusqu'au culte,
Il craignait que le sol ne lui fût une insulte,
Et qu'il trouvait la terre indigne de toucher
Celle que sur un ciel il eût voulu coucher?
Mais, semblable au torrent qui roule sur sa pente,
Il fut en un clin d'œil à la verte soupente.
Ses bras parmi les fleurs posèrent Daïdha;
De parfums sous ce poids le berceau déborda;
Les calices fermés de baume découlèrent;
Les oiseaux endormis des branches s'envolèrent,
Et, s'embarrassant l'aile aux lianes des toits,
Firent pleuvoir la feuille et les gouttes des bois.
Cédar la regarda les bras croisés de joie,
En homme qui desserre et ressaisit sa proie;
Puis se rapprochant d'elle, il s'assit sur le bord,
Comme une mère heureuse auprès d'un fils qui dort;
Et, le coude appuyé sur la couche embaumée
Que creusait sous son poids la tête bien-aimée,
Il oublia, des yeux en couvant son trésor,
Qu'à la terre des pleurs ses pieds touchaient encor,

Et que la lune au ciel marchait... Ce qu'ils se dirent,
Les calices des fleurs, les mousses l'entendirent.
Les esprits dont l'amour au ciel est le seul sens
S'arrêtèrent d'envie à ces mortels accents;
Et Cédar, aspirant le ciel dans son sourire,
Crut que le ciel entier n'était que ce délire.

Quand les heures pourtant, qu'oubliait leur amour,
Firent à l'horizon blanchir les bords du jour,
Que les nuages d'or au levant se groupèrent,
Que sur le fond d'azur les pics se découpèrent,
Et que l'oiseau jaloux dont l'amant hait la voix,
L'alouette, en chantant s'éleva sur les bois,
Leur cœur se resserra : l'incrédule paupière,
Comme un coup sur les yeux, repoussa la lumière.
Mais des bras l'un de l'autre il fallut s'arracher :
Cédar de ses liens se laissa rattacher,
Daïdha de baisers couvrit cent fois ses chaînes;
Puis se glissant furtive entre le tronc des chênes,
Avant que le vieillard eût réveillé Selma,
Sous ses cheveux épars dans l'antre s'enferma.
Elle-même noua pour sa mère trompée
La tresse qu'en partant ses dents avaient coupée,
Et, pour son jeune époux suppliant tous ses dieux,
Le revit dans son cœur en refermant les yeux.

QUATRIÈME VISION

Depuis le jour maudit de la fatale épreuve
Les jours avaient coulé comme les flots du fleuve,
Insensibles et purs, et rapides pour tous,
Au désert, excepté pour l'épouse et l'époux.
Cédant avec douleur à Selma qui le brave,
Et pour sauver du moins les jours de son esclave,
Le vieux chef, vainement regrettant son trésor,
Avait livré Cédar pour esclave à Ségor :
Ségor, le plus puissant des enfants de sa race,
Qui convoitait sa mort pour régner à sa place.
Pour arracher son charme à l'œil de Daïdha,
Sous ses yeux vigilants le vieillard la garda;
Il sépara Cédar de ses tribus captives,
De l'Oronte aux flots bleus lui fit franchir les rives,
Et, chassant devant lui ses plus maigres troupeaux,
Le relégua tout seul sur de sombres coteaux,
Dévorés du soleil, et séparés du monde
Par des rocs escarpés et par le lit de l'onde;
Et de peur que l'esclave en ces lieux oublié
Ne rompît les trois jougs dont il était lié,

Et, de son dur exil franchissant la limite,
Ne s'approchât des bords que son tyran habite,
Ségor et ses trois fils arrachèrent du sol
Un jeune tronc de palme ouvert en parasol,
Et, comme on lie un bloc au coursier qu'on entrave,
Attachèrent ce poids aux jambes de l'esclave;
De sorte qu'en traînant avec effort ses pas,
L'arbre suivait sa trace et ne le quittait pas,
Ou que, s'il était las de traîner son supplice,
Il lui fallait porter l'arbre au tronc lourd et lisse,
Et, pressant dans ses bras le palmier oppresseur,
De son poids écrasé, marcher à sa sueur.

Ainsi languissait-il de longs jours, seul au monde.
Mais la nuit de l'amour avait été féconde :
L'épouse d'un instant, que la honte et le deuil
Renfermaient dans son antre ainsi qu'en son cercueil,
Se couvrant de cheveux comme d'un triple voile,
Ne laissait voir ses yeux qu'aux rayons de l'étoile.
Ne montrant qu'à la nuit sa touchante pâleur,
Comme un lis dont la lune épanouit la fleur,
Daïdha, du proscrit mystérieuse femme,
D'un ange dans son souffle avait aspiré l'âme :
Elle avait, de la mère éprouvant les langueurs,
Dans son sein étonné senti battre deux cœurs,
Et compris, à la fois affligée et ravie,
Qu'en ses flancs élargis germait une autre vie.
Au neuvième croissant de la lune d'été,
Sans douleur sur la mousse elle avait enfanté;
Ainsi que la fleur double, en ces temps de prodige,
De deux fruits à la fois chargeait la même tige,
Deux jumeaux souriants, gages d'un même amour,
Au même cri de joie avaient reçu le jour,
Et de la vie offerte à leur lèvre jumelle

Sucé la double goutte à sa double mamelle.
L'un était une fille, et l'autre était un fils.
Quand les premiers baisers sur leurs lèvres cueillis
Eurent rassasié son regard de leurs charmes,
Que ses yeux à son lait eurent mêlé leurs larmes,
Qu'elle les eut nommés de deux noms dans son cœur,
L'un Sadir, l'autre Hella, disant joie et douleur;
Pour dérober leur vie, à l'ombre du mystère,
Au fleuve où l'on jetait les fruits de l'adultère,
Elle passa le fleuve à la nage deux fois,
Chaque fois de l'un d'eux son cou portant le poids,
Comme deux lionceaux que sa mamelle abreuve
Sont portés par leur mère à l'autre bord d'un fleuve;
Puis les pressant, trempés et criants, dans ses bras,
Les réchauffant du cœur et marchant à grands pas,
Se guidant, pour trouver Cédar aux sommets sombres,
Sur les mugissements des troupeaux dans les ombres,
Aux pieds de son époux elle avait déposé
Ce fruit tombé du cœur et de pleurs arrosé.
« Tiens, avait-elle dit, cache-les; l'heure presse :
La mort les cueillerait jusque sous ma caresse;
Pour leurs lèvres déjà tout mon sang blanc coulait;
Mais il faut que le roc s'arrose de mon lait,
Et que de ton troupeau la plus douce gazelle,
Écartant son petit, leur laisse sa mamelle.
O Cédar! couve-les la nuit sur tes genoux,
Abrite-les du cœur, car ils sont nés de nous;
Aime-toi dans leurs yeux, car ils sont ton image;
Baise-moi sur leurs fronts, car ils ont mon visage;
Dérobe-les à l'œil de leurs persécuteurs!
Je fuis, le jour m'épie, et s'il me voit je meurs!
Oh! qu'ils boivent encor de ma vie une goutte!...
Et que ne peuvent-ils d'un trait l'épuiser toute!
Cédar, Dieu de mon cœur, ils sont beaux comme toi!

Pour qu'ils m'aiment aussi, dis, parle-leur de moi!
Chaque vent de mes nuits qui souffle de la plaine
Vous portera cette eau dont ma paupière est pleine! »
Et les posant à terre, et revenant dix fois,
Elle reprit enfin sa course dans les bois,
En couvrant de ses mains ses oreilles fermées,
De peur d'entendre un cri de ces voix trop aimées,
Et de ne pouvoir plus s'arracher à l'amour.
Avant que la vallée eût ruisselé de jour,
Elle rentra furtive au seuil de ses alarmes,
Et la terre trois jours but son lait et ses larmes.

Cédar, le cœur tremblant, et demeuré sans voix,
Regardait ses enfants sur la feuille des bois,
Et, cherchant dans leurs yeux l'image de leur mère,
Pleurait et souriait dans une ivresse amère,
Osant de ses mains d'homme à peine les toucher,
Comme un lion surpris que l'agneau vient lécher.
Leurs cris, leurs petits bras qui cherchaient la mamelle
Lui remuaient le cœur; il chercha la gazelle
Qui, dans la même nuit, sur l'herbe avait mis bas,
Éleva tour à tour les jumeaux sur son bras;
Au pis gonflé de lait il suspendit leur lèvre,
Comme un berger qui tient par la corne sa chèvre,
Pendant qu'entre ses pieds les chevreaux nouveau-nés
Pressent les mamelons vers leur bouche inclinés.
Quand ils eurent trompé cet instinct de la mère,
Ensemble il les coucha sur la molle fougère,
Et, berçant du genou leur doux et court sommeil,
Rappela chaque fois leur nourrice au réveil.

Déjà, de son petit par ses soins séparée,
La gazelle accourait à leur voix altérée,
Et, pendant qu'à flots blancs sa mamelle coulait,

De sa langue essuyait leurs mentons teints de lait.
Ainsi, grâce à l'instinct de la douce nature,
Les fruits tombés du nid trouvaient leur nourriture;
Et l'esclave, nourrice et mère tour à tour,
Leur refaisait un nid couvé par son amour.

Or, c'était la saison où, l'herbe étant fanée,
Les familles comptaient les troupeaux de l'année.
Ségor dit à ses fils : « Voici le jour ! montons,
Pour voir si nos chameaux, nos brebis, nos moutons,
Ce rebut des troupeaux que l'esclave fait paître,
Se sont multipliés loin du bâton du maître;
Et pour demander compte à l'esclave frappé
De l'agneau mort de soif, ou du bouc échappé. »
Et les fils, irrités d'avance, le suivirent.
Aux sommets parvenus, avec surprise ils virent
Les maigres animaux à Cédar confiés
Brouter autour de lui, gras et multipliés.
Ségor s'assit à l'ombre, au bord de la fontaine,
Admirant ses chameaux qu'il comptait par centaine;
Il fit signe à Cédar, en lui montrant le pui,
De les faire descendre et boire devant lui,
Afin qu'il pût de près les voir et les connaître.
Cédar tremblant comprend le signe de son maître;
De sa lèvre renflée il approche à l'instant
Une corne qu'un buffle a brisée en luttant;
Il y souffle le vent de sa bruyante haleine;
Que l'écho fait vibrer sur les monts et la plaine :
Les troupeaux altérés comprennent cette voix,
Sortent de tous côtés des profondeurs des bois;
Au bord de la fontaine ils viennent à la file.
Ségor suit, en comptant, leur ligne qui défile;
Pendant que l'agneau broute ou que l'onagre boit,

Il les nomme à ses fils et les montre du doigt ;
Il flatte des regards les chevreaux qui bondissent,
Il mesure en espoir les petits qui grandissent :
Son regard satisfait pour Cédar s'adoucit.
Mais déjà des troupeaux la foule s'éclaircit ;
L'éléphant, dont la trompe en jouant brise l'arbre,
Vient le dernier, levant, comme un pilier de marbre,
Ses pieds dont chaque trace au sol s'approfondit ;
L'élan dont le sabot de roc en roc bondit ;
La biche vagabonde, ou l'errante gazelle,
Qui n'entend que d'en bas la corne qui l'appelle,
Viennent, de loin en loin, du bassin écoulé,
Sous l'ombre de Ségor, boire le fond troublé.

A la fin du troupeau dont le compte s'achève,
Du malheureux Cédar la terreur se soulève.
De loin, sur la montagne, en entendant marcher,
En regardant d'en haut ses tyrans s'approcher,
Redoutant, mais trop tard, leur visite imprévue,
Pour sauver les jumeaux dérobés à leur vue,
A peine, près de lui, les avait-il cachés
Sous de larges rameaux au boab arrachés,
Tremblant qu'un pied cruel ne les écrase à terre,
Ou qu'un cri de leur soif ne trahisse un mystère.
Mais les enfants dormaient au verdoyant berceau,
Sans même soulever du souffle leur arceau ;
Et Ségor se levait déjà pour redescendre,
Quand derrière la branche un bruit se fait entendre :
Des gazelles c'était le bondissant troupeau,
Qui descendait des monts et venait humer l'eau.
Leur groupe gracieux lèche l'onde qui coule :
Une seule en flairant s'écarte de la foule ;
Inquiète et rétive, elle semble chercher
Ses petits qu'elle rêve et qu'elle veut lécher.

Cédar, pâle et tremblant, vainement la rappelle;
Sourde aux cris du pasteur, la rapide gazelle,
Fouillant l'herbe profonde avec son long museau,
Découvre les enfants dans leur nid de roseau;
Le couple vagissant à demi se réveille;
Les pasteurs confondus contemplent la merveille,
Et Cédar, fléchissant au trouble de son cœur,
Tombe comme frappé d'un coup intérieur.

Cependant les bergers, longtemps penchés à terre,
Lèvent leurs mains au ciel, parlent avec mystère.
Doutant si ces enfants sont des êtres humains,
Ils les tournent sur l'herbe avec leurs rudes mains;
De l'horreur au respect leur œil longtemps hésite,
Comme près d'un serpent dont le tronçon palpite.
Mais Ségor, à l'œil dur, au cœur plus affermi,
Dans ses bras, à la fin, prend le couple endormi,
Et levant à la fois le nid avec la branche,
Dans la feuille couchés, les porte sur sa hanche.
Tous le suivent, laissant à terre au fond des bois
L'esclave évanoui, sans regard et sans voix.

Pour semer dans Phayr l'étonnante nouvelle,
On dirait que le vent leur a prêté son aile.
A peine de l'Oronte ont-ils touché le bord,
Que toute la tribu de ses demeures sort;
On vole au-devant d'eux, on les suit, on les presse;
Sur ses pieds, pour les voir, l'enfant même se dresse,
D'un cercle palpitant les ondulations
Les lassent à la fois d'interrogations.
Les mères à l'envi, de leurs mains curieuses,
Lèvent furtivement l'acanthe et les yeuses.
Sur la grève du fleuve, aux bords vaseux de l'eau,
On dépose à leurs pieds le délicat fardeau.

Jusque dans le flot bleu, dont l'écume le mouille,
Des mères, des enfants, la foule s'agenouille.
Pour ce couple innocent qui palpite à leurs pieds
Leurs surprises bientôt se changent en pitiés;
Elles tendent les bras à ces mains qu'ils leur tendent,
Aux mamelles déjà des mères les suspendent,
Et, s'enviant des yeux les jumeaux à nourrir,
Les disputent au sein qu'ils sont prêts à tarir.
Mais Ségor, arrachant les enfants à ces mères,
Et les apostrophant d'invectives amères :
« Créatures de lait et de pleurs, leur dit-il,
Qu'un enfant de deux nuits mènerait par un fil,
Lâches qui n'avez rien dans la tête, à toute heure,
Que de l'eau pour pleurer avec tout ce qui pleure,
Laissez vos maîtres seuls décider de leur sort,
Et, s'ils doivent mourir, n'allaitez pas la mort !
Savez-vous quelle mère ou quel monstre peut-être
Les a conçus dans l'ombre et leur a donné l'être ?
Aveugles ! savez-vous si vous ne donnez pas
Le lait sacré de l'homme à vos propres trépas ?
Si ces serpents cachés sous des formes humaines
N'empoisonneront pas votre sein de leurs haines ?
Et si vous n'allez pas réchauffer d'un baiser
La tête du géant qui doit vous écraser ? »
Puis, les chassant du geste, et s'adressant aux hommes :
« Dieux, parlez-nous, dit-il, dans le doute où nous sommes !
Des brutes du désert, ces enfants, vil rebut,
Sont-ils pour notre perte ou pour notre salut ?
Où les ai-je trouvés ? sous les pieds de l'esclave,
D'un ennemi captif qui nous hait, qui nous brave.
D'où les a-t-il reçus ? des démons ? ou des dieux ?
Pourquoi les cachait-il sous l'herbe à tous les yeux ?
Pourquoi nourrissait-il leur venimeuse engeance ?
Est-ce pour notre perte, ou bien pour sa vengeance ?

N'est-ce pas des géants quelque germe conçu,
Qui devait sous ses yeux grandir à notre insu,
Pour égorger un jour la tribu tout entière ?
Non ! qu'ils meurent avant, écrasés sur la pierre,
Que le fleuve pour lait leur prodigue son eau !
Noyons nos ennemis jusque dans leur berceau !
— Oui, qu'ils meurent ! cria d'un même instinct la foule.
Que tout mal loin de nous avec le fleuve coule !
Des femmes sur nos fronts retombe la pitié ! »
Et Ségor, à ces cris, poussant avec le pied
La feuille et les enfants dans le courant de l'onde,
Comme on balaye au fleuve un nid de bête immonde,
De la vague à l'instant l'acanthe se remplit,
Et le couple dormant s'enfonça dans son lit.
On n'entendit qu'un cri de mille voix émues
Éclater de la foule et voler jusqu'aux nues.
On voyait mille bras tendus suivre du doigt
Le berceau disparu dans le fatal endroit ;
Quand, plus prompte que l'œil qui suit une pensée,
Du sommet d'un rocher une femme élancée,
Dans le courant profond plonge deux fois soudain,
Et revient chaque fois un enfant à la main.
« Daïdha !!! » s'écria la foule... C'était elle,
Qui, sous l'horrible poids d'une angoisse mortelle,
Au vague bruit d'enfant, par son cœur entendu,
Était sortie au jour à ses pas défendu,
Et non loin de Ségor, par un arbre cachée,
A chaque mot de lui l'âme au corps arrachée,
L'avait vu repousser ses enfants dans le flot,
Et s'était dans le gouffre élancée aussitôt.

Elle sortit soudain, par le peuple escortée,
Sur la rive où de l'eau le cours l'avait portée ;
Et couvrant de baisers, à genoux sur le bord,

Ses enfants, du regard disputés à la mort,
Elle leur réchauffait le corps de son haleine,
Comme une mère chauffe un agneau sous sa laine;
Et les faisant sourire elle leur souriait,
Et de ses longs cheveux elle les essuyait.
Puis voyant tout à coup la foule rassemblée,
Et comme du néant au monde rappelée,
Elle jeta du cœur un si terrible cri
Que chaque cœur de mère en fut tout attendri;
Et levant ses enfants au-dessus de sa tête,
Comme on élève un signe au peuple qui s'arrête,
Ou comme on montre au ciel un sang qui fume encor,
En adjurant la foudre, au-devant de Ségor
Elle courut, semblable à la biche forcée
Qui revient au chasseur dont le coup l'a blessée;
Et debout devant lui : « Peuple, dit-elle, et toi,
Lâche égorgeur d'agneaux, ces enfants sont à moi!
Frappez ce sein coupable, et laissez-leur la vie!
Est-ce sur l'innocent que le crime s'expie?
Peuple, c'est votre sang qui coule dans le leur,
Remontez à sa source... ils l'ont pris dans mon cœur!
Vengez-vous! j'ai trompé votre haine jalouse;
Ils sont fils de Cédar!... et je suis... son épouse!... »
Par cent cris à la fois un cri multiplié
En exécration transforme la pitié.
Ségor frappé d'horreur recule avec la foule,
Comme quand à nos pieds un bloc s'écrase et roule.
Daïdha, qui les voit pas à pas s'écarter,
S'efforce de les joindre et de les arrêter;
Et pressant les jumeaux d'un bras sur sa mamelle,
Comme pour les rentrer et les cacher en elle,
Déchirant aux cailloux ses genoux et ses flancs,
Ses cheveux de poussière et d'onde ruisselants,
Collés contre son corps comme un voile qu'on trempe,

S'appuyant d'une main sur le sol, elle rampe ;
De sa lèvre de marbre elle veut embrasser
Chaque pied tour à tour prompt à la repousser ;
Devant elle partout la foule se disperse.
Sur son cou suppliant sa tête se renverse ;
Elle fond en sanglots, elle joint ses deux mains,
Adjure par leurs noms ses frères inhumains,
De sa mère à ses sœurs sur ses genoux se traîne :
« N'est-il donc parmi vous aucune qui les prenne ?
Femmes, vos seins remplis laisseront-ils mourir
Ces bouches que l'hyène aurait voulu nourrir ?
Oh ! prenez et frappez !... qu'à vos seins je les voie,
Mères ! du lait pour eux... et je meurs avec joie ! »
Mais les mères fuyaient et détournaient les yeux
De ces fils de l'esclave à leur race odieux.
Femmes, vierges, enfants, et Selma la première,
Lui jetaient sur le front l'opprobre et la poussière.
Tous les mots qu'en passant leurs bouches lui disaient
Comme d'autant de coups de pierre l'écrasaient,
Et du supplice affreux que leur fureur devance,
Avec ses fruits, d'horreur la lapidaient d'avance.
Enfin à quelques pas le cercle se forma,
Et le conseil jugea la fille de Selma :
A mourir pour sa honte elle fut condamnée
Avec l'indigne époux qui l'avait profanée,
Et les coupables fruits de leur infâme amour,
Dont l'existence impie offenserait le jour.
Seulement, pour Phayr, ce vieux roi de justice,
Un reste de respect fit changer son supplice,
Et, de peur que son sang ne tachât quelque main,
Elle fut dévouée à la tour de la faim.

C'était une prison, une tombe vivante,
Que l'on formait de boue et de pierre mouvante,

Et que l'on élevait comme une haute tour,
Sans porte et sans fenêtre, et sans issue autour,
De sorte qu'enfermé dans cette arche profonde,
Ce haut mur séparait le coupable du monde,
Et que les dieux du ciel, qui seuls voyaient son sort,
Ne pouvaient accuser personne de sa mort.
On condamna Cédar à périr dans l'Oronte
De la mort la plus vile et surtout la plus prompte ;
Et les tendres jumeaux, du fleuve préservés,
Aux lions du désert restèrent réservés.

A peine a retenti la fatale sentence,
Qu'à la mort de Cédar le peuple entier s'élance.
Sur le sol, sans haleine, on le trouve étendu,
Comme frappé d'un coup de là-haut descendu.
La foule, qui le voit sans couleur et sans vie,
Croit que les dieux vengeurs ont foudroyé l'impie.
Elle insulte du pied ce corps sans mouvement ;
Puis, le traînant au bord de l'Oronte écumant,
Près d'un gouffre où le fleuve, au fond d'une vallée,
Gonflait en tourbillons son onde amoncelée,
Sans même détacher le tronc d'arbre du corps,
Dans l'abîme de l'onde on le pousse du bord ;
Mille imprécations suivent le corps qui tombe,
Et le voile d'écume a recouvert sa tombe !

Comme un tigre qu'un meurtre altère encor de sang,
Par ce crime animé le peuple redescend :
On arrache ses fruits à Daïdha qui pleure ;
On décrit à l'entour sa funèbre demeure ;
Tout le peuple, au travail à grands cris s'excitant,
Trace l'affreuse tour, qu'il bâtit à l'instant ;
On fouille sur les bords le lit de la rivière,
A la maison de mort chacun roule sa pierre ;

Chacun veut à l'envi que le chef inhumain
Dans l'expiation reconnaisse sa main.

Autour de Daïdha, dans son sépulcre assise,
Déjà les blocs montaient assise sur assise;
Son âme, à demi morte, entendait retentir
Les pierres du tombeau qui devait l'engloutir.
Ainsi que la victime au couteau s'abandonne,
Ses yeux, fixés au sol, n'imploraient plus personne;
De la tête son cou ne portait plus le poids;
Son visage glacé se cachait dans ses doigts,
Et l'ondulation des cheveux sur la mousse
De son cœur qui battait marquait chaque secousse.
Elle semblait avoir accepté son cercueil;
Mais quand, baissant les mains, elle vit d'un coup d'œil
L'enceinte de rocher, qui montait à mesure,
De ses frères bientôt dépasser la ceinture,
Comme un homme endormi qu'une vipère mord,
Elle bondit de terre avec un cri de mort;
Elle tendit ses bras tout chargés de prières
Aux femmes de Phayr, assises près des pierres :
« Oh! dit-elle, arrêtez, arrêtez un moment
Avant de refermer ce fatal monument!
O ma mère! ô mes sœurs! ô frères de ma race!
A mes derniers soupirs accordez une grâce :
Laissez une fenêtre étroite à cette tour,
Non pour que dans ma nuit il entre un peu de jour,
J'ai honte du soleil et je hais la lumière!
Mais pour que, si ma mort ne vient pas la première,
Je puisse voir encore et du sein allaiter
Mes fruits qui sur vos mains viendront me visiter,
Afin que de leur mort mon lait retarde l'heure,
Et qu'ils vivent du moins jusqu'à ce que je meure!
Oh! ne les sevrez pas du moins avant ma mort!

Oh! pendant que leur coupe est pleine jusqu'au bord,
Laissez-moi jusqu'au fond la leur répandre toute!
Qu'ils ne tombent de soif qu'à la dernière goutte!... »
Elle se tut, ses mains palpitaient : à ce cri,
Des mères de Phayr le cœur fut attendri;
Le fruit qu'elles portaient s'émut dans leurs entrailles;
Elles firent laisser une fente aux murailles,
Promirent d'apporter les enfants; et la tour
Monta de pierre en pierre et rétrécit le jour.
La foule, en s'éloignant de la prison mortelle,
En malédictions se répandit sur elle,
Et Daïdha bientôt n'entendit d'autre bruit
Que le courant du fleuve et le vent de la nuit.

Semblable, en son instinct, à la biche sauvage,
Qui, les jours et les nuits, fait le tour de sa cage,
Flairant si les barreaux qui captivent ses pas
Sous le poil de ses flancs ne s'élargiront pas,
Elle tourna longtemps autour de l'édifice,
Cherchant avec les mains aux murs un interstice;
Se meurtrissant le sein aux angles du rocher,
Et de ses doigts saignants cherchant à s'accrocher;
Mais les murs à ses mains ne donnaient point de prise;
Ils ne laissaient filtrer dedans ni jour ni brise;
Et, comme ensevelie au bas d'un puits profond,
Chaque effort pour monter la replongeait au fond.
Lasse enfin de tenter un effort qui succombe,
La paix du désespoir descendit dans sa tombe;
Elle s'assit à terre, appuyée à sa tour :
« Mourir, dit-elle, ainsi! pour une nuit d'amour!
Oh! oui, mourir cent fois! Cédar, œil de mon âme!
Mourir cent fois ainsi, puisque je meurs sa femme!
Que mille tours de faim montent, croulent sur moi,
Avant que Daïdha rougisse d'être à toi;

Avant que ma douleur se repente, ô ma vie,
De ces deux fruits d'amour que leur haine m'envie !
Qu'ils exècrent ton nom, je l'adore au cercueil ;
Mon supplice est ma foi, ma honte est mon orgueil !
Jusqu'au fond des enfers que ma tombe se creuse !
Cédar, mourir pour toi, c'est encore être heureuse.
O mort, que tardes-tu ? Viens, viens nous réunir !
Comme des pas d'amant, je t'écoute venir. »
Et puis, tout attentive, elle écoutait en elle
Si la soif de sa lèvre était bientôt mortelle ;
Ou bien si de la faim la dernière langueur
Ne se trahissait pas aux battements du cœur.
Mais, dans ces premiers temps d'une forte nature,
La séve de longs jours vivait sans nourriture ;
Et la jeune victime, interrogeant en vain,
Ne ressentait encor ni la soif ni la faim ;
Et, les sens soutenus de tendresse et d'alarmes,
Elle mangeait son cœur et dévorait ses larmes.

Les étoiles du ciel, qui passaient tour à tour
Dans le morceau du ciel que laissait voir la tour,
La virent de là-haut, en traversant l'espace,
Dans la même attitude et dans la même place,
Aux pierres de la tour les membres appuyés,
Les mains jointes tombant sur ses genoux pliés.
Quand dans le blanc du ciel le jour revint éclore,
L'alouette en montant lui gazouilla l'aurore ;
Une noire hirondelle au plumage d'azur,
Rasant la haute tour, parut au bord du mur ;
Aux blocs, en tournoyant, elle froissa son aile,
Et sur un plat rebord se posa tout près d'elle.
Elle leva les mains : « Compatissant oiseau,
Qui descends pour me voir dans mon morne tombeau,
Ne les as-tu pas vus, dis-moi, couchés par terre,

Comme des œufs brisés, mes deux petits sans mère?
Riaient-ils? pleuraient-ils? me tendaient-ils les bras?
Ne vas-tu pas les voir quand tu remonteras?
N'as-tu pas vu, dis-moi, du bord où tu t'abreuve,
Le beau corps de Cédar roulé dans l'eau du fleuve?
Oh! dis-lui que je vais le rejoindre bientôt!
L'amour ne va-t-il pas plus vite que le flot?
Que tiens-tu dans ton bec, oiseau qui bois aux vagues?
Est-ce un brin de la mousse? est-ce un cheveu des algues?
Ou de son front flottant, dis-moi, n'as-tu pas pris
Un de ses cheveux d'or pour coucher tes petits?
Oh! laisse-moi tomber ce fil que je t'envie,
Un cheveu de sa tête! un rayon de sa vie!
Un débris de sa mort, oiseau, laisse-le-moi!
Je n'ai que ce cheveu; les forêts sont à toi!... »
Mais, son geste et sa voix effrayant l'hirondelle,
L'oiseau vers le sommet remonta d'un coup d'aile,
Et de son désespoir le cri fit envoler
Le seul être de Dieu qui vînt la consoler.
De ce dernier commerce elle perdit les charmes,
Et son œil épuisé s'assoupit dans les larmes.

En songe quelque temps son âme sommeilla.
Comme un coup dans le cœur un cri la réveilla :
C'était ce cri de soif, insensible à l'oreille,
Auquel dans son repos une mère s'éveille,
De ses pauvres petits le doux vagissement,
Qui venaient à sa mort demander l'aliment.
Deux filles de Ségor, les tenant par la hanche,
Les tendaient par la fente à sa mamelle blanche,
Tandis que Daïdha, dont le cœur ruisselait,
En les lavant de pleurs, les abreuvait de lait :
« Buvez, mes blancs agneaux! bois, ma blanche colombe!
Buvez l'eau de mon cœur qui coule de la tombe.

Pressez ainsi, pressez, des lèvres, de la main,
Cette source d'amour que va tarir la faim !
Que ne peut d'un seul trait votre bouche assouvie
Épuiser tout mon sang avec toute ma vie !
Et que ne tombez-vous des mamelles sevrés,
Comme deux enfants morts, par la grappe enivrés !...
Oh ! que vous aurez soif lorsque je serai morte !
Oh ! ne souriez pas, ou bien qu'on vous remporte !
Je puis vous voir mourir, oui, mais je ne puis voir
La mort sourire ainsi dans vos yeux sans espoir !... »
En leur parlant ainsi, ses deux mains convulsives
Pressaient contre son sein ces deux têtes naïves,
Semait de longs baisers qu'entrecoupaient ses pleurs
Leurs dents teintes de lait, leurs yeux, leur joue en fleurs,
Enlaçait à son cou leurs bras pour les suspendre,
Mordait de leurs cheveux le duvet blond et tendre,
Se mirait dans leurs yeux comme dans un miroir,
Fermait les siens d'horreur, les rouvrait pour les voir,
Tandis que les enfants que sa chaste mamelle
Attirait tour à tour et repoussait loin d'elle,
Prenant ces faux transports et ces pleurs pour des jeux,
Riaient en se jouant entre ses longs cheveux.
Quand du lait sous leurs dents la source fut tarie,
Ces filles, sans pitié pour sa voix qui les prie,
Reportèrent ses fils dormants à la tribu,
Comme l'on trouble l'eau quand les agneaux ont bu.

Daïdha, du regard poursuivant chaque femme
Qui semblait emporter les deux parts de son âme,
Suivit de l'œil ses fruits tant qu'elle put les voir.
Trois fois dans la journée ils tetèrent ; le soir,
Quand les femmes du chef vinrent vers la fenêtre,
Elles ne virent plus Daïdha reparaître.
Leur voix, pour l'avertir, l'appela dans la tour ;

Une mourante voix en sortit à son tour;
Ses jambes, fléchissant sous l'angoisse mortelle,
Ne pouvaient plus du sol se déplier sous elle.
Aux cris de ses petits, elle fit un effort;
Mais l'élan de son cœur ne put lever la mort :
Elle retomba faible au pied noir des murailles.
« Oh ! par les fruits vivants ou morts de vos entrailles,
Dit-elle en élevant encore un peu la voix,
Par l'eau que vous buvez, par les pleurs que je bois,
Passez-moi les agneaux dans l'étroite ouverture,
Que je leur donne encore un jour leur nourriture.
Le lait de ma mamelle à leurs cris monte et sort,
Il coulera peut-être encore après ma mort;
Ne leur enviez pas cette joie éphémère
De tarir jusqu'au fond les sources de leur mère;
Au lieu des lionceaux, ce sera le vautour
Qui viendra dépecer leurs membres dans ma tour!... »
Et les femmes, pensant au jour où l'on enfante,
Glissèrent en pleurant les petits dans la fente,
Daïdha les reçut en élevant la main;
Et la nuit descendit noire sur le chemin.

CINQUIÈME VISION

Mais, tandis que les murs couvrent ces cris funèbres,
Des pas entrecoupés rôdaient dans les ténèbres.
Qui donc, posant ses pieds muets sur le rocher,
De la tour de la mort ose ainsi s'approcher?
Pourquoi s'arrête-t-il de distance en distance,
Comme pour épier, écouter le silence?
Pourquoi de toutes parts égare-t-il ses pas?
Quels noms, aux yeux des nuits, murmure-t-il tout bas?
Quel sourd rugissement avec son souffle gronde,
Tel que l'airain en feu qui fait bouillir une onde?
Astres du firmament, en croirez-vous vos yeux?
Cédar! c'était Cédar, reparu sous les cieux!
Cédar, libre du joug qui comprimait sa force,
Brandissant d'une main un chêne avec l'écorce,
Et de l'autre, en avant, tâtant l'obscurité,
Comme prêt à frapper vers le roc habité.
Vers cette meurtrière à grands pas il s'avance,
Muet, et se mordant les lèvres de vengeance;
On dirait qu'il revient par un doigt sûr conduit.
Mais comment sortait-il de sa mort, de sa nuit?
Lorsque son corps gisant, à tant d'injure en butte,
Était tombé du roc, entraînant dans sa chute,

Comme une pierre au cou, le grand tronc de palmier,
L'arbre para le corps en tombant le premier ;
Les lianes, les joncs qui liaient l'homme à l'arbre,
Se rompirent du poids sur les pointes du marbre,
Et quand du fond des flots le palmier remonta,
Par le tronc soutenu l'homme avec lui flotta.
A travers ses détours et ses gorges profondes,
L'Oronte bondissant les roula dans ses ondes.
En les perdant de l'œil sous un cap de son cours,
Ce vil peuple les crut disparus pour toujours.
Cependant réveillé par la fraîcheur des vagues,
Recueillant lentement quelques souvenirs vagues,
En voyant devant lui fuir le ciel et le bord,
Cédar avait compris qu'il flottait dans sa mort.
Embrassant le palmier d'une main convulsive,
Son instinct machinal le poussait vers la rive ;
Mais, plus fort que son bras inhabile à ramer,
Le rapide courant le portait à la mer.
Il entendait déjà sur la plage sonore
Tonner le contre-coup des vagues de l'aurore ;
Déjà les bords du fleuve échappaient à son œil,
Quand le courant brisé sur l'invincible écueil,
Que le reflux des mers dans son lit bas repousse,
Sur le sable des flots le jeta sans secousse.
Il resta quelque temps immobile, engourdi,
Tel qu'un homme d'un coup de massue étourdi,
Rappelant fil à fil chaque image effacée,
Et comme un fer au sein retrouvant sa pensée.
Il dénoua des dents le reste de lien
Qui l'attachait encore au palmier, son soutien ;
Tantôt marchant dans l'onde, et tantôt à la nage,
Il regagna bientôt les forêts du rivage.
Sous l'instinct de l'amour son pied n'hésite pas,
Au rebours du courant il s'élance à grands pas.

Il lui semble de loin entendre dans son âme
Les cris de deux enfants et des sanglots de femme.
Du sort de Daïdha l'affreux pressentiment
Ne laisse pas son pied s'arrêter un moment ;
Comme un homme éperdu qu'un cri de mort appelle,
Il court deux jours entiers les bras tendus vers elle ;
Enfin, par la vengeance et par l'amour conduit,
C'était lui qui montait à tâtons dans la nuit.
Il avait reconnu le camp dans les ténèbres,
Aux aboiements des chiens poussant des voix funèbres.
Il avait étouffé ses pas pour les tromper,
Et, sa masse à la main, écoutait pour frapper.

Sur le fond noir du ciel la tour muette et sombre,
Avant qu'il l'aperçût, jetait sur lui son ombre ;
Les enfants sur son sein, qu'elle vient d'assoupir,
Daïdha touchait presque à son dernier soupir ;
Du sommeil de la mort les délirants nuages
A ses sens affaiblis coloraient des images :
Voiles que la nature, avec ses douces mains,
Met pour cacher la mort sur les yeux des humains.
Elle voyait couler des fleuves d'eaux limpides
Dont les vagues montaient à ses lèvres avides ;
Des mille fleurs des champs qui croissent sous le ciel,
Les ruches en rayons lui distillaient leur miel ;
Cédar, pour ses petits jouant parmi les herbes,
Lui cassait les rameaux chargés de fruits superbes.
Elle tendait vers lui leurs bras avec sa main,
Quand ses petits enfants crièrent de la faim.
« Ah ! dit-elle en frappant sa mamelle tarie,
Quoi ! la nature est sourde à leur bouche qui crie !
O ciel ! avant leur soif mon sein a pu tarir !
Ah ! mourir la dernière, ah ! c'est cent fois mourir !
Enfants, frappez ce sein qui vous tue et vous sèvre ;

A défaut de mon sein, collez-vous à ma lèvre !
Dans mon dernier soupir, image de l'époux,
Buvez toute mon âme, elle s'exhale en vous !
Que ta mort, ô Cédar, fut plus digne d'envie !
Tu n'as pas exhalé trois souffles dans ta vie !
Reçois-les, cher époux, ils s'exhalent pour toi :
Ouvre ton sein, c'est eux ! ferme tes bras, c'est moi !!! »

. . . .
. . . .
. . . .

Cédar, aux premiers sons de cette voix plaintive,
Collant contre la tour son oreille attentive,
Avait cru de la pierre entendre s'exhaler
Une voix des tombeaux qui venait l'appeler.
Il n'avait pas d'abord reconnu dans la plainte
La voix de son amour, par l'agonie éteinte ;
Mais au nom de Cédar par elle prononcé,
Frappé d'un jour terrible, il s'était élancé.
Arrêté par le mur, qui le frappe au visage,
Il cherchait à tâtons dans la roche un passage.
Trois fois, les bras tendus, de la fatale tour,
Comme un tigre enfermé, ses bras firent le tour,
Quand sa main, vainement cherchant la porte absente,
Trouvant le vide étroit s'engouffra dans la fente.
Il plongea tout le bras dans le noir souterrain :
Le front de Daïdha glacé glaça sa main ;
Il palpa, froid et mort, au fond du cachot sombre,
Tout ce groupe d'angoisse expirant dans son ombre.
L'horrible vérité jaillit à son esprit ;
Il toucha le supplice, et son instinct comprit.
Des blocs accumulés saisissant l'interstice,
Il gravit au sommet du terrible édifice ;
Et, de peur d'écraser sous les blocs son amour,

Par sa cime élevée il démolit la tour.
Son bras désespéré faisait voler la pierre
Comme le vent d'hiver soulève la poussière;
Les blocs, qui de nos jours feraient fléchir des bras,
Allaient tomber à terre et la fendre à cent pas.
Un tonnerre incessant faisait trembler la plage,
Et la tour sous ses pieds décroissait par étage.
Les cavernes de loin tremblaient du contre-coup.
Du désert à l'instant tout le peuple est debout;
Aux premières lueurs du ciel qui se déroule,
A cet étrange bruit ils accourent en foule;
La fronde, la massue, ou la pierre à la main,
Ils volent à grands cris à la tour de la Faim :
Les uns pensent qu'un dieu, sous l'éclair et la foudre,
D'elle-même à ses pieds la fait tomber en poudre;
D'autres, voyant un homme en débris la lancer,
De leurs armes de boue osent le menacer.
Auprès du monument les plus fiers se hasardent,
Du pied des murs en haut en rampant ils regardent,
Se refusent longtemps à croire, mais leurs yeux
Reconnaissant Cédar au faible jour des cieux,
Mille cris à l'instant jaillissent; mille frondes
Font voler à l'instant le lit roulant des ondes;
Mille flèches de bois dans les flammes durci
Sifflent; autour de lui l'air en est obscurci;
Mille mains, s'accrochant aux jointures des pierres,
S'efforcent d'arriver au sommet les premières
Pour en précipiter l'esclave ravisseur
Qui vient à leur vengeance arracher une sœur.
Cédar, dont le regard replié dans son âme
Ne voit que Daïdha qui l'appelle et se pâme,
Dans son œuvre absorbé, d'abord n'aperçoit pas
Les ennemis cachés qui rampent sous ses pas.
Zebdani, le premier gravissant les murailles,

Le saisit par le corps de ses bras en tenailles,
Tandis qu'Abid et Kor secondent son assaut;
Mais Cédar, revenant à lui comme en sursaut,
De leurs faibles mains d'homme arrachant sa main libre,
Sur ses orteils crispés conserve l'équilibre,
Les entoure du bras, les étouffe à ses flancs,
Enfonce dans leur chair ses ongles tout sanglants;
D'une main tour à tour à l'aplomb les enlève,
Les fait, en brandissant, tournoyer comme un glaive;
Puis, leur battant le crâne aux angles du rocher,
En écrase les mains qui veulent s'approcher;
Sanglants et mutilés, il les lance à la foule,
Qui sous leurs corps tombants s'écarte en large houle.
Pour frapper sans péril les coups volent de loin;
Mais de se préserver négligeant le vil soin,
Un bloc dans chaque main, Cédar, ferme à sa base,
Les fulmine d'en haut, les pile, les écrase :
A chaque coup qu'il lance un forfait est puni.
Il enfonce d'un bloc le cœur de Zebdani;
Sous un débris mortel de ses propres murailles
Ségor roule à leurs pieds et répand ses entrailles;
Sur le corps de son père Abna précipité
Va tomber sous le bloc qu'il avait apporté;
Élim, Zadel, Sélin, les sept fils de sa race,
Ne peuvent fuir la mort qui gronde sur leur trace;
Chacun tombe à son tour sous ses carreaux broyé.
L'infatigable bras dont tout est foudroyé,
Des murs qu'ils ont bâtis pour un autre supplice
Abat ces criminels sous leur propre injustice;
Et les restes épars des enfants de Phayr,
Dispersés par la peur, cherchent la nuit pour fuir.

Cependant de la tour chaque pierre qu'il lance
Sert son brûlant amour, en servant sa vengeance;

CINQUIÈME VISION.

Chacun des blocs roulant de sa terrible main
Du sommet à la base abrége le chemin.
Daïdha, que la voix de son époux ranime,
Lève vers lui ses bras du fond de son abîme.
Il s'y jette vainqueur comme un dieu dans l'enfer;
Dans ses embrassements il craint de l'étouffer;
Pour mieux la savourer, son cœur suspend sa joie :
Sur ses bras assouplis il prend sa triple proie;
Et, comme dans la feuille on emporte les fruits,
Sur le sein de leur mère il soulève ses fils.
D'un pied, dont ce doux poids redouble l'énergie,
Il foule les débris de la brèche élargie;
Il touche enfin la terre, il s'élance dehors;
De ses mille ennemis ses pieds pressent les corps,
Et portant Daïdha par ce sol du carnage,
Dans son sein en passant il cache son visage.

Sur la scène d'horreur sans jeter un regard,
Sous la nuit des forêts il s'enfonce au hasard.
Il semble que son pied, que l'horreur précipite,
Ne peut loin de ces bords l'emporter assez vite;
Il voudrait enlever au ciel, heureux vainqueur,
Ces trois fronts adorés qui battent sur son cœur !
Chaque fois que son bras ou sa jambe chancelle,
Il puise dans leurs yeux une force nouvelle;
Vers de nouveaux sommets il reprend son essor,
Nul lieu n'est assez sûr pour cacher son trésor.
Depuis l'heure où la nuit se teint du crépuscule,
Jusqu'à l'heure où le jour suit l'ombre qui recule,
Il courut sans reprendre haleine un seul moment,
Sans parler, en serrant du bras ce cou charmant.
Enfin quand il eut mis entre les bords du fleuve
Et lui des pas, des pas, toute une terre neuve,
Quand son regard perçant vit un autre horizon,

Il posa son fardeau d'amour sur le gazon
Regarda tout autour avec inquiétude,
Comme s'il soupçonnait même la solitude
Puis riant et pleurant, et criant tour à tour,
En se frappant les mains il bondit à l'entour.

Daïdha, dont les pleurs arrosaient le sourire,
En lui tendant les bras contemplait son délire :
Il s'y jette cent fois, et les petits enfants
Répondaient par leur rire à ses bonds triomphants.
Quand il eut par ses cris évaporé son âme,
Comme un vase trop plein s'évapore à la flamme,
Il prit, sans les vider, sur la tige des lis,
Ces calices de fleur par la séve remplis ;
Du baume de la nuit, que leur urne recueille,
Aux lèvres de la mère il fit couler leur feuille.
Il secoua la branche où dans sa dure noix
Le palmier du désert contient le lait du bois ;
Contre le tronc de l'arbre il en brisa les houppes ;
A genoux, dans sa main, tenant leurs demi-coupes,
Aux lèvres des enfants, que trompait la couleur,
Il fit teter la noix et savourer la fleur.
Joignant ses fortes mains en flexibles corbeilles,
Il apporta dedans des rayons d'or d'abeilles,
Dont le miel embaumé, par la fleur épaissi,
Semblait des lingots d'or dans le rocher durci.
Le gland, dont trois hivers ont mûri la farine,
Des plantes qui cachaient leur suc dans leur racine,
Et des roseaux sucrés, dont un miel blanc coulait,
Entassés en monceaux que sa main étalait,
Et dépouillés par lui de leurs rudes écorces,
D'un savoureux festin ranimèrent leurs forces.
Les enfants, endormis dans l'herbe, avec leur main
Pressaient encor ces fruits survivant à leur faim.

CINQUIÈME VISION.

Déjà de Daïdha la jeunesse assouvie
Sentait remonter l'eau dans les sources de vie;
Cédar, ivre de joie et de paix, regarda
Longtemps et tour à tour les enfants, Daïdha.
Devant ces fruits d'amour et cette jeune femme,
Je ne sais quel besoin s'élevait dans son âme
De répandre son cœur débordant de parfum,
De reporter plus haut son bonheur à quelqu'un ;
Mais de ce grand besoin son âme possédée
Avait l'instinct de Dieu sans en avoir l'idée ;
Sur toute la nature il promena ses yeux,
De la mousse aux troncs d'arbre et des troncs d'arbre aux
Il leur montra la mère et les enfants du geste ;   [cieux ;
Il écarta son corps, pour que du toit céleste
Un rayon du soleil, comme un regard d'amour,
Se réjouît aussi de les revoir au jour :
Il eût voulu des nuits déployer tous les voiles,
Pour la montrer aux yeux de toutes les étoiles ;
Dans l'extase de joie où son cœur s'abîmait,
Il lui semblait que tout aimait ce qu'il aimait,
Que tout, autour de lui, partageait son ivresse,
Et pour ce front charmant n'était qu'une caresse !
Ses sens ne ressentaient ni fatigue ni faim ;
Sur la mousse auprès d'elle il vint s'asseoir enfin.
Enivrant de plus près son âme de ses charmes,
Son regard dans ses yeux faisait monter des larmes,
Mais ces larmes du ciel, au goût délicieux,
Trop-plein d'un cœur mortel qui coule par les yeux,
Voile humide et brillant que l'excès de la joie
Comme un nuage au ciel sur le bonheur déploie.
Le front de Daïdha s'abandonnant à lui,
Renversé sur son bras, prit son cœur pour appui ;
Leurs mains sur leurs genoux par leurs doigts s'enlacè-
Et, parlant à la fois, ensemble ils repassèrent,   [rent,

Pas à pas, mots à mots, depuis le premier jour,
Tous les sentiers saignants de leur céleste amour,
S'épuisant en aveux, en demandes frivoles,
Se faisant mille fois redire leurs paroles,
Des lèvres l'un de l'autre à l'envi les buvant,
Dans les aveux de l'un l'autre se retrouvant :
Voluptueux retour de deux âmes ravies,
Qui pour se réunir remontent leurs deux vies,
Et du bonheur présent pour mieux sentir le goût,
Recueillant leur mémoire et leurs larmes partout,
Dans la coupe de joie où leur lèvre s'abreuve,
Répandent comme un sel le fiel de leur épreuve!
Lentement dans leur cœur tout leur cœur se vida,
Jusqu'à ce que leur sein de bonheur déborda.
Leur parole plus rare et mêlée au silence
S'interrompait déjà de distance en distance,
Comme des gouttes d'eau qui tombent dans son sein
La chute en s'épuisant assoupit le bassin;
Leur paupière, où pesait une si longue aurore,
Se fermait, se rouvrait pour se revoir encore;
Leurs lèvres, où les mots ne faisaient plus qu'errer,
Comme un songe déjà semblaient les murmurer;
Leurs têtes, sous le poids du bonheur affaissées,
S'appuyaient l'une l'autre ainsi que deux pensées;
Et le sommeil, fermant la voix des deux amants,
Assoupit de leurs cœurs les derniers battements.

SIXIÈME VISION

AINSI ces deux enfants, l'un à l'autre leur monde,
Suivaient jour après jour leur route vagabonde,
Ayant devant leurs pas l'univers tout entier,
Et sans but que l'amour s'y traçant leur sentier.
Ils semblaient seulement dans leur marche pressée
De leurs premiers tyrans vouloir fuir la pensée;
Et, cherchant par instinct les plus tièdes climats,
Aux mers d'où sort le jour ils dirigeaient leurs pas.
Ils avaient entendu qu'en ces champs de l'aurore
Mille fruits inconnus se cachaient pour éclore,
Que les plus doux parfums qui soufflent sous les cieux
Y donnaient à l'air même un goût délicieux,
Que les rocs ruisselaient du nectar des abeilles,
Et qu'un oiseau céleste y charmait les oreilles.
« Nous nous arrêterons, se disaient-ils entre eux,
Aux lieux où le bonheur sera plus savoureux,
Aux bords où l'oiseau bleu va reposer ses ailes;
Nous apprivoiserons les petits des gazelles,
Pour jouer sur la feuille avec nos doux jumeaux;
Nous irons dérober les œufs sous les rameaux;
Nous aurons pour demeure une grotte de marbre,
Fermée aux eaux du ciel, ou le tronc creux de l'arbre,

Dont les vastes rameaux sur son flanc repliés
Des cheveux de sa tête enveloppent ses pieds;
Nous serons bons à tous, et, pour que l'on nous aime,
Nous ferons alliance avec les lions même,
Avec l'oiseau du ciel et l'insecte des champs :
Mais avec l'homme, oh non! les hommes sont méchants!»
A ces tableaux riants qu'ils coloraient d'avance,
Leur pas léger, semblable au vol de l'espérance,
Quoique lassé du jour, les portait en avant;
Cependant dans leur fuite ils s'arrêtaient souvent.

Tantôt les durs cailloux, ou d'épineuses plantes,
Des pieds de Daïdha faisaient saigner les plantes;
Au cou de son amant elle nouait ses bras,
Et Cédar la portait sans ralentir le pas.
Ses fils sur une épaule et sur l'autre la mère,
Portant tout son bonheur, charge douce et légère,
Pressé de ces trois cœurs dont il était l'appui,
Il croyait emporter l'univers avec lui!
Et Daïdha, soufflant à son front des caresses,
Essuyait sa sueur avec ses molles tresses!
Tantôt un roc pendant sur un ravin profond,
Se dressant comme un mur avec un gouffre au fond,
Entr'ouvert à leurs pieds, s'opposait à leur marche :
Si des arbres couchés n'y jetaient pas une arche,
Cédar laissait la mère et ses fils sur le bord,
Pour sonder le passage y descendait d'abord,
Puis, s'assurant l'orteil sur d'étroits interstices,
Levait de là les bras du fond des précipices,
Des mains que Daïdha de plus haut lui tendait,
Recevait dans ses mains l'enfant qu'il descendait,
Le couchait dans les fleurs, remontait pour son frère,
Prêtait comme un degré son épaule à la mère;
Puis au fond du ravin tous les deux descendus,

SIXIÈME VISION.

Au mur de l'autre bord par les mains suspendus,
Et formant de leurs bras une mobile échelle,
Il élevait en haut l'enfant qu'il prenait d'elle.
Si des monts quelquefois le fleuve ou le torrent
Opposait à leurs pas son rapide courant,
Cédar, qui le premier le passait à la nage,
Déroulait en nageant la liane sauvage
D'un arbre de la rive, et comme un câble fort
La nouait par le bout au tronc de l'autre bord :
Sur les flots écumants la liane tendue
Prêtait à Daïdha sa corde suspendue.
Retournant sur ses pas, un enfant dans la main,
Cédar, de nœuds en nœuds, lui traçait le chemin.
Elle suivait, portant sur sa tête élevée
Sa blanche enfant tremblante et d'écume lavée ;
Et, comme sur le sable un vol de blancs oiseaux
Qui font sécher leur aile, ils s'essuyaient des eaux.

Un soir qu'ils reposaient au fond des solitudes,
Leurs membres succombant à tant de lassitudes,
Cédar, que son amour éveillait à tout bruit,
Entendit comme un souffle et des pas dans la nuit.
Soulevé sur le coude, immobile, il écoute :
Ces pas de leur abri semblent chercher la route.
Un souffle haletant, qui paraît s'approcher,
Fait frissonner d'horreur tous les poils de sa chair ;
Il croit qu'un lionceau, que le désert affame,
Vient dévorer ses fils sur le sein de sa femme.
Il crie : un hurlement lugubre lui répond ;
L'animal à ses pieds s'élance d'un seul bond :
La feuille était épaisse et la nuit était sombre ;
Il voit contre ses flancs se lever comme une ombre.
Il s'élance au-devant de ce lion dressé,
Entre ses bras de fer le reçoit embrassé ;

Sans que son cœur défaille, il sent sur sa poitrine
L'ivoire de ses dents, le vent de sa narine;
Dans sa gueule béante il plonge pour chercher
Sa langue qui voulait tout son sang à lécher.
L'animal étouffé tombe, et ne fait entendre
Qu'un dernier hurlement mélancolique et tendre,
Et Daïdha, couvrant ses enfants de son corps,
Sentit son cœur troublé par cet accent de mort.
Sur les bras de Cédar, en cherchant les morsures,
Sa main ne trempa pas dans le sang des blessures;
Le lion qu'à ses pieds Cédar avait couché,
Au lieu de le broyer, semblait l'avoir léché.
Le sommeil referma leur pesante paupière.
Quand elle se rouvrit, à l'aube, à la lumière,
Cherchant leur ennemi mort sous leur pied vainqueur,
A sa vue, un seul cri s'échappa de leur cœur;
Les amants consternés, mornes, se regardèrent,
Et d'attendrissement leurs regards s'inondèrent;
Ce lion, dont la langue avait soif de leur sang,
Des troupeaux de Cédar c'était le chien gisant,
De sa captivité compagnon volontaire,
Le seul ami longtemps qui l'aima sur la terre,
Que Daïdha flattait, qui léchait ses jumeaux!
Quand il eut vu son maître englouti dans les eaux,
Pour retrouver son corps suivant longtemps la rive,
Mais bientôt devancé par l'onde fugitive,
Hurlant de désespoir, il avait descendu
Le large cours des eaux par l'écho répondu
Jusqu'au sable où la mer déferle sur la plage;
Il avait traversé l'embouchure à la nage;
Et, retrouvant enfin sur le limon foulé
Un pied d'homme récent dans le sable moulé,
Il avait pris sa course, en quêtant place à place;
Et perdant, retrouvant cent fois la même trace,

SIXIÈME VISION.

Sans flairer en passant les pieds de la tribu,
Aux eaux qu'il traversait sans avoir même bu,
Il était accouru, prompt à le reconnaître,
Mourir, pour son amour, de la main de son maître!

Que le pauvre Cédar eût donné de son sang
Pour ranimer ce corps sous son souffle impuissant!
Quel flot amer coula de leur œil taciturne!
Que Daïdha maudit la méprise nocturne!
Qu'ils baisèrent souvent, qu'ils passèrent de fois
Sur ses longs poils souillés leurs lèvres et leurs doigts!
Notre cœur souffre tant de perdre qui nous aime!
Mais le punir d'aimer! mais le tuer soi-même!
Pour le cœur des mortels l'amour est un tel bien,
Qu'il ne peut sans saigner perdre celui d'un chien!
Ils creusèrent sa tombe au pied d'un sycomore;
Leurs yeux en s'en allant s'y retournaient encore.
D'un nom cher et funèbre ils nommèrent ce lieu,
Et le jour fut pour eux morne comme un adieu.

Déjà douze soleils avaient doré les nues
Depuis qu'ils avançaient aux plages inconnues;
Ils étaient descendus sur les bords de la mer;
Ils avaient de ses flots goûté le sel amer,
Et, perdant leurs regards sur ce grand désert d'onde,
Pris ce fleuve sans bord pour la rive du monde.
Ils suivaient ce rivage aux gracieux contours,
Où Tyr mille ans après se couronna de tours.
Les vagues se jouaient sur son cap solitaire,
Comme avant la moisson de blancs agneaux sur l'aire;
Ces deux amants foulaient sous la plante des pieds
Ces germes de cités plus tard multipliés,
Sans se douter qu'un jour des peuples innombrables
Devaient au doigt de Dieu se lever de ces sables!

Leurs regards fascinés suivaient cette eau sans fin,
Ils aimaient à marcher sur l'or du sable fin
Que de longs flots ridés des brises de l'aurore
Pour leurs pieds fatigués amollissaient encore.
Ces palpitations de la mer dans son lit,
Ce mouvement sans fin d'un élément qui vit,
Des bords peints dans les eaux ces flottantes images,
Ces grands gémissements accentuant ces plages,
Ces mystères du fond que l'œil peut traverser,
Avec leurs sens ravis tout semblait converser;
Et, le cœur plein d'accords que leur oreille écoute,
Ils marchaient sur ses bords en oubliant la route.
Les bonds désordonnés de l'abîme mouvant,
Les grands chocs de la mer sous les fougues du vent,
Entre le velours d'herbe et les vagues limpides
N'étendaient pas encor ces lisières arides;
Mais la vague endormie et le feuillage épais
Se touchaient sur la grève et se baisaient en paix.
L'arbre trempait ses pieds dans l'écume des plages,
Et les flots attiédis s'obscurcissaient d'ombrages.
Le couple voyageur savourait à la fois
Les doubles voluptés des ondes et des bois.

Déjà, comme une tour que son sommet écrase,
Le Carmel devant eux s'affaissant sur sa base
Dans le sein de la mer dont il brunit l'azur
Son cap retentissant s'avançait comme un mur;
De grands blocs détachés de sa rapide arête,
Bondissant sur sa croupe, avaient roulé du faîte,
Et, jusqu'au sein des flots par leur chute lancés,
Formaient autour du cap d'autres caps avancés.
La lame, en mugissant, y brisant en fumées
Ses écumes sans fin par les brises semées,
Comme un vase qui bout, de ses bouillonnements

Couvrait et découvrait ces rochers écumants.
Un aigle y tournoyait dans l'éternel orage,
Et son aile en passant ombrageait leur visage.
La montagne semblait impossible à franchir :
A travers ces écueils, qu'ils regardaient blanchir,
Il fallait ou passer, ou tourner la montagne ;
Mais elle s'étendait si loin dans la campagne,
Que sa ligne d'azur, interceptant les cieux,
Leur opposait partout le même obstacle aux yeux.
Les jeunes fugitifs, pour tenter ce passage
Sans exposer les fruits de leur vie à l'orage,
Voulurent dans ses flots d'abord seuls s'avancer.
Dans le cœur d'un palmier qui semblait les bercer,
Ils couchèrent bien haut la sœur avec le frère,
De peur que le chacal ne les flairât sur terre.
En inclinant vers eux le jeune arbre pliant,
Ils baisèrent deux fois le couple souriant ;
Puis, laissant échapper de leurs mains le tronc souple,
Sa cime dans les airs abrita le beau couple.

Cédar et Daïdha s'avancèrent alors
Sur l'humide corniche entre l'onde et ses bords ;
Tantôt posant à sec leurs pieds nus dans la grève,
Tantôt dans les torrents que la vague soulève,
D'un tourbillon d'écume ensemble enveloppés,
Repoussant de la mer les bonds entrecoupés.
Cédar, se suspendant aux rocs de la montagne,
Pressait de l'autre main les flancs de sa compagne,
De peur que du rocher le flot redescendant
N'emportât son amour dans l'abîme grondant.
La vague par moments, comme une blanche toile
Se déroulant sur eux, les couvrait de son voile,
Puis déchirant aux rocs le vert tissu des eaux,
Sur leur corps ruisselant retombait en lambeaux.

Pour avancer d'un pas sur la grève inégale,
Leurs yeux d'un flot à l'autre épiaient l'intervalle :
Leur mort ou leur salut dépendait d'un clin d'œil;
Enfin de gouffre en gouffre et d'écueil en écueil,
Tantôt les pieds au fond et tantôt à la nage,
Ils doublèrent le cap, et virent l'autre plage
Qui déroulait au loin sur le flot attiédi
Sa verdure bronzée aux rayons du midi.

A je ne sais quel dieu dans leur cœur rendant grâce,
Les deux amants ravis revinrent sur leur trace;
Et Cédar, arrivant à peine le premier,
Pour prendre les enfants incline le palmier.
Déjà, se grandissant vers eux d'une coudée,
Daïdha de baisers les couvrait en idée,
Et, sur l'orteil dressée et les deux bras tendus,
Attendait qu'à son sein Cédar les eût rendus,
Quand, au niveau de l'œil abaissant le tronc d'arbre,
Tout leur sang devint glace et leur front devint marbre :
Dans le cœur du palmier les enfants n'étaient plus!...
Ils remplissaient les airs de leurs cris éperdus;
Dans la confusion de leurs mille pensées,
Portant partout leurs pas et leurs mains insensées,
Ils allaient d'arbre en arbre; à la cime des troncs,
Comme deux oiseleurs, ils plongeaient leurs deux fronts,
Espérant que leurs yeux se trompaient de feuillage
Et que de leur palmier un autre était l'image,
Quand un cri de détresse entendu dans les cieux
Vers la crête du roc leur fit lever les yeux.
L'aigle qu'ils avaient vu tournoyer sur l'abîme,
Fendait maintenant l'air d'un trait calme et sublime;
Ses larges ailerons tendus d'un vol dormant
Leur cachaient de son ombre un peu du firmament,
Et, comme le ballon emporte la nacelle,

Tenant en équilibre un fardeau sous son aile,
Il nageait en pressant des ongles triomphants
Dans son aire emporté le dernier des enfants.

De peur qu'un cri d'effroi ne fît ouvrir sa serre
Et ne précipitât l'enfant broyé sur terre,
Daïdha, retenant son cri sourd dans son cœur,
A Cédar, de son doigt, montrait l'oiseau vainqueur.
Ils le virent nager vers l'immense ouverture
D'un antre qui du cap couronnait la ceinture,
Et, sans même plier ses ailes pour entrer,
Avec son cher fardeau dans l'ombre s'engouffrer.
Vers l'antre au même instant un cri porta leur âme.
Comme en un incendie on voit la jeune femme
Que le bras d'un époux arrache du trépas
Rassembler en tremblant ses petits sur ses pas,
Et les comptant au front du doigt qui les dénombre,
Et touchant leurs cheveux, si l'un d'eux manque au nom-
Avant d'ouvrir la bouche ou même de penser,   [bre,
Dans sa demeure en feu rapide s'élancer,
Saisir le fer brûlant où le plomb fondu coule,
Gravir l'échelle en feu qui sous ses pieds s'écroule,
Et jusqu'au toit fumant, d'où l'homme même a fui,
Rapporter son enfant ou périr avec lui :
Telle, avant que son cœur réfléchisse et balance,
Sur les pas de Cédar la jeune enfant s'élance.
Le cap oppose en vain sa pente à leur élan,
Leurs pieds sûrs défieraient le chamois et l'élan ;
On dirait que leur cœur vers le ciel les soulève ;
De corniche en corniche ils passent comme un rêve ;
Leur bouche ne prend pas le temps de respirer,
A peine sentent-ils leurs mains se déchirer :
Leur œil qui du rocher n'aspire qu'à la cime,
Ne voit pas sous leurs pas s'approfondir l'abîme ;

Aux plantes par les mains suspendus quelquefois,
Et cherchant un appui du pied sur les parois,
Aux coups du vent des mers qui sur le cap se brise,
Ils flottent balancés comme l'herbe à la brise.

Mais au-dessus des rocs qu'ils franchissent enfin
La pente s'adoucit; un sol à gazon fin
Entre un rempart et l'autre à leurs pieds se déroule;
En ruisseaux serpentants un filet d'onde y coule;
Au-dessus du glacis d'où tombent ces ruisseaux,
Une large caverne élève ses arceaux.
Ils courent haletants, ils entrent sous la roche;
Un aigle colossal s'envole à leur approche,
Et du vent de son aile à demi renversés,
Les précipite à terre éblouis, terrassés.
Mais le cœur maternel, tremblant pour ce qu'il aime,
Combattrait dans la nue avec la foudre même.
Rentrés dans la caverne, ils regardent au fond :
Un grand cri leur échappe, un autre leur répond;
Daïdha, fléchissant sous sa joie imprévue,
Revoit ses deux enfants, et recule à leur vue!
Devant ces fils cherchés à travers le trépas,
Quelle puissante main arrêtait donc leurs pas?
Qui donc clouait leur âme et leurs pieds à l'entrée?
Pourquoi leur voix en eux était-elle rentrée?
Qui les faisait ainsi balancer? Un regard...
Au fond de la caverne, un homme, un beau vieillard,
Tenait dans ses genoux, comme une tendre mère,
Les deux jumeaux portés par l'aigle dans son aire,
A leurs lèvres de rose il faisait ruisseler
L'ambre des pommes d'or qu'il venait de peler;
Les deux enfants suçaient la goutte qui s'épanche,
En écartant des mains sa chevelure blanche;
Et déjà la saveur, la voix douce et les ris,

SIXIÈME VISION.

De l'effroi sur leur bouche avaient calmé les cris.
Ce vieillard n'avait pas l'aspect rude et sauvage
Des hommes dont Cédar avait vu le visage;
Ce front bas comprimé par un brutal instinct,
Cet œil dardant la flamme ou par la ruse éteint,
Cette bouche acérée ou cette lèvre épaisse
Pour que l'injure y vibre ou la luxure y paisse;
Ses membres n'avaient pas ces muscles pleins et forts,
Séve ardente des sens dont végète le corps;
Les ongles de ses mains, en brute carnassière,
N'étaient pas aiguisés pour fouiller la poussière;
Et du regard d'autrui son mépris effronté
N'offensait pas les yeux avec sa nudité.
L'arche de son front large, en ovale élancée,
Semblait se soulever pour porter la pensée.
L'âge avait élargi l'orbite de ses yeux,
La lumière en coulait comme une aube des cieux;
De son regard pensif l'égale et pure flamme
Dans un charbon brûlant ne dardait pas son âme;
Mais la réflexion le tempérait un peu,
Comme une main qu'on met entre l'œil et le feu.
Ses lèvres, qu'entr'ouvrait le vent de son haleine,
Sur l'ivoire des dents se recourbaient à peine;
D'un pli tendre et rêveur la molle inflexion
Adoucissait à l'œil sa mâle expression :
On sentait que l'orgueil ou l'injure farouche
N'avaient jamais froissé les plis de cette bouche,
Mais que cet air serein, par son souffle exhalé,
Avait entr'ouvert l'âme avant qu'il eût parlé.
Sa peau se nuançait des teintes des lis pâles,
L'intelligence auguste animait ses traits mâles.
Comme en forgeant l'outil la meule et les marteaux
Pour une œuvre plus haute aiguisent les métaux,
On lisait sur ses traits sillonnés de pensées

Les traces qu'en passant elles avaient laissées :
Dans leurs inflexions le temps avait écrit
L'effort mystérieux du travail de l'esprit;
L'âme en mille reflets y répandait son ombre.
Les amants, dont les jours étaient en petit nombre,
Qui n'avaient qu'une idée et qu'une passion,
Contemplaient, étonnés, leur sainte expression,
Et sur ce front pensif cette multiple empreinte
Les frappait de respect, de surprise et de crainte.
En voyant du vieillard le teint se nuancer,
Sa bouche réfléchir et son sourcil penser,
Sous l'éclair de ses yeux qu'un autre éclair efface,
Ils croyaient voir passer mille esprits sur sa face;
Et craignant l'invisible, et n'osant approcher,
Ils demeuraient assis sur le banc de rocher.

Dans le pan d'un manteau d'une riche teinture,
Dont les lambeaux de pourpre entouraient sa ceinture,
Il couvrait les jumeaux jouant sur ses genoux;
Il jetait sur le couple un regard triste et doux;
Et les voyant frappés de crainte et de silence,
L'un à l'autre adossés se tenir à distance :
« Pauvres enfants! dit-il, venez, voyez, touchez!
Charmante fille d'Ève, et vous, homme, approchez!
Sont-ce là vos doux fruits? que l'aigle les remporte! »
La première, à ces mots, s'élançant de la porte,
Daïdha vers ses fils, les bras ouverts, courut,
En appelant Cédar pour qu'il la secourût.
Mais le vieillard, tendant leur bouche à ses mamelles,
Les remit dans son sein, comme deux tourterelles;
La mère sur ses mains laissa ses yeux pleurer,
Et Cédar à genoux tomba pour adorer!

Ils n'osaient élever la voix en sa présence.

« C'est un dieu, disaient-ils dans leur cœur, en silence ;
Oui, c'est un dieu meilleur et plus fort que nos dieux ;
Habitant du rocher, son corps est aussi vieux ;
Il gouverne de là les monts, les flots, la plaine ;
L'aigle est son messager, le vent est son haleine.
Que fera-t-il de nous? que nous veut son esprit? »
Sans entendre ces mots, le vieillard les comprit :
« Relevez-vous, dit-il, jeune homme, jeune femme ;
Mon œil lit dans vos yeux ce que pense votre âme.
Regardez! je ne suis qu'un dieu d'os et de chair ;
Un homme comme vous, que vous pouvez toucher,
Un vermisseau vivant dans cette solitude,
Et qui marche à la mort par la décrépitude.
Que du seul Dieu vivant le terrible courroux
M'écrase sous sa main si j'abusais de vous,
Si, profitant du doute où mon aspect vous plonge,
Je laissais vos esprits adorer un mensonge!...
Mais vous, pauvres enfants! si tremblants et si nus,
Fils errants du désert, race aux traits inconnus,
De quelque nom caché qu'une tribu vous nomme,
Qu'êtes-vous? parlez-vous la parole de l'homme?
Jamais encor mes yeux n'ont vu, charmants époux,
Des cœurs aussi naïfs sous des traits aussi doux!
Jéhovah cache donc ailleurs dans la nature
De la source d'Éden quelque goutte encor pure!
Parlez, d'où venez-vous? où vous menaient vos pas?
Êtes-vous des mortels ou des anges d'en bas?
Une apparition d'innocence bannie?
Un sourire du monde avant son agonie?
Dites, ne craignez rien, l'homme du ciel est bon :
Dieu soit dans votre bouche et dans mes yeux son nom! »

Rassurés par la voix, si pleine de tendresse
Que chacun de ses sons semblait une caresse,

Les deux adolescents, s'approchant du vieillard,
Sur lui de temps en temps hasardant un regard,
S'encourageant l'un l'autre à son divin sourire,
Répondant tour à tour, finirent par tout dire.
Le vieillard, attentif, avec ravissement
Comprit tout, excepté le sort du jeune amant :
Il pensa que c'était quelque fruit du mystère,
Allaité dans les bois par un lait adultère.
A leur touchant récit sympathisant des yeux,
La pitié remuait son cœur silencieux ;
Et des larmes parfois, coulant de sa paupière,
Ruisselaient de sa joue et roulaient sur la pierre.
Daïdha, les voyant briller sur le gazon,
Se disait en son cœur : « Puisqu'il pleure, il est bon ;
Il ne remettra pas à Cédar ses entraves,
Ou nous prendra du moins tous deux pour ses esclaves ; »
Et, pressant sur son cœur ses fils furtivement,
Les baisait en idée à chaque battement.

Cependant le vieillard, comme quelqu'un qui pense,
Le front entre ses doigts, demeurait en silence ;
Puis il dit aux amants : « Couple innocent d'amour,
Consacrez par vos pas mon sauvage séjour.
Celui qui fait germer l'herbe où l'agneau doit paître
Vous amène sans doute ici pour le connaître ;
Vous remplirez de joie et d'amour ce beau lieu.
Dieu seul manque à vos cœurs, je vous apprendrai Dieu ! »
Et, prenant par la main la belle créature
Qui s'essuyait ses pieds avec sa chevelure,
Comme Dieu conduisait son couple dans Éden,
Il les mena tous deux dans un riant jardin.
C'était un sol en pente aux flancs de la montagne,
D'où les yeux dominaient la mer et la campagne,
Et que le roc coupé comme un ardu rempart,

De son mur de granit cernait de toute part.
Une source tombant d'une grotte profonde
Sur les fleurs en rosée y distillait son onde,
Puis humectant du sol les velours diaprés,
Allait un peu plus bas désaltérer les prés.
On l'entendait chanter, en épanchant sa gerbe,
Comme un vol gazouillant d'alouettes dans l'herbe :
Tous les beaux animaux de notre race amis
Y buvaient, ou, couchés, s'y groupaient endormis.
Mille oiseaux, variés de voix et de plumages,
A l'envi de ces flots chantaient sous les feuillages,
Et des fruits inconnus de forme et de grosseur
Embaumaient l'air autour de diverse saveur.

Pour la première fois les fils de la nature,
Cédar et Daïdha, contemplaient la culture,
Et voyaient des forêts les trésors infinis
Sous la main dans un champ par l'homme réunis,
Comme dans le festin qu'on prépare au convive
La table réunit les dons de chaque rive;
Ces fruits, qu'on ne cueillait qu'en errant dans les bois,
A leur main sans effort s'offraient tous à la fois.
Les branches fléchissaient sous leurs cônes énormes;
La greffe avait doublé leurs saveurs et leurs formes;
Et, d'admiration surpris à chaque pas,
Cédar les revoyant ne les connaissait pas.
Nul arbre parasite à leurs rameaux fertiles
N'enlaçait au hasard ses branchages stériles;
De distance en distance ils croissaient isolés,
Sur un champ où la brise ondoyait dans les blés;
Les épis presque mûrs bruissaient sur leur paille,
Comme des feuilles d'or qu'un lamineur travaille.

Le vieillard, sous ses doigts broyant l'or du froment,

En fit sortir le suc comme un lait écumant :
« C'est ce lait, leur dit-il, dont la glèbe féconde
Nourrit dans les cités les grands peuples du monde. »
Et, sous la pierre ronde en écrasant le grain,
Sa voix leur expliqua la merveille du pain.
Au lieu des buis rampants, des stériles fougères,
Le sol germait partout les plantes potagères :
L'igname, le melon dans sa coque moulé,
Comme un énorme fruit qui de l'arbre a roulé,
La laitue en volute arrondissant sa feuille,
Les racines qu'on fouille ou celles que l'on cueille;
Et l'on voyait auprès, sur un sillon couchés,
Les longs hoyaux de fer qui les avaient bêchés.
Le vieillard, de la main leur montrant ces merveilles,
Leur cueillait tour à tour la pêche aux chairs vermeilles,
La figue aux pleurs de miel, la poire aux sucs fondants;
Et la séve en nectar ruisselait sous leurs dents.
Les oiseaux à leurs pieds se disputaient l'écorce.
Quand le frugal festin eut ranimé leur force :
« Beau couple, leur dit-il, habitez ce séjour :
Une fleur y manquait, c'était le chaste amour;
Comme un parfum du cœur que Dieu l'y fasse éclore!
Dormez sous le figuier ou sous le sycomore,
Mangez les fruits de Dieu, goûtez son doux sommeil!
Quand l'alouette aura chanté votre réveil,
Je reviendrai vous voir, enfants, et vous instruire
Du saint nom de celui que l'aurore fait luire;
Vous saurez quel destin m'a conduit en ce lieu.
Aimez son serviteur, mais n'adorez que Dieu! »

A ces mots, le vieillard les bénit d'un saint geste.
Du jour qui s'éteignait ils passèrent le reste
A se parler tout bas de ce visible esprit;
Et dans cet entretien le sommeil les surprit.

SEPTIÈME VISION

LE PROPHÈTE.

Et les vagues déjà, sur leur sanglante écume,
Roulaient à l'horizon l'aurore qui s'allume,
Quand les jeunes amants, à ses tièdes clartés,
S'éveillèrent au sein de ces lieux enchantés.
Les tigres, les lions, les panthères, les aigles,
De leur féroce instinct interrompant les règles,
Couchés à côté d'eux sur des gazons épais,
D'un œil compatissant les regardaient en paix;
Et les enfants, baisant leur toison fauve et noire,
Mettaient leur chair de lait entre leurs dents d'ivoire.

Cédar et Daïdha, ravis d'étonnement,
Ne comprenaient plus rien à cet apaisement;
Ils se croyaient, à voir ces choses renversées,
Transportés par un songe au monde des pensées.
Mais le vieillard tardif ne les appelant pas,
A travers le jardin ils firent quelques pas,
N'appuyant leurs pieds nus qu'à peine sur la terre,
Se montrant chaque objet du doigt avec mystère,

Comme on marche à pas sourds sur des parvis sacrés.
Le gazon incliné formait de grands degrés;
Ils suivirent en bas la pente de verdure,
Et leurs yeux du rocher revirent l'ouverture.
Elle était large et haute, et le front d'un géant
N'aurait pu la toucher debout sur son séant :
On eût dit qu'une race antique et colossale
Avait à sa grandeur taillé l'immense salle.
Les grands vents de la mer, dans cette arche du sol,
En brisant sur le cap s'engouffraient à plein vol;
Les parois en vibraient comme un orgue sonore.
Les rayons élevés de la naissante aurore,
Tels qu'un nuage d'or au roc répercuté,
Pénétraient par le haut dans son obscurité,
Et laissaient tout le bas dans une demi-teinte
Où l'ombre combattait avec l'aurore éteinte.

L'un sur l'autre appuyés, leur timide regard
Au fond de cette nuit cherchait le saint vieillard.
Les ténèbres encor leur cachaient sa figure;
De ses lèvres pourtant le vague et sourd murmure,
Qu'ils entendaient sortir d'un cœur tendre et serein
Comme un gazouillement d'un ruisseau souterrain,
Le leur fit découvrir, dans le fond, en prière.
Le jour éblouissait, en entrant, sa paupière,
Et, leurs fronts dépassant à peine un angle noir,
Bien qu'ils vissent sa face, il ne pouvait les voir.

Il était à genoux devant un bloc de pierre,
Le visage et le corps tournés vers la lumière,
Les deux bras étendus au-dessus de son front,
Semblables aux rameaux qui s'élèvent d'un tronc,
Et de ses maigres mains les deux palmes dressées
Comme pour embrasser de célestes pensées!

SEPTIÈME VISION.

Sous l'inspiration que son cœur lui versait,
Sur son cou replié son front se renversait,
Et son regard, en haut se cherchant une route,
Semblait lire le ciel à travers cette voûte.
Sur le bloc de granit qui lui servait d'appui
On voyait tout ouvert un livre devant lui.
A leurs yeux ignorants ce livre, obscur mystère,
Leur paraissait de là le dieu du solitaire :
Quelquefois de sa lèvre il baisait ce trésor.
Ce livre était couvert d'une enveloppe d'or;
Comme un charbon ardent, une énorme escarboucle,
En nouant le fermoir, flamboyait sur la boucle.
Sur l'or sculpté du livre, admirable ornement,
Une colombe bleue aux yeux de diamant,
De l'inspiration mélodieux symbole,
Ouvrait ses ailes d'or comme un oiseau qui vole.
Ses pattes de rubis et son bec de corail
Semblaient poser collés sur le dossier d'émail;
Et ses ailes, de l'âme éblouissant emblème,
S'ouvraient et se fermaient avec le livre même.
Du merveilleux fermoir le vent, comme des doigts,
Entr'ouvrait à demi les angles quelquefois,
Et faisait frissonner les pages du volume,
Comme à l'oiseau qui dort il enlève une plume.

Du vieillard absorbé dans l'aspiration
Ce bruit n'attirait pas d'ailleurs l'attention.
On voyait, sous l'essor des muettes pensées,
Remuer lentement ses lèvres cadencées;
Et l'oreille entendait à demi des accents
Dont parfois un silence entrecoupait le sens.

« O Père, disait-il, de toute créature,
Dont le temple est partout où s'étend la nature,

Dont la présence creuse et comble l'infini,
Que ton nom soit partout dans toute âme béni !
Que ton règne éternel, qui tous les jours se lève,
Avec l'œuvre sans fin recommence et s'achève !
Que par l'amour divin, chaîne de ta bonté,
Toute volonté veuille avec ta volonté !
Donne à l'homme d'un jour que ton sein fait éclore
Ce qu'il lui faut de pain pour vivre son aurore.
Remets-nous le tribut que nous aurons remis
Nous-même, en pardonnant à tous nos ennemis.
De peur que sur l'esprit l'argile ne l'emporte,
Ne nous éprouve pas d'une épreuve trop forte ;
Mais toi-même, prêtant ta force à nos combats,
Fais triompher du mal tes enfants d'ici-bas ! »

. . . .
. . . .

A l'heure où le matin caressait sa paupière,
Telle était du vieillard la céleste prière,
Prière que plus tard révéla l'homme-Christ,
Où l'on entend gémir la chair avec l'esprit,
Où l'homme ose d'en bas appeler Dieu son père,
Donne à ses ennemis le pardon qu'il espère,
Et dit, en proférant la double vérité :
A Dieu, miséricorde ; à l'homme, charité !
Prière que sans doute, au principe des choses,
L'homme trouva du cœur sur ses lèvres écloses,
Dont, en se corrompant, les célestes accents
S'égarèrent perdus dans la rouille des sens,
Et qu'un Verbe fait chair, trouvant sous nos ruines,
Épela de nouveau sur ses lèvres divines !...

Pétrifiés de peur et d'admiration,
Les amants contemplaient cette adoration.

SEPTIÈME VISION.

A chacun des accents de la sainte prière,
Un éclair de ses yeux entrait dans leur paupière,
Et, sans savoir à qui l'homme d'en haut parlait,
Devant l'ombre de Dieu leur âme se voilait.
Mais l'intime entretien finissant, le prophète
Les vit dans sa lumière en relevant la tête.
Comme on cache ses mains en portant un trésor,
Dans un pli de sa robe il prit le livre d'or,
Et, marchant aux enfants fascinés par la crainte,
Les mena par la main hors de l'obscure enceinte.

Sur un des verts plateaux du cap retentissant,
Où trois palmiers sortaient d'un tronc en s'unissant,
A l'haleine des mers qu'éventait leur toit souple,
Il fit à ses côtés asseoir le jeune couple,
Sourit à Daïdha, pria le jeune époux
D'apporter les enfants, les mit sur ses genoux,
Les baisa sur le front, les remit à leur mère ;
Comme si leur aspect d'une mémoire amère
Avait dans son esprit remué les douleurs,
De sa paupière blanche essuya quelques pleurs ;
Puis, effaçant bientôt de son mâle visage
D'un sourire attendri ce passager nuage,
Au beau couple, à ses pieds assis tout interdit,
D'une voix pénétrante et paternelle il dit :

« Que l'accent du Seigneur vibre dans mes paroles !
Pauvres adorateurs de muettes idoles,
Je parlerais en vain, s'il ne vous parle pas !
Mais c'est lui dont le doigt a dirigé vos pas ;
C'est lui qui dans votre âme ordonne que je sème
Ce nom qui dans nos cœurs s'était semé lui-même,
Ce nom qu'a dispersé parmi les nations
Le vent profanateur des superstitions,

Pour qu'une race au moins sur cette terre infâme
Gardât le sceau divin imprimé sur notre âme!
O chers vases vivants d'innocence et d'amour,
Ce que je verse en vous, versez-le à votre tour!
Que je sois le charbon éteint qui se consume,
Mais qu'on jette en mourant au bûcher qu'il rallume!
Beaux enfants de la nuit, que vos yeux soient ouverts!
Pour apprendre Dieu même, apprenez l'univers!

« Loin du ciel qui nous luit, des déserts où nous sommes,
Il est sous le soleil une autre race d'hommes,
Qui s'est multipliée autant que les essaims
Que ces ruches du chêne épanchent de leurs seins.
Dans ces grandes tribus qui débordent des plaines,
La terre disparaît sous ces vagues humaines;
Les antres des rochers autrefois habités
Ne leur suffisent plus; mais d'immenses cités,
De grands blocs arrachés aux montagnes bâties,
Pour leur faire des nids de terre sont sorties.
Le marbre, le granit, d'éblouissants métaux,
Fondus dans la fournaise ou taillés aux marteaux,
Que la terre à vos yeux cache dans ses entrailles,
Couvrent leur ciel de bronze ou forment leurs murailles.
En contemplant de loin leurs immenses contours,
Où montent à l'envi les dômes et les tours,
On croit voir s'élever du milieu des campagnes,
De fer, d'argent et d'or, d'éclatantes montagnes.
Comme un large incendie, en les frappant d'aplomb,
Le soleil resplendit sur cette mer de plomb,
Et l'haleine des feux qui sort des toits sans nombre
Couvre un grand pan du ciel d'une atmosphère sombre;
Du haut d'une colline où l'on les voit fumer
On les entend mugir au loin comme une mer,
Et ce bruit formidable effraye au loin la terre

SEPTIÈME VISION.

Plus qu'un rugissement de tigre ou de panthère.
La respiration s'arrête en l'écoutant :
On sent que l'on n'est rien, devant ce bruit montant,
Qu'un brin d'herbe emporté dans le vent qui le roule,
Ou qu'un sable des mers englouti sous la houle !

« Or ces hommes, enfants ! pour apaiser leur faim,
N'ont pas assez des fruits que Dieu mit sous leur main ;
Leur foule insatiable en un soleil dévore
Plus qu'en mille soleils les bois n'en font éclore.
En vain comme une mer l'horizon écumant
Roule à perte de vue en ondes de froment :
Par un crime envers Dieu, dont frémit la nature,
Ils demandent au sang une autre nourriture ;
Dans leur cité fangeuse il coule par ruisseaux !
Les cadavres y sont étalés en monceaux.
Ils traînent par les pieds, des fleurs de la prairie,
L'innocente brebis que leur main a nourrie,
Et, sous l'œil de l'agneau l'égorgeant sans remord,
Ils savourent ses chairs et vivent de la mort !
Aussi le sang tout chaud dont ruisselle leur bouche
A fait leur sens brutal et leur regard farouche.
De cruels aliments incessamment repus,
Toute pitié s'efface en leurs cœurs corrompus,
Et leur œil, qu'au forfait le forfait habitue,
Aime le sang qui coule et l'innocent qu'on tue.
Ils aiguisent le fer en flèches, en poignard ;
De l'horreur de tuer ils ont fait le grand art :
Le meurtre par milliers s'appelle une victoire ;
C'est en lettres de sang que l'on écrit la gloire ;
Le héros n'a qu'un but, tuer pour asservir !
Le peuple les abhorre et meurt pour les servir.
Ils poussent aux combats, sans colère et sans haines,
Des bandes de vautours et des meutes humaines,

Qui vont s'entr'égorger au signal de leurs yeux
Pour savoir quel tyran les écrase le mieux !
Oh ! si vous aviez vu ces grands champs de batailles
Couverts de noirs corbeaux fouillant dans des entrailles,
D'aigles désaltérés dans de noirs lacs de sang,
D'un peuple tout entier dans sa chair pourrissant,
De crânes décharnés où pend la chevelure,
Où le reptile niche, où la brise murmure,
Et d'ossements blanchis aux fraîcheurs de la nuit,
Qui du sable foulé sous les pieds ont le bruit !
Oh ! si vous aviez vu des grands troupeaux d'hyènes
Emporter en hurlant ces nations humaines,
Et l'herbe que le vent déroulait à grand pli
Ondoyer sur la chair d'un peuple enseveli !
Vous frémiriez d'horreur, et vous rendriez grâce
D'être enfants du désert et nés d'une autre race !... »
Les amants frémissaient, et disaient au vieillard :
« Ces peuples de méchants vivent donc au hasard ?
Les pères décrépits des tribus insensées
Ont donc dans leur esprit renversé leurs pensées ?
— Les pères, reprit-il, de ces vastes tribus,
Hélas ! depuis longtemps ne les gouvernent plus :
Ce doux pouvoir du sang, dicté par la nature,
Abdiqua le premier sa sainte dictature.
Naissant, mourant avec les générations,
Il ne suffisait plus aux jours des nations ;
Le monde, en vieillissant, perdit ses lois prospères ;
Des enfants aujourd'hui nul ne connaît les pères !
Oui, la famille même a brisé ses liens ;
La brute sait ses fils, l'homme ignore les siens.
Les époux d'un moment, qu'un vil désir accouple,
Par un désir nouveau scellent un autre couple ;
Et, de peur d'attacher leur âme pour toujours,
Ils échangent entre eux leurs banales amours.

SEPTIÈME VISION.

Ainsi pères sans droits, fils sans reconnaissance,
Tout sentiment humain a perdu sa puissance ;
Des feux sacrés du cœur le foyer est éteint.
Nul n'a plus pour devoir que son brutal instinct,
Et dans l'homme affranchi de toutes ces entraves
Les tyrans sont plus sûrs de trouver des esclaves.
Ils ordonnent : le fer suit le geste inhumain ;
Rien n'attendrit le cœur, rien n'arrête la main ;
Car, pour soumettre un peuple au joug d'un maître infâme,
Il faut de l'eau du vice empoisonner son âme !

— Leurs dieux, dit Daïdha, dorment-ils donc toujours ?
Ou sont-ils, ainsi qu'eux, insensibles et sourds ?
— Leurs dieux ! dit le vieillard, par un affreux blasphème
Quelques hommes hardis se sont faits dieux eux-mêmes !
Ce titre profané qu'il s'est attribué,
Un petit nombre entre eux se l'est distribué.
Pour que d'un droit rivé cette race domine
Elle affecte en régnant la nature divine :
De prestiges sacrés elle éblouit les yeux ;
L'ignorance et la peur les reconnaissent dieux.
Pour imposer leur joug au reste de la terre,
Ils cachent des secrets dans la nuit du mystère,
Et, sur l'esprit du peuple épaississant la nuit,
Voilent le jour à ceux que la fourbe séduit.
Afin de conserver leur puissance céleste,
Ces dieux, en petit nombre, aveuglent tout le reste ;
Ils leur mesurent l'eau, le feu, le pain et l'air,
Des plus rudes travaux ils flétrissent leur chair.
Eux, nourris de sueur, la beauté semble écrire
Sur leurs fronts dominants leurs titres à l'empire ;
Sans se confondre au peuple ils passent au milieu ;
Au seul aspect de l'homme on reconnaît le dieu.
Des plus beaux des mortels leur caste se repeuple.

Si quelque enfant d'élite est né parmi le peuple,
Ils le font égorger pour la paix des tyrans,
Ou pour se recruter l'admettent dans leurs rangs ;
Et, fier du nom divin dont la fourbe le nomme,
Il apprend qu'il est dieu pour fouler aux pieds l'homme ;
Il immole comme eux à sa divinité,
Ainsi qu'un vil bétail, toute l'humanité.
Il vit de la sueur de la race asservie,
Se lave dans son sang et joue avec sa vie ;
Et ce n'est qu'à l'excès de forfaits odieux
Que l'esclave frissonne et reconnaît les dieux.

« Ils habitent à part dans des demeures fortes
Dont aux pas des humains la mort défend les portes.
Comme l'aigle aux sommets des monts bâtit ses nids,
Leur palais élevé sur des rocs aplanis,
Couvrant de ses arceaux une immense colline,
Voit fourmiller d'en haut la cité qu'il domine.
Des murs de ce palais aux immenses contours
Les fondements massifs sont couronnés de tours.
Du haut de ces remparts, semblables à la foudre,
Veillent leurs défenseurs qui mettent tout en poudre ;
Leur bras tue à distance et frappe sans toucher
Tout homme dont l'audace oserait s'approcher ;
Et des globes de feu qu'allume le mystère
Partout où porte l'œil vont atteindre la terre.

« Ce qu'enferment, enfants, ces murs mystérieux,
La parole ne peut le raconter aux yeux.
On y marche sans fin dans des forêts de marbres,
Dont l'ombre et le murmure ont la fraîcheur des arbres ;
Les feuillages d'or pur, taillés par le ciseau,
Frémissent à la brise et tromperaient l'oiseau ;
Des fleuves tout entiers, détournés de leur course,

Remontent sous la terre et jaillissent en source;
De leur pluie écumante, en gerbes épandus,
Ils arrosent les fleurs des jardins suspendus;
Élancés vers le ciel en colonnes liquides,
Ils se voûtent d'eux-même en arcades limpides :
Miraculeux palais, dôme artificiel,
Où l'œil à travers l'eau voit ondoyer le ciel,
Où l'éclat du soleil, qui flatte la paupière,
Des moires de la vague argente sa lumière,
Et, brisant ses rayons en mille diamants,
Enivre de fraîcheurs et d'éblouissements.
La nuit, quand des palais le phare se rallume,
Ces dômes ruisselants étincellent d'écume;
Et du jour dans ces eaux multipliant les jeux,
Ces fleuves enflammés semblent rouler des feux.

« Dans des palais bâtis de jaspe et de porphyre,
Les élus couronnés de ce magique empire,
Sous les lois d'un tyran dont ils forment la cour,
Font trembler leurs sujets et tremblent à leur tour.
Un seul homme a pour lui d'innombrables épouses,
D'un regard de ses yeux atrocement jalouses.
L'art d'énerver les sens est le premier des arts;
Leur nudité voilée enivre les regards.
Par des chants corrupteurs et des danses lascives
Fascinant la pensée et les âmes captives,
S'efforçant à l'envi d'allécher au plaisir
Dans ces cœurs épuisés l'aiguillon du désir,
Elles consument l'homme aux feux de leurs caresses.
Pour ajouter encor l'ivresse à ces ivresses,
Leurs mains savent des fleurs distiller un poison
Dont la vapeur pesante étouffe la raison,
Et qui donne aux mortels, abreuvés dans ses vases,
Pour des sommeils divins d'ineffables extases.

Elles mêlent ces sucs au jus d'or des raisins
Dont l'écume fumante arrose leurs festins.
Tous les oiseaux de l'air, tous les poissons de l'onde,
Tout ce qui vole ou nage ou rampe dans le monde,
Mourant pour leur plaisir des plus cruels trépas,
De sanglantes saveurs composent leurs repas;
Et si ce n'est assez de tant de sacrifices
Pour flatter leurs palais assouvis de délices,
Au sein qui le nourrit on les voit arracher
L'enfant même et chercher un plaisir dans sa chair!
A leurs goûts dépravés par l'excès monotone,
Il n'est plus de plaisir qu'un crime n'assaisonne.
Ils ne savourent plus l'amour ni la beauté,
Si l'horreur ne s'y mêle avec la volupté,
Si de la bouche même où leur bouche se pâme
Quelque cri de douleur n'aiguillonne leur âme.
Dans les infâmes jeux de leur divin loisir
Le supplice de l'homme est leur premier plaisir.
Pour que leur œil féroce à l'envi s'en repaisse,
Des bourreaux devant eux en immolent sans cesse :
Tantôt ils font lutter, dans des combats affreux,
L'homme contre la brute et les hommes entre eux;
Aux longs ruisseaux de sang qui coulent de la veine,
Aux palpitations des membres sur l'arène,
Se levant à demi de leurs lits de repos,
Des frissons de plaisir frémissent sur leurs peaux.
Le cri de la torture est leur douce harmonie,
Et leur œil dans son œil boit sa lente agonie!
Tantôt ils font brûler des hommes tout vivants,
Pour voir la flamme bleue ondoyer à tous vents;
Quelquefois aux lueurs de ces torches barbares,
De cette mer de crime abominables phares,
Ils écoutent les sons de l'or ou de l'airain
Où le souffle de l'homme inspire un son humain,

Et dont les fortes voix, aux voix d'hommes pareilles,
De chants plus éclatants ravissent les oreilles.
Et tandis que le chœur d'un millier d'instruments
Les enivre de sons et de ravissements,
Ils font, non loin de là, dans des tourments infâmes,
Déchirer sous les fouets des enfants et des femmes,
Pour que les cris affreux qu'ils poussent dans les airs
Par un concert de pleurs relèvent ces concerts,
Et que, par un plaisir où leur âme se noie,
L'accent du désespoir contraste avec leur joie!

« Vous frémissez de honte, et vos cœurs innocents
Bondiraient soulevés d'horreur à mes accents,
Et mes hideux tableaux souilleraient vos pensées,
Et vous croiriez, enfants, mes lèvres insensées,
Si j'achevais de peindre à vos yeux effrayés
La sentine du crime où Dieu les a noyés!
Si je vous les montrais, dans leurs sanglants repaires,
Enviant leurs venins et leurs dards aux vipères,
Sans fin l'un contre l'autre ourdir et conspirer,
S'embrasser un moment pour s'entre-déchirer,
Des sentiments humains ne nourrir que l'envie,
Tuer, tuer toujours pour défendre leur vie,
Se rompre et se nouer en sourdes factions,
Se rouler dans les flots de leurs séditions,
Cacher sous leur manteau des armes toujours prêtes,
Se verser le poison dans la coupe des fêtes,
Et d'un pouvoir toujours conquis et disputé
Faire le prix du crime et de l'atrocité!
Tant l'homme qui s'est fait son seul dieu de lui-même
Peut descendre à jamais sous le poids du blasphème! »

Et les jeunes époux, échangeant un regard,

Involontairement s'écartaient du vieillard.
De leur peur dans leur geste il aperçut la trace :
« Oui, je suis né, dit-il, dans cette infâme race,
Oui, mes pieds ont trempé dans ces iniquités ;
Mais j'en ai secoué la souillure : écoutez !

« Dans la cité des dieux j'ai reçu la naissance.
La mère qui donna le lait à mon enfance,
Captive et détestant cet odieux séjour,
D'une tribu nomade avait reçu le jour.
Les souverains des dieux se disputaient ses charmes ;
Mais elle me mêlait le lait avec les larmes ;
Car au sein des grandeurs dont s'offensaient ses yeux
Elle se souvenait des tentes des aïeux,
Elle se souvenait du saint Dieu de sa terre,
Et son cœur s'abstenait de tout culte adultère.
Quand, suivant de ces lieux l'abominable loi,
On m'arracha du sein qui ruisselait pour moi,
De peur qu'un jour le fils ne reconnût la mère,
A son cœur déchiré cette heure fut amère ;
Aux pieds de ses bourreaux elle alla se jeter,
Demandant quelques jours de plus pour m'allaiter.
Pendant ces jours comptés par l'avare indulgence,
Cachant son crime saint à l'œil de la vengeance,
Elle me déchira de son ongle sanglant,
En pleurant à mes cris, la peau de mon sein blanc,
Et du sang qui coulait figé de la blessure,
Comme des dents du tigre on garde la morsure,
Elle écrivit un nom, le saint nom de son Dieu !
Puis avec moins de pleurs elle me dit adieu,
Espérant à ce signe une fois reconnaître
Dans l'homme enfin grandi l'enfant qu'elle fit naître !

« Sans qu'aucun œil comprît ce signe sur ma peau,

Je grandis confondu dans le jeune troupeau,
Exerçant du palais les serviles offices,
Façonné par les dieux aux sanglants exercices,
Instruit par leur exemple à fouler les humains,
Allumant dans leurs tours leurs foudres de mes mains,
Surpassant mes rivaux, et bientôt dieu moi-même.
Cependant je ne sais quelle horreur du blasphème,
Soit que ce fût l'effet de ce nom du Seigneur
Que ma mère avait mis comme un sceau sur mon cœur,
Soit que le sang plus doux d'une race plus pure
Me restât de l'enfance et vainquît la nature,
Rendait ce ministère exécrable à mes yeux.
Tout en les adorant, je haïssais les dieux;
Et disciple chéri, mais disciple farouche,
Je vomissais du cœur ce qu'enseignait leur bouche !

« Un jour qu'atteint du fer dans un de ces combats
Que les hommes d'en haut livraient à ceux d'en bas,
Je gisais dans mon sang, et que l'oiseau de proie
Tournoyant sur mon corps criait déjà de joie,
Mort aux yeux des vivants, des hommes sans pitié
En passant près de moi me retournaient du pied;
Une femme parut sur le champ de batailles.
Oh ! celle qui porta l'homme dans ses entrailles,
Pour savoir si son cœur bat encor sous sa main
Se détourne toujours, elle, de son chemin !
Cette femme semblait interroger l'haleine
Des cadavres sanglants épars sur cette plaine;
Elle écartait du doigt leur vêtement de fer
Pour ouvrir leur poitrine et pour la réchauffer.
On eût dit que ses yeux épiaient avec crainte
Sur le sein de ces morts quelque fatale empreinte;
De cadavre en cadavre enfin elle approcha,
Sur mon pâle visage à son tour se pencha,

Reconnut quelque souffle encor dans ma narine,
D'une main convulsive entr'ouvrit ma poitrine,
Et s'y précipitant en étouffant ses cris :
« Adonaï! dit-elle; oh! c'est toi! toi, mon fils!
« Toi que leur cruauté ravit à mes tendresses,
« Et que la mort, hélas! rend seule à mes caresses! »
Je sentais ses baisers, j'entendais ses accents,
Une seconde fois je lui devais mes sens :
Ce souffle palpitant de l'amour d'une mère
Rappelait de mon sang la chaleur éphémère;
A défaut de la voix, que je cherchais en vain,
Je répondais du cœur, du regard, de la main.
Elle étancha le sang de ma large blessure,
Et, d'un pied chancelant que son épaule assure,
M'enlevant dans la nuit à ce champ du trépas,
Dans sa demeure obscure elle traîna mes pas.

« Hélas! c'était un pauvre et repoussant asile
Dans un lointain faubourg, sentine de la ville,
Où l'esclave, rebut des divines amours,
Disputait aux pourceaux l'aliment de ses jours;
Mais ce besoin d'aimer qu'a toute créature,
Ce réveil de mon âme à la chaste nature,
Cet amour maternel et ces baisers pieux,
Me firent préférer son toit aux toits des dieux!
Rapidement guéri par les soins de ma mère,
Détrompé de ces dieux dont le culte est chimère,
Instruit secrètement du vrai nom du seul Dieu,
Je résolus de vivre ignoré dans ce lieu,
De nourrir de mes mains, esclave volontaire,
Les vieux jours d'une femme, en travaillant la terre,
Et, pour rendre le poids des hommes plus léger,
De connaître leur joug et de le partager.
Le bruit de mon trépas couvrait mon imprudence.

Caché sous les habits d'une vile indigence,
Aux derniers rangs du peuple à mon tour descendu,
Parmi ces vermisseaux je restai confondu.
J'y vécus de longs jours de paix et de misères.
Ma mère m'enseignait à soulager mes frères,
A panser leur blessure, à porter leur fardeau,
A donner à leur soif l'huile ou la goutte d'eau.
Pour ne pas augmenter ma misérable caste,
Quoique jeune et brûlant, mon cœur demeura chaste;
Pour un amour plus saint je me sevrais d'amour.
Rentré le soir près d'elle après le poids du jour,
A l'abri des tyrans oppresseurs de notre âme,
Nos prières montaient de ses lèvres de femme.
Elle me racontait de moins barbares mœurs,
Comment elle était belle entre toutes ses sœurs,
Comment vers l'Orient, aux tentes de ses pères,
Tous les hommes égaux étaient amis et frères,
Comment leur Dieu sans nom, un, immatériel,
Ne parlait qu'à l'esprit, n'habitait que le ciel;
Comment, quoique ici-bas nommé par des paroles,
Ses rites les plus purs n'étaient que des symboles;
Qu'aucun nom ne pouvait jamais la contenir;
Que c'était l'outrager que de le définir;
Que sa justice était sans foudre et sans colère,
Et son unique encens le bien fait pour lui plaire!

« A ces saints souvenirs ensemble nous pleurions,
Après des jours meilleurs tout bas nous soupirions;
Nous disions que ce crime et cette tyrannie,
Ce règne du mensonge et de la zizanie,
Sans doute sur la terre était près de finir;
Que nous verrions bientôt des temps plus saints venir,
Et que le Dieu d'en haut, rassasié d'outrage,
Pour le rectifier briserait son ouvrage!

Puis, pour hâter des vœux l'aube des jours meilleurs,
Nous versions devant lui nos âmes dans nos pleurs !
Et du fond gémissant de cette mer de crimes
L'aurore à son réveil voyait monter deux hymnes.

« Quand ma mère sentit son heure s'approcher,
Dans le lit de sa tombe avant de se coucher,
Son geste m'indiqua, sous sa natte de paille,
Une pierre scellée au pied de la muraille.
Vers ce trésor secret son bras nu s'étendit,
Puis, d'une voix mourante et basse, elle me dit :
« Quand je ne serai plus, soulève cette pierre :
« Le trésor du Seigneur est là dans la poussière !
« Quand je fus enlevée aux champs de nos aïeux,
« De tout ce que leur tente avait de précieux,
« Comme un homme surpris cache ce qu'il dérobe,
« Je n'emportai, cachés dans les plis de ma robe,
« Que les feuillets épars par les anges écrits
« De nos livres sacrés du père au fils appris,
« Comme une voix natale aux plages étrangères
« Qui m'y reparlerait des choses de mes pères. »

« Or, les livres, enfants, c'est en effet la voix,
Aux hommes d'aujourd'hui, des hommes d'autrefois.
Cette voix parle aux yeux dans des lignes tracées
Où revivent sans corps d'invisibles pensées,
Où, comme un pied humain dans le sable s'écrit,
L'esprit voit à jamais les traces de l'esprit ;
Don des anges amis, invention féconde
Qui rend l'âme mortelle immortelle en ce monde,
Et par qui, des deux bords du temps, converseront
Ceux qui furent un jour avec ceux qui seront !

« Prends ce livre divin, continua la femme :

« C'est l'esprit de mon père et l'âme de mon âme;
« A la main d'un mortel c'est Dieu qui l'a dicté,
« C'est le germe enfoui de toute vérité!
« C'est le froment du ciel, c'est la semence vraie
« Dont les épis un jour étoufferont l'ivraie,
« Afin que, sous le ciel, l'héritage de Dieu
« Traverse tous les temps et s'étende à tout lieu!
« Dérobe ce trésor aux tyrans de la terre.
« Honte! la vérité doit rester un mystère!
« Car du monde usurpé l'infâme souverain,
« Avant qu'il fût semé, foulerait le bon grain. »
Elle dit, et fuyant ses membres de misère,
Son âme s'envola vers l'âme de ses pères;
Les ailes de la mort la ravirent aux cieux.
Je la revis du cœur en la perdant des yeux.

« Quand dans la paix des morts je l'eus ensevelie,
Ma main sous son chevet prit le livre de vie.
Je lus : il me semblait que des milliers de voix
Qui sortaient du passé me parlaient à la fois,
Que mille vérités m'échauffaient la paupière,
Et qu'un jour tout nouveau me baignait de lumière.
Chaque parole était un éblouissement;
Moins d'étoiles la nuit sortent du firmament;
Ce livre racontait comment toutes les choses
D'une parole unique étaient à l'heure écloses,
La naissance de l'homme et l'histoire des jours
Qui du jour éternel jusqu'au nôtre ont leur cours.
Il chantait quelquefois de saintes hymnes, comme
De saints ravissements chantent au cœur de l'homme.
D'autres fois, il pleurait comme une femme en pleurs
Qui s'abreuve la nuit de l'eau de ses douleurs;
Et sa tristesse était si lugubre et si tendre,
Qu'à ses sanglots parlés le cœur se sentait fendre.

Plus souvent comme un maître il parlait à l'esprit ;
Et chaque mot profond au fond de l'âme écrit
Était plus plein de sens que l'homme à tête blanche
Dont la sagesse antique en paroles s'épanche.
Tout précepte était bon, toute ligne était loi,
Et l'on sentait son cœur qui l'approuvait en soi.

« Or, pour les consoler dans leurs dures misères,
Je lisais quelquefois dans ce livre à mes frères,
Et nous nous entourions de mystère et de nuit,
De peur qu'à nos tyrans l'air n'en portât le bruit.
Nous apprenions ensemble à servir, à connaître
Au delà de nos dieux le seul Dieu, le seul maître ;
Un de nos fers tombait à chaque vérité,
Et nos soupirs du moins montaient en liberté.
Ravis en écoutant la divine lecture,
Leurs fronts se relevaient de la terre à mesure,
D'un regard moins servile ils regardaient leurs dieux,
Ils sentaient qu'ils avaient un vengeur dans les cieux ;
Et quelques mots déjà qu'ils ne pouvaient comprendre
Couvaient dans les esprits comme un feu sous la cendre.

« Ces symptômes troublaient nos tyrans, effrayés
De voir ces vermisseaux se dresser sous leurs pieds.
Ils cherchèrent longtemps quelle sourde espérance
A leurs regards plus fiers donnait cette assurance :
Ils surent qu'il soufflait un vent séditieux
Qui leur enflait le cœur et dessillait leurs yeux,
Qu'un livre sur leur tête assemblait ces orages ;
Ils jurèrent, par eux, d'en déchirer les pages,
Et de persécuter par le fer et le feu
Dans le cœur des mortels tout nom d'un autre Dieu.
Tous ceux qu'ils soupçonnaient de connaître le livre
Subirent les tourments et cessèrent de vivre ;

Sous le tranchant du fer nul ne le confessa;
De mourir pour son âme aucun ne se lassa.
Mais, craignant que le nom en qui le monde espère
Ne mourût à jamais avec nous sur la terre,
Je m'enfuis en secret de l'infâme cité;
Emportant sur mon cœur la voix de vérité;
Et lassant les bourreaux qui poursuivaient ma trace,
Dieu m'ouvrit cet asile, et je lui rendis grâce!

« Avec le livre saint j'habitai dans la nuit.
Mais qu'est-ce qu'un flambeau, mes enfants, s'il ne luit?
Que me servait de vivre éclairé de ma flamme,
Si mes frères mouraient dans la nuit de leur âme,
Si le nom du Très-Haut, éteint sur l'univers,
Laissait le crime au trône et l'esclave à ses fers?
Je voulus conserver après moi dans le monde
De ce livre divin la semence féconde;
A mes frères souffrants je voulus quelquefois
Jeter de grands accents de l'immortelle voix,
Afin que dans leurs cœurs un cri sourd d'espérance
Leur annonçât de loin des jours de délivrance.

« Dès mon enfance instruit des arts mystérieux
Qu'on enseigne dans l'ombre aux successeurs des dieux,
Sachant peindre les sons et graver les paroles,
Écrire pour les yeux les choses en symboles,
Découvrir le métal, le tailler au ciseau,
Apprivoiser la brute et fasciner l'oiseau,
Par tous ces arts secrets dont j'avais l'habitude
Je voulus occuper ma longue solitude :
J'aiguisai les poinçons, je forgeai les marteaux;
J'amincis sous leurs coups les lames des métaux;
Comme on sculpte en jouant la feuille avec l'épine,
J'y sculptai sous l'acier la parole divine;

Le livre tout entier, copié par ma main,
Passa, multiplié, dans mes pages d'airain.
Mille fois je refis et refais mon ouvrage ;
Dès que ma main pieuse en achève une page,
L'aigle prend dans son bec la lame de métal :
Dirigé par mon doigt au ciel oriental,
Il franchit l'horizon sur ses ailes sublimes,
Laisse derrière lui le Liban et ses cimes ;
Attiré par l'éclat des dômes habités,
Il plane dans les airs sur ces grandes cités ;
Il écoute mugir ce grand volcan des âmes,
Comme du haut d'un cap nous entendons ces lames ;
Il y laisse tomber de son bec entr'ouvert
Le morceau de métal de symboles couvert,
De ce livre sacré mystérieuse page,
Qui semble de Dieu même un céleste message,
Et qui, selon qu'il tombe en des bords différents,
Fait espérer l'esclave ou trembler les tyrans.
Ainsi la vérité, que par lambeaux je sème,
Dans la corruption germera d'elle-même ;
Et si je dois mourir inconnu dans ce lieu,
J'aurai derrière moi laissé ce nom de Dieu !... »

. . . .
. . . .
. . . .
. . . .
. . . .
. . . .
. . . .
. . . .

Les amants confondus écoutaient ces merveilles.
Tout un monde nouveau vibrait dans leurs oreilles ;
N'osant s'interroger, leur timide regard

Passait du livre à l'aigle et de l'aigle au vieillard.
L'image du grand Dieu qui faisait ces miracles
Préparait en secret leur âme à ces oracles.
Daïdha, rougissant de ses vils dieux de bois,
Sous ses cheveux épars les cachait dans ses doigts;
Et Cédar retrouvait aussi Dieu dans son âme,
Comme un feu dont un vent ranimerait la flamme!
Ils brûlaient tous les deux d'entendre les accents
De cette voix sans bouche invisible à leurs sens,
De ce livre divin où le saint solitaire
Lisait les grands secrets du ciel et de la terre.
Le vieillard le tenait fermé sur ses genoux;
Il comprit dans leurs yeux le désir des époux,
Il le leur fit baiser des yeux et de la bouche,
Comme, quand on révère, on baise ce qu'on touche;
Et l'ouvrant de sa droite il y lut au hasard,
Ici, là, page à page, où tombait son regard;
Et sa voix, en lisant, plus grave et plus sonore,
D'un ton surnaturel s'accentuait encore :
On eût dit une voix de l'orgue du saint lieu
Résonnant ici-bas des paroles de Dieu!

HUITIÈME VISION

FRAGMENT DU LIVRE PRIMITIF.

Hommes! ne dites pas, en adorant ces pages :
Un Dieu les écrivit par la main de ses sages.
Dieu ne se taille pas la plume de roseau,
Ni le burin de fer, ni l'aile de l'oiseau;
Il n'écrit pas son nom, comme un enfant qui joue,
Sur la feuille de l'herbe ou le morceau de boue.
Quel marbre ou quel granit, quel bronze ou quel airain,
Si son doigt les touchait, ne fondraient sous sa main?
Il ne renferme pas l'éternelle pensée
Dans une lettre morte aussitôt que tracée;
Les langues que bourdonne un insecte ici-bas,
S'il était dans des sons, ne le contiendraient pas!
Pour proférer de Dieu l'ineffable parole,
Qu'est-ce qu'un souffle humain qui frappe un vent qui vole?

« La langue qu'il écrit chante éternellement ;
Ses lettres sont ces feux, monde du firmament,
Et par delà ces cieux des lettres plus profondes,
Mondes étincelants voilés par d'autres mondes.
Le seul livre divin dans lequel il écrit
Son nom toujours croissant, homme, c'est ton esprit !
C'est ta raison, miroir de la raison suprême,
Où se peint dans ta nuit quelque ombre de lui-même.
Il nous parle, ô mortels, mais c'est par ce seul sens ;
Toute bouche de chair altère ses accents.
L'intelligence en nous, hors de nous la nature,
Voilà les voix de Dieu, le reste est imposture !

. . . .
. . . .
. . . .
. . . .
. . . .
. . . .
. . . .

« Si je dis que ce livre est de Dieu, dites : Non !
Il épelle à son tour un signe du grand nom,
Il écrit quelques sons de l'infini symbole
Que l'esprit à l'esprit transmet par la parole ;
Mais, plus sages que nous, d'autres hommes viendront ;
Pour écrire à leur tour, ils nous effaceront.
Sur l'herbe du matin la goutte d'eau qui tremble
Contient-elle du jour tous les rayons ensemble ?
L'Océan sans limite, au firmament pareil,
Lui-même absorbe-t-il tous les feux du soleil ?
Le firmament sans fond, d'où l'aurore dégoutte,
Ne leur verse-t-il pas sa clarté goutte à goutte ?
Ainsi du jour, enfants, ainsi de notre esprit !
L'eau sèche sur la feuille et l'Océan tarit ;

L'infini dans notre œil ne se peint qu'en parcelle ;
La vérité nous luit, mais c'est par étincelle.

. . . .
. . . .
. . . .
. . . .
. . . .
. . . .
. . . .

Dieu dit à la raison : « Je suis celui qui suis ;
Par moi seul enfanté, de moi-même je vis ;
Tout nom qui m'est donné par l'homme est un blasphème :
Nul ne peut prononcer tous mes noms que moi-même !
Mes ouvrages et moi nous ne sommes pas deux,
Comme l'ombre du corps je me sépare d'eux ;
Mais si le corps s'en va l'image s'évapore :
Qui pourrait séparer le rayon de l'aurore ?
Le monde est mon regard qui se contemple en soi ;
Formes, substance, esprit, qu'est-ce qui n'est pas moi ?

. . . .
. . . .
. . . .
. . . .
. . . .
. . . .
. . . .

« Si quelqu'un parmi vous, soleils, ma créature,
Hommes, anges, esprits, dit : « J'ai vu sa figure,
« L'invisible à mes yeux visible est apparu, »
Pitié, dérision sur ceux qui l'auront cru !
Que ce soit en dormant, dans un songe de l'âme,
Dans la nuée en feu, dans l'onde ou dans la flamme,

Dans le frisson sacré qui fait transir la peau,
Au fond du firmament transparent comme l'eau,
Dans les lettres de feu qu'écrit au ciel l'étoile;
De quelque nom divin qu'un fétiche se voile,
Quand pour me découvrir le ciel se fût fendu,
Dans un regard de chair Dieu n'est pas descendu.
Celui qui contient tout dans sa nature immense
Ne descend qu'en rayon dans votre intelligence;
Le regard de la chair ne peut pas voir l'esprit;
Le cercle sans limite en qui tout est inscrit
Ne se concentre pas dans l'étroite prunelle!
Quelle heure contiendrait la durée éternelle?
Nul œil de l'infini n'a touché les deux bords.
Élargissez les cieux, je suis encor dehors!...

. . . .
. . . .
. . . .
. . . .
. . . .
. . . .
. . . .

« Mais selon sa grandeur chaque être me mesure,
Les fourmis au ciron et l'homme à la nature,
Et les soleils, pour qui le siècle est un moment,
A ces mondes de feu, poudre du firmament!
Chacun, de mon ouvrage impalpable parcelle,
Réfléchit de moi-même une pâle étincelle;
Je franchis chaque temps, je dépasse tout lieu.
Hommes! l'infini seul est la forme de Dieu!

. . . .
. . . .
. . . .

« Le seul œil qui me voit, c'est votre intelligence :
Force qui ne connaît ni masse ni distance,
Substance transparente où mon ombre se peint,
Nuit qui de ma clarté s'illumine et se teint!
Elle seule profère à toute créature
La révélation de l'immense nature.
La pensée est la langue entre le monde et moi!...
Aucun être ne vit sans la porter en soi.
Mon être est le grand fruit de l'arbre de science,
Que mon regard mûrit dans chaque conscience!
Tout ce qui sur la terre est grand, puissant et bon,
Se réunit en vain pour composer mon nom ;
Il y manque toujours pour que l'homme l'achève;
Le voile s'élargit d'autant qu'on le soulève.
Dans mes œuvres sans fin je me suis défini,
Mais nul ne peut y lire, excepté l'infini!

« Et la création, force intime de Dieu,
N'a ni commencement, ni terme, ni milieu;
Ce que nous appelons le temps n'est que figure;
Ce qui n'a point de fin n'a rien qui le mesure.
L'être de Jéhovah n'a ni siècles ni jours,
Son jour est éternel et s'appelle toujours!

Son œuvre dans les cieux, qui n'est que sa pensée,
N'est donc jamais finie et jamais commencée;
Pour qui n'a pas d'hier il n'est pas d'aujourd'hui;
Tout ce qu'il porte en soi ne date que de lui.
Le temps, qui n'a de sens qu'en la langue des hommes,
Ne nomme qu'ici-bas la minute où nous sommes;
Mais au delà des temps et de l'humanité
Le nom de toute chose est un : Éternité!

. . . .
. . . .
. . . .
. . . .
. . . .
. . . .
. . . .
. . . .

« Les formes seulement où son dessein se joue,
Éternel mouvement de la céleste roue,
Changent incessamment selon la sainte loi;
Mais Dieu, qui produit tout, rappelle tout à soi.
C'est un flux et reflux d'ineffable puissance,
Où tout emprunte et rend l'inépuisable essence,
Où tout rayon remonte à ce foyer commun,
Où l'œuvre et l'ouvrier sont deux et ne sont qu'un;
Où la force d'en haut, vivante en toute chose,
Crée, enfante, détruit, compose et décompose,
S'admirant sans repos dans tout ce qu'il a fait,
Renouvelant toujours son ouvrage parfait;
Où le tout est partie et la partie entière;
Où la vie et la mort, le temps et la matière,
Ne sont rien en effet que formes de l'esprit,
Cercles mystérieux que tout en lui décrit;
Où Jéhovah s'admire et se diversifie
Dans l'œuvre qu'il produit et qu'il s'identifie!

HUITIÈME VISION. 193

Dans nos nuits de cristal ainsi le firmament,
Qui nous semble taillé d'un grand bloc seulement,
Qu'une même couleur d'une arche à l'autre azure,
N'est qu'un immense abîme, un vide sans mesure
Où se croisent sans fin les mondes et les cieux ;
Et ce bleu, qui paraît sa couleur à nos yeux,
N'est qu'un rayonnement dans la source commune
Des milliers de lueurs qui se fondent en une.

. . . .
. . . .
. . . .
. . . .
. . . .
. . . .
. . . .
. . . .
. . . .
. . . .
. . . .

« Le sage en sa pensée a dit un jour : « Pourquoi,
« Si je suis fils de Dieu, le mal est-il en moi?
« Si l'homme dut tomber, qui donc prévit sa chute?
« S'il dut être vaincu, qui donc permit la lutte?
« Est-il donc, ô douleur! deux axes dans les cieux,
« Deux âmes dans mon sein, dans Jéhovah deux dieux? »

« Or l'esprit du Seigneur, qui dans notre nuit plonge,
Vit son doute et sourit; et l'emportant en songe
Au point de l'infini d'où le regard divin
Voit les commencements, les milieux et la fin,
Et, complétant les temps qui ne sont pas encore,
Du désordre apparent voit l'harmonie éclore :
« Regarde », lui dit-il; et le sage éperdu

Vit l'horizon divin sous ses pieds étendu.
Par l'admiration son âme anéantie
Se fondit; par le tout il comprit la partie;
La fin justifia la voie et le moyen;
Ce qu'il appelait mal fut le souverain bien;
La matière, où la mort germe dans la souffrance,
Ne fut plus à ses yeux qu'une vaine apparence,
Un mode d'existence à l'autre contrasté,
Où la nature lutte avec la volonté,
Et d'où la liberté, qui pressent le mystère,
Prend, pour monter plus haut, son point d'appui sur terre.
Et le sage comprit que le mal n'était pas,
Et dans l'œuvre de Dieu ne se voit que d'en bas!

. . . .
. . . .
. . . .
. . . .
. . . .
. . . .
. . . .
. . . .

« Ne renfermez pas Dieu dans des prisons de pierres
Où son image habite et trompe vos paupières,
De peur que vos enfants, en écartant leurs pas,
Disent : Il est ici, mais ailleurs il n'est pas!
Ne cherchez pas des yeux derrière le nuage,
Au fond du firmament, cette mer sans rivage,
Quel est le ciel des cieux habité, plein de Dieu?
Il n'est pour Jéhovah ni distance ni lieu :
Ce qui n'a point de corps ne connaît point d'espace;
De ce qui remplit tout ne cherchez point la place,
Contemplez-le par l'âme et non pas par vos yeux :
L'ignorer ou le voir, c'est l'enfer ou les cieux.

. . . .

. . . .
. . . .
. . . .
. . . .
. . . .

« Trouvez Dieu : son idée est la raison de l'être,
Il n'a fait l'univers qu'afin de le connaître.
Vers celui dont le monde est l'émanation
Tout l'univers créé n'est qu'aspiration ;
L'éternel mouvement qui régit la nature
N'est rien que cet élan de toute créature
Pour conformer son être à l'éternel dessein,
Et s'abîmer toujours plus avant dans son sein !
Le murmure vivant de la nature entière
N'est que l'écho confus d'une immense prière :
De la mer qui mugit aux sources du vallon,
Tout exhale un soupir, tout balbutie un nom ;
Ce cri, qui dans le ciel d'astre en astre circule,
Tout l'épelle ici-bas, l'homme seul l'articule.
L'Océan a sa masse et l'astre sa splendeur ;
L'homme est l'être qui prie, et c'est là sa grandeur !

. . . .
. . . .
. . . .
. . . .
. . . .
. . . .
. . . .

« La parole, sublime et divin phénomène,
Mystère où dans un son s'incarne une âme humaine,
Ne fut ravie à l'ange et prêtée à nos sens

Que pour incarner Dieu dans de mortels accents.
Si la langue n'eût pas proféré ce symbole,
L'inutile matière eût perdu la parole.
Mais du jour du grand mot jusqu'au dernier des jours
Le nom qui remplit tout la remplira toujours.
C'est l'instrument qui sert la pensée immortelle,
Qui lit dans la nature et qui bénit pour elle.
Des entrailles du globe à ces lettres de feu,
L'œuvre du genre humain, c'est de trouver son Dieu !

. . . .
. . . .
. . . .
. . . .
. . . .
. . . .
. . . .
. . . .
. . . .
. . . .

« A l'heure du matin, quand le gai rayon entre
Porté de feuille en feuille aux bords sombres de l'antre,
Quand les baumes des nuits que l'étoile a pleurés
Fondent des prés fumants par l'aurore effleurés,
Dans la calme splendeur de nos nuits d'yeux semées
Qui semblent regarder de loin des sœurs aimées ;
Devant l'immensité de l'Océan uni,
Sans repos et sans bords comme un autre infini ;
Sous la muette horreur des forêts aux verts dômes,
Où dans la nuit sonore habitent les fantômes ;
Quand l'infini descend par quelque pore en nous,
Nous touche, nous foudroie et nous jette à genoux ;
Quand dans l'extase à deux, des hommes et des femmes,

HUITIÈME VISION.

Vous sentirez le temps trop étroit pour vos âmes,
Et que, vos cœurs fondant aux rayons de leurs yeux,
Vous voudrez sur la terre éterniser ces cieux;
Lorsque vous pleurerez sur l'herbe du mystère
Vos pères, des tombeaux endormis sous la terre,
Ou que vous porterez coucher sous le gazon
Ces fruits de votre amour mûrs avant la saison :
De tristesse ou de joie universel emblème,
Ce nom sur votre bouche éclôra de lui-même.
Il semble que le cœur dans son immense sein
Puise ce qui lui manque ou verse son trop-plein.
Comme un métal touché qui résonne et qui vibre,
L'âme humaine au contact rend Dieu par chaque fibre.
La joie, et la douleur, et l'amour, n'ont qu'un son.
De notre âme, ô Seigneur! le timbre, c'est ton nom!

. . . .
. . . .
. . . .
. . . .
. . . .
. . . .
. . . .
. . . .
. . . .

« Selon le jour d'en haut que chaque âge ravive,
Qu'en symbole plus pur chaque peuple l'écrive!
Enseignez à l'enfant le nom du Père au ciel,
Comme on met sur leur lèvre une goutte de miel,
Pour qu'ils goûtent, sortant du ventre de leur mère,
Quelque chose de doux avant leur vie amère!...
La mère à ses petits fera bégayer Dieu
En leur montrant du doigt l'invisible en tout lieu :
Et ce sera le mot, quelque son qui le nomme,
Par qui dans l'univers l'homme saluera l'homme!
Le nom qu'appellera l'innocent en témoin,

Qui dans l'œil du coupable éclatera de loin,
Que le juste outragé, mais fort de confiance,
Frappera sur son sein comme une conscience,
Qu'opposera le faible à son persécuteur,
Que la veuve et l'enfant auront pour leur tuteur,
Le lépreux pour ami, l'esclave pour son juge,
L'indigent pour foyer, le banni pour refuge,
Que les infortunés, du fond de leurs douleurs,
Verront comme un rayon luire à travers leurs pleurs,
Et, quand l'homme expirant s'éteindra sur sa couche,
Que les anges viendront enlever sur sa bouche !

. . . .
. . . .
. . . .
. . . .
. . . .
. . . .
. . . .
. . . .

« Entre chaque soleil bénissez-le trois fois.
Rassemblez-vous plusieurs, et confondez vos voix ;
Non pour que cette voix, par le nombre grossie,
Aille frapper plus fort son oreille endurcie :
Lui dont l'oreille entend l'hysope végéter,
Et les pas des fourmis, et le cœur palpiter,
N'a pas besoin d'écho qui remplisse son temple ;
Mais pour que vous soyez l'un à l'autre en exemple,
Que l'adoration de tous brûle en chacun,
Que vous fondiez en lui vos âmes en commun,
Et que celui dont l'œil goûte mieux ses merveilles,
Et dont plus de parfum embaume les corbeilles,
Prête à ceux dont la voix cherche en vain des accents
La paille de son feu pour allumer l'encens !

. . . .

« Choisissez entre vous les plus douces des âmes,
Les enfants, les vieillards, les malades, les femmes,
Ceux qui sentent le plus et gémissent le mieux,
Qui vers le firmament lèvent le plus les yeux :
Qu'ils parlent pour le peuple à l'invisible père,
Pour que sous le soleil la famille prospère,
Et que sa volonté, dans la création,
S'accomplisse avec joie et bénédiction !
Qu'ils prennent à l'envi, pour composer leurs hymnes,
Tout ce que la nature a de notes sublimes,
A la mer son murmure, au nuage l'éclair,
Et ses plaintes à l'onde, et ses soupirs à l'air,
Et sa lumière à l'aube, et son souffle à la rose ;
Que leur enthousiasme anime toute chose,
Et présente liée, ainsi qu'un moissonneur,
Sa gerbe de parfums aux genoux du Seigneur !

« Il est, parmi les fils les plus doux de la femme,
Des hommes dont les sens obscurcissent moins l'âme,
Dont le cœur est mobile et profond comme l'eau,
Dont le moindre contact fait frissonner la peau,
Dont la pensée, en proie à de sacrés délires,
S'ébranle au doigt divin, chante comme des lyres,
Mélodieux échos semés dans l'univers

Pour comprendre sa langue et noter ses concerts :
C'est dans leur transparente et limpide pensée
Que l'image infinie est le mieux retracée
Et que la vaste idée où l'Éternel se peint
D'ineffables couleurs s'illumine et se teint !
Ceux-là, fuyant la foule et cherchant les retraites,
Ont avec le désert des amitiés secrètes ;
Sur les grèves des flots en égarant leurs pas,
Ils entendent des voix que nous n'entendons pas :
Ils savent ce que dit l'étoile dans sa course,
La foudre au firmament, le rocher à la source,
La vague au sable d'or qui semble l'assoupir,
Le bulbul à l'aurore et le cœur au soupir.
Les cornes des béliers rayonnent sur leurs têtes.
Écoutez-les prier, car ils sont vos prophètes :
Sur l'écorce, ou la pierre, ou l'airain, écrivez
Leurs hymnes les plus saints pour l'avenir gravés ;
Chargez-en des enfants la mémoire fragile,
Comme d'un vase neuf on parfume l'argile ;
Et que le jour qui meurt dise aux jours remontants
Le cri de tous les jours, la voix de tous les temps !
C'est ainsi que de Dieu l'invisible statue,
De force et de grandeur et d'amour revêtue,
Par tous ces ouvriers dont l'esprit est la main,
Grandira d'âge en âge aux yeux du genre humain,
Et que la terre, enfin, dans son divin langage,
De pensée en pensée achèvera l'image !
. . . .
. . . .
« Mais si quelqu'un de ceux que vous écouterez
Prétend vous éblouir de prodiges sacrés ;
S'il vous dit que le ciel, dont il est l'interprète,
A mis entre ses mains la foudre ou la baguette,
Que la marche des cieux se suspend à sa voix,

Que la sainte nature intervertit ses lois,
Que la pierre ou le bois lui rendent des oracles,
Et que pour la raison il est d'autres miracles
Que l'ordre universel, constant, mystérieux,
Où la volonté sainte est palpable à nos yeux ;
S'il attribue à Dieu l'inconstance de l'homme,
Par les noms d'ici-bas si sa bouche le nomme,
S'il vous le donne à voir, à sentir, à toucher,
S'il vous fait adorer le marbre de sa chair,
Étouffez dans son cœur cette parole immonde !
La raison est le culte, et l'autel est le monde.

. . . .
. . . .
. . . .
. . . .
. . . .
. . . .
. . . .
. . . .

« Or, le ciel et la terre, et ce que Dieu renferme
Dans un jour éternel, tout est né d'un seul germe :
Et ce germe est de Dieu la pensée ou la loi,
Qui porte toute chose avec sa forme en soi.
De ce germe divin, que le temps ramifie,
Tout naît, tout se nourrit et se diversifie,
De sorte qu'à la fois tout est vieux, tout est neuf,
Qu'un monde décrépit d'un autre monde est l'œuf,
Qu'une chose accomplie enfante une autre chose,
Et que chaque existence est une apothéose
Où l'être produit l'être en se décomposant,
Où tout se perpétue en se divinisant !
Et l'homme est ainsi né, fruit vivant de la terre ;
Non, comme Jéhovah, complet et solitaire,
Mais de deux composé, mâle et femelle, afin

Que sa dualité lui révélât sa fin,
Et que cette union de l'homme et de la femme,
Qui féconde le corps et qui complète l'âme,
Fût le symbole en lui de la divine loi
D'amour et d'unité qui doit tout fondre en soi !
Loi profonde ! par qui l'amour qui déifie
Peut seul, dès ici-bas, perpétuer la vie !
Et l'Éternel lui fit la voix pour le nommer,
La raison pour le voir, et l'âme pour l'aimer.
Pour être en harmonie avec son corps fragile,
Il lui donna des sens de limon et d'argile ;
Et pour toucher plus loin que son œil limité,
Il lui donna le sens de l'immortalité !
C'est ce sens qui, plus clair à sa première aurore,
Au jour où l'homme enfant ne faisait que d'éclore,
Illuminait ses yeux d'un flambeau si certain,
Qu'il voyait par la foi son éternel destin,
Et que ses fils, plus tard, quand les ombres s'accrurent,
Par le doute aveuglés, se trompèrent, et crurent
Que l'immortalité qu'il avait par la foi,
L'heureux enfant d'Éden la possédait de soi.
Mais ce n'est point le temps que l'Immuable habite.
De deux mondes ainsi rapprochant la limite,
Aux deux extrémités l'homme touche à la fois,
Et de ces deux destins subit les doubles lois ;
Restituant au sol l'enveloppe grossière,
Il dépouille en mourant ses vils sens de poussière,
Et son sens immortel, par la mort transformé,
Rendant aux éléments le corps qu'ils ont formé,
Selon que son travail le corrompt ou l'épure,
Remonte ou redescend du poids de sa nature !
Deux natures ainsi combattant dans son cœur,
Lui-même est l'instrument de sa propre grandeur ;
Libre quand il descend, et libre quand il monte,

HUITIÈME VISION.

Sa noble liberté fait sa gloire ou sa honte.
Quand il a dépouillé ce corps matériel,
Descendre ou remonter, c'est l'enfer ou le ciel!
La liberté nous porte entre ce double abîme
De bien pour la vertu et de mal pour le crime;
Mais la vertu s'élève et ne redescend pas,
Et le crime expié peut remonter d'en bas.

« D'un supplice sans but la pensée est impie;
Ce que le temps souilla, c'est le temps qui l'expie :
A sa source à la fin toute eau se réunit,
Et, même dans l'enfer, c'est l'amour qui punit!

. . . .
. . . .
. . . .
. . . .
. . . .

« Le code social, à grandir destiné,
A dans notre nature un fondement inné :
Cet ineffable instinct de justice suprême
Qui proteste en secret en nous contre nous-même,
Invisible balance où nous pesons sans poids,
Sans pouvoir incliner un des bassins du doigt,
Depuis le corps sanglant du juste qu'on immole
Jusqu'au cheveu qui tombe et que le vent nous vole.

. . . .
. . . .
. . . .
. . . .

« Mais ce code, que l'homme a transcrit de sa main,
Se transforme et s'étend avec l'esprit humain.
Notre raison, où Dieu reflète son image,
En s'élargissant plus en contient davantage.

C'est de lui que tu tiens la vie et la parole;
De toute autorité qu'il te soit le symbole :
Va, s'il te dit d'aller; reviens, s'il te dit : « Viens! »
Mets ton cou sous sa main, mets tes pieds sur les siens;
Comme celle de Dieu redoute sa colère;
Sers-le jusqu'au tombeau, serviteur sans salaire;
D'une piété tendre honore ses vieux ans,
Ta bénédiction est dans ses cheveux blancs;
Et quand il s'en ira dans la sombre demeure,
Prends sa place au soleil, baisse la tête et pleure!

. . . .
. . . .

« Et vous n'aurez de fils que d'une seule femme,
Et vous n'aurez à deux qu'une couche et qu'une âme;
Car Dieu vous a créé par couple un sort commun :
Homme, femme, à ses yeux ne sont pas deux, mais un.
Une loi symbolique, un visible mystère
Vous font en nombre égal multiplier sur terre;
Et pour la vie à deux chaque couple compté
N'aura qu'une pensée et qu'une volonté!

. . . .
. . . .

« Vous n'épouserez pas les filles de vos mères,
De peur de limiter le nombre de vos frères;
Et, pour que la famille au loin s'élargissant
Propage parmi tous les tendresses du sang,
Vous ne ferez jamais refluer dans sa course
Ce sang qui, dans vos cœurs, vient de la même source.

. . . .
. . . .

« Vous n'établirez pas ces séparations
En races, en tribus, peuples ou nations;
Et quand on vous dira : « Cette race est barbare,
« Ce fleuve vous limite », ou : « Ce mont vous sépare »,

Dites : « Le même Dieu nous voit et nous bénit,
« Le firmament nous couvre et le ciel nous unit. »

. . . .
. . . .
. . . .
. . . .
. . . .
. . . .

« Vous n'arracherez pas la branche avec le fruit ;
Gloire à la main qui sème, honte à la main qui nuit !
Vous ne laisserez pas la terre aride et nue,
Car vos pères par Dieu la trouvèrent vêtue :
Que ceux qui passeront sur votre trace un jour
Passent en bénissant leurs pères à leur tour !

. . . .
. . . .

« Vous ne parcourrez pas la terre nourricière
En secouant après de vos pieds la poussière,
Comme les animaux qui ne travaillent pas
Et broutent en commun ce qui croît sous leurs pas.
Vous l'aimerez d'amour comme on aime sa mère ;
Vous y posséderez votre place éphémère,
Comme, au soleil assis, des hommes tour à tour
Possèdent le rayon tant que dure le jour.

. . . .
. . . .

« Vous la partagerez entre vous, à mesure
Que vous aurez besoin d'ombre et de nourriture
A ceux-là la colline, à ceux-ci le vallon.
Vous la limiterez d'une borne et d'un nom,
Afin que sa vertu ne dorme pas oisive,
Mais qu'elle aime à son tour la main qui la cultive,
Et que l'arbre croissant pour la postérité
Dise aux petits enfants l'amour qui l'a planté !

. . . .
. . . .
. . . .
. . . .
. . . .
. . . .
. . . .

« Croissez et pullulez comme des grains de sable,
Sans crainte d'épuiser sa source intarissable,
Ni que ses mamelons, pour vous multipliés,
 Tarissent sous vos mains ou manquent sous vos pieds ;
Car celui dont le doigt compte ses créatures
Sait le nombre d'épis dans vos gerbes futures ;
Il sait combien de lait la mamelle contient :
Plus on presse le sein, enfants, plus il en vient.
Par un inconcevable et maternel mystère,
L'homme en la fatiguant fertilise la terre ;
Nulle bouche ne sent sa tendresse tarir :
Tout ce qu'elle a porté, son flanc peut le nourrir !
En êtres animés transformer sa substance
Semble l'unique fin de sa sainte existence :
Et Dieu seul sait quel jour elle s'arrêtera ;
Et jusqu'alors toujours elle se hâtera.
La dernière parcelle en son sein enfouie
Doit produire à son tour la pensée et la vie,
Afin que chaque atome et que chaque élément
Deviennent à leur tour pensée et sentiment,
Et, s'élevant à Dieu du néant jusqu'à l'ange,
En adoration transforment cette fange.

. . . .
. . . .

« Chaque fois qu'à la vie un homme arrivera,
Sur les coteaux sans maître on lui mesurera

Un pan du grand manteau de la mère commune;
Sa femme aura sa part, et deux ne feront qu'une :
Et quand de leurs amours d'autres hommes naîtront,
Pour leur nouvelle faim ces champs s'élargiront,
Et vous leur donnerez à tous, un an d'avance,
La moisson, le troupeau, la bêche et la semence.
. . . .
. . . .

« Vous ne bâtirez point de villes dans vos plaines,
Ruches de nations, fourmilières humaines,
Où les hommes, du ciel perdant l'impression,
S'agitent dans le trouble et la corruption;
Mais vous élèverez vos maisons ou vos tentes
Au milieu de vos champs, et des autres distantes,
Pour qu'au lit du vallon, au revers du coteau,
Chacun ait son soleil, et son arbre, et son eau,
Que vos corps trop voisins ne se fassent pas ombre,
Que vous multipliiez sans haïr votre nombre,
Et que, sur votre tête, un grand morceau des cieux
Des merveilles du ciel entretienne vos yeux !
. . . .
. . . .

« Ton sens contemplateur, ô sainte créature,
Doit se mêler sans cesse à toute la nature :
Pour s'élever d'en bas jusques au firmament,
Que l'homme fraternise avec chaque élément !
. . . .
. . . .

« Gardez qu'en ses chemins le peuple se coudoie;
Que le visage humain soit pour l'homme une joie !
La foule en le heurtant pervertit ses penchants,
Et les hommes trop près des hommes sont méchants.
. . . .
. . . .

« Vous vous assisterez dans toutes vos misères,
Vous serez l'un à l'autre enfants, pères et mères;
Le fardeau de chacun sera celui de tous,
La charité sera la justice entre vous;
Le pardon, seul vengeur, remettra toute injure;
La parole y sera serment sans qu'on la jure;
Votre ombre ombragera le passant, votre pain
Restera sur le seuil pour quiconque aura faim;
Vous laisserez toujours quelques fruits sur la branche,
Pour que le voyageur vers ses lèvres la penche;
Et vous n'amasserez jamais que pour un temps;
Car la terre pour vous germe chaque printemps,
Et Dieu, qui verse l'onde et fait fleurir ses rives,
Sait au festin des champs le nombre des convives.
. . . .
. . . .

« Vous ne déroberez jamais le champ d'autrui,
Car ce que l'homme a fait de sa sueur, c'est lui!
Vous ne porterez pas un désir sur sa femme,
Car la femme de l'homme est son corps et son âme;
Dérober ce trésor de son cœur à ses bras,
C'est lui voler sa part de son ciel ici-bas!
. . . .
. . . .

« Vous ferez alliance avec les brutes même,
Car Dieu, qui les créa, veut que l'homme les aime :
D'intelligence et d'âme à différents degrés
Elles ont eu leur part, vous la reconnaîtrez;
Vous lirez dans leurs yeux, douteuse comme un rêve,
L'aube de la raison qui commence et se lève.
Vous n'étoufferez pas cette vague clarté,
Présage de lumière et d'immortalité;
Vous la respecterez, car l'ange la respecte.
La chaîne à mille anneaux va de l'homme à l'insecte :

HUITIÈME VISION.

Que ce soit le premier, le dernier, le milieu,
N'en insultez aucun, car tous tiennent à Dieu !
. . . .
. . . .

« Ne les outragez pas par des noms de colère ;
Que la verge et le fouet ne soient pas leur salaire.
Pour assouvir par eux vos brutaux appétits,
Ne leur dérobez pas le lait de leurs petits ;
Ne les enchaînez pas, serviles et farouches ;
Avec des mors de fer ne brisez pas leurs bouches ;
Ne les écrasez pas sous de trop lourds fardeaux.
Qu'ils vous lèchent la main et vous prêtent leur dos.
Du mammouth au coursier, de l'aigle à la vipère,
Tous ont la juste part du domaine du père.
Comprenez leur nature, adoucissez leur sort :
Le pacte entre eux et vous, hommes, n'est pas la mort !
Entre leur race amie et notre race humaine
Votre seule ignorance a fait naître la haine :
La justice entre vous rétablirait la paix.
Cherchez à deviner pourquoi Dieu les a faits.
A sa meilleure fin façonnez chaque engeance ;
Prêtez-leur un rayon de votre intelligence,
Adoucissez leurs mœurs en leur étant plus doux ;
Soyez médiateurs et juges entre eux tous ;
Que, du tigre qui rampe au passereau qui vole,
Chacun se réjouisse à l'humaine parole !
Et les loups dévorants sortiront des forêts,
Et la chèvre et l'agneau se coucheront auprès,
Et de tout ce qui vit la sagesse infinie
Rétablira d'Éden la première harmonie !
. . . .
. . . .

« Vous n'établirez point de juges ni de rois
Pour venger la justice ou vous faire des lois ;

Dans leurs cœurs confondus recevoir à la fois
L'ivresse de la vie et les divines lois,
Se reposer d'aimer en tombant dans l'extase !
Ah ! c'est plus de nectar que n'en contient le vase,
C'est de quoi sur nos pieds le faire déborder !
C'est ce qu'aux deux amants Dieu semblait accorder.

. . . .
. . . .

Quand le divin lecteur avait fermé les pages,
Cédar et Daïdha rentraient dans les bocages,
L'un sur l'autre appuyés, ralentissant le pas,
Des célestes accents s'entretenant tout bas,
S'éclairant l'un pour l'autre avec reconnaissance
Ce qui restait obscur dans leur intelligence.
Émerveillés d'amour pour un maître si doux ;
Devant l'ombre de Dieu se mettant à genoux,
Et, l'un debout devant l'autre qui s'agenouille,
S'essayant à prier comme l'oiseau gazouille ;
Puis, quand leurs yeux venaient à rencontrer leurs yeux,
Quand des saintes leçons le reflet sérieux
Par degrés sur leurs fronts commençait à s'éteindre,
Redevenus enfants et courant pour s'atteindre,
Et de fruits et de fleurs et de jeux et d'amour
Ils épuisaient le miel de la coupe du jour.
Ainsi coulait en miel leur vie intérieure,
Et, comme dans le ciel, le temps n'avait plus d'heure.
Oh ! pourquoi ces jours d'or ne durèrent-ils pas ?
L'ange aurait envié leur exil d'ici-bas.

C'était l'heure où le soir fait tout pâlir et taire
Et semble dérouler la nuit d'un sanctuaire ;
Où l'âme a, comme l'arbre, une ombre qui s'étend
Sur les choses du jour comme un rideau flottant ;
Où la pensée en soi profonde et recueillie

Dans l'intime entretien de l'esprit se replie,
Et, semblable au parfum qui cherche à s'élever,
Veut aimer, ou chanter, ou prier, ou rêver.

Les deux amants, lassés de joie et de caresses,
Balayant l'herbe en fleurs avec leurs longues tresses,
Et brisant, en passant, les rameaux lourds de fruit,
Se rapprochaient de l'antre à petits pas, sans bruit,
Comme deux saints enfants, en baissant leurs paupières,
S'avancent vers le seuil des maisons de prières.
Car c'était le moment où le vieillard béni
Leur faisait rendre grâce à Dieu du jour fini,
Et, bénissant leurs nuits sous ses yeux commencées,
Nourrissait leur sommeil de ses saintes pensées.
Jamais l'homme divin n'avait autant tardé
A venir au-devant du couple intimidé ;
Les jumeaux, assoupis sur la mamelle pleine,
Dormaient déjà ; le son de leur paisible haleine,
Qui faisait de la mère ondoyer les cheveux,
Était là le seul bruit qui fît souvenir d'eux.
Les amants, étonnés de ce retard du sage,
Sans attendre l'appel s'approchaient davantage.
Du rocher par le soir jusqu'au fond éclairé,
S'encourageant l'un l'autre, ils montent le degré,
Et, l'épaule appuyée aux noirs piliers de l'antre,
Contemplent le vieillard assis à terre au centre.

Sur ses maigres genoux le saint livre fermé,
Par l'inspiration son front pâle animé,
Des roses de la vie une légère teinte
Montant d'un cœur ardent à la pommette éteinte,
Comme ces feux plus vifs dont le soleil penchant
D'un fugitif adieu colore le couchant ;
Au tremblement léger de sa lèvre plus blême

On voyait le vieillard se parler à lui-même.
Mais lui, comme un regard ébloui par le feu,
Ne voyait devant lui que sa pensée et Dieu !
« Et maintenant, Seigneur, disait-il à voix basse,
Ma journée est finie et mon vieux corps se lasse.
Mes jours, oh ! tu le sais, ont été longs et lourds !
O père, oh ! reprends-moi le fardeau de mes jours !
Rappelle à toi, mon Dieu, ton serviteur qui tombe ;
Je ne descendrai plus tout entier dans la tombe ;
Je n'emporterai pas ton saint nom avec moi.
J'ai là deux cœurs d'enfants pour hériter de toi :
Ton nom, que j'ai sauvé seul du vaste naufrage,
D'un monde rajeuni sera pour eux le gage.
Comme ils sont nés de moi, des enfants d'eux naîtront.
Aux fils de leurs amours leurs fils le transmettront :
Ta grâce sur le monde en étendra la trame,
Et tes adorateurs seront fils de mon âme !
C'est assez, c'est assez, brise le vil chaînon
Par qui le monde au monde aura transmis ton nom !
La terre est suspendue à cette seule idée !
Elle ne mourra plus, Seigneur, l'urne est vidée ;
La terre a bu ta loi pour vivre et refleurir !
Gloire à ton nom divin ! tu vis, je puis mourir !... »

Comme il disait ces mots, et que ses mains lassées
Retombaient vers le sol du poids de ses pensées
Dans l'immobilité d'un grand recueillement,
On entendit dans l'air un sourd frémissement,
Semblable au vol soudain des ailes de l'orage,
Quand la foudre et l'éclair luttent sous le nuage,
Et que dessous leur vol la mer écume et bout.
Le vieillard à l'instant sur le seuil fut debout ;
Et, pressant contre lui leur beau groupe qui tremble,
Les amants vers le ciel regardèrent ensemble.

Mais à peine avaient-ils cherché des yeux dans l'air,
Que, d'un vol plus bruyant et plus prompt que l'éclair,
Un navire céleste à l'étrange figure,
Couvrant un pan des airs de sa vaste envergure,
Sur les marches de l'antre à leurs pieds s'abattit.
Du choc du char ailé tout le mont retentit,
Et trois hommes sortant de ses flancs qui murmurent
Des glaives à la main sur le vieillard coururent :
« Rebelle, criaient-ils, confesse enfin les dieux !
Le roc même n'a pu te cacher à leurs yeux ;
En vain entre eux et toi tu mis tant de distance :
Tant que tu respirais pour nier leur puissance,
Tant que ta main gardait au monde inquiété
Les semences du doute et de l'impiété,
Tant que tu lui jetais, du sommet des nuages,
De ton livre infernal les exécrables pages,
Leur ivresse était triste et leur sommeil troublé ;
Cette heure raffermit leur saint temple ébranlé :
Le livre ! donne-nous ou ta vie ou le livre !
Monstre, invoque les dieux, ou tu cesses de vivre ! »

Par la gorge à l'instant saisissant le vieillard,
L'un d'eux sur sa poitrine élève le poignard,
Tandis qu'à la lueur du rayon pâle et terne
Les autres, parcourant l'ombre de la caverne,
Aperçoivent le livre à leurs pieds entr'ouvert,
Et le groupe tremblant dans le fond découvert.

Cédar, qui les prenait pour un pouvoir céleste,
D'un homme foudroyé gardait pour eux le geste,
Et, le front sur le roc à leurs pieds prosterné,
Attendait sans parler qu'ils l'eussent enchaîné.
Daïdha, s'enfonçant sous l'ombre qui l'abrite,
Et se collant au roc comme une stalactite,

Fait heurter le vieillard aux angles des parois,
Et du cap mugissant l'éternelle tempête
Froisse contre le roc ses membres et sa tête.
Ils laissent mesurer longtemps au saint vieillard
La mer, la profondeur, cent morts dans un regard.
Ils contemplent ses mains, par l'horreur étendues,
Se déchirer en sang sur les roches fendues,
L'horrible mort crisper ses vieux membres tremblants,
Et de son pâle front pendre ses cheveux blancs;
Puis, quand leur cruauté pense que la torture
A surmonté l'esprit et vaincu la nature,
Son glaive dans la main un d'entre eux se penchant,
De la corde qui vibre approche le tranchant,
Y plonge lentement la moitié de la lame :
« Adonaï, dit-il, à ce fer tient ton âme!
Sur le gouffre et la mort d'un fil je te suspends!
Ta vie est dans un mot : dis que tu te repens,
Dis que nos dieux sont dieux, que le tien est un rêve,
Ou j'enfonce à l'instant l'autre moitié du glaive! »
De son bras, à ces mots, une contraction,
Imprimant à la corde une vibration,
Fait rebondir trois fois, comme un poids qu'on secoue,
Le vivant, sur le vide où son âme se joue,
Et contre le rocher le ramène meurtri!
« Eh bien! pour achever, j'attends ton dernier cri.
Parleras-tu, vieillard? Vois, la corde se broie,
Et le gouffre vengeur mugit après sa proie! »
Mais le vieillard, levant un œil serein et doux :
« Qu'attendez-vous? dit-il; mon Dieu! je crois en vous!
J'y croyais au séjour du mensonge et du crime,
J'y croyais dans la vie, et j'y crois sur l'abîme.
Que ce seul cri s'élève et revive après moi;
Dans la mort que je sens je tombe avec ma foi! »

Dans la corde, à ce cri, la lame qui s'enfonce
Au généreux martyr est la seule réponse.
Les bourreaux, avançant la tête sur les bords,
Regardent s'abîmer et tournoyer le corps :
Ses membres déchirés, ses cheveux, ses entrailles,
Sèment de leurs lambeaux ces sanglantes murailles.
Ils attendent longtemps que de son dernier choc
Le bruit terrible et sourd ait remonté le roc ;
Il remonte à la fin du fond noir de l'abîme,
Tardif, mais obsesseur, comme l'écho du crime ;
Leur oreille l'entend comme tout autre son,
Sans plus de repentir et sans plus de frisson
Que le berger assis au penchant des collines,
Qui fait rouler la pierre au fond de leurs ravines,
N'entend monter du sein du gouffre surplombant
Le bruit sourd du caillou qui se brise en tombant.
Déjà des noirs écueils une pointe avancée
Avait brisé là-bas la tête et la pensée ;
L'écume de la mer, en jouant sur ces bords,
Menait et ramenait les restes de ce corps ;
Et les aigles, broyant ce crâne séculaire,
Emportaient par lambeaux ses cheveux dans leur aire.

Dans la grotte muette ils rentrent un moment,
Rallument le bois sec dans le foyer dormant,
Jettent le livre saint page à page à la flamme,
Le regardent brûler comme un poison de l'âme,
Qui, soufflant dans les cœurs justice et liberté,
Pouvait de son sommeil tirer la vérité.
Pour que toute lueur avec lui dispersée
N'en laisse pas revivre une seule pensée,
Ils en jettent la cendre aux quatre vents des cieux ;
Mais le vent que Dieu souffle, et qui trompe leurs yeux,
De cette cendre ardente où se brûlent ses ailes

Emporte au monde entier les saintes étincelles,
Comme un semeur divin qui sème où Dieu prescrit
Pour les peuples futurs les moissons de l'esprit;
Et chaque nation que la terre renferme
Dans ses sillons, plus tard, en trouvera le germe...

Le couple cependant, du martyre témoin,
Du fond de sa terreur avait tout vu de loin :
La voix de la victime et le bruit du supplice
Leur étaient remontés du fond du précipice;
Ils attendaient pour eux le sort du doux vieillard,
Et leur cœur s'échangeait dans un dernier regard;
Mais les hommes de sang, avec des mains plus douces,
Comme on prend deux oiseaux blessés dessous les mousses,
Avec un dur respect, sans froisser leurs beaux corps,
Les ramassent de terre et les portent dehors,
Les couchent à leurs pieds au fond de la nacelle,
Et font bondir du sol leur esquif qui chancelle.
Cédar et son amante, en sentant fuir le sol,
Croyaient qu'un grand oiseau les emportait du vol,
Et, ne comprenant rien à l'étrange mystère,
D'un éternel adieu se détachaient de terre.

Or ces chars, des mortels sublime invention,
Dans les âges voisins de la création
Où, sur les éléments conservant son empire,
L'art imposait ses lois à tout ce qui respire,
N'étaient qu'un art humain, sacré, mystérieux,
Comme un secret divin conservé chez les dieux,
Et dont, pour frapper l'œil de l'aspect d'un prodige,
Les seuls initiés connaissaient le prestige.
Dans la profonde nuit de leur plus haute tour,
Des esclaves sacrés les dérobaient au jour :

HUITIÈME VISION.

Dans les solennités de leur culte terrible,
Le char, pendant la nuit, s'élevait invisible,
Puis, dans l'air tout à coup de feux illuminé,
Planant comme un soleil sur le peuple étonné,
On le voyait s'abattre au-dessous des nuages
Comme apportant aux dieux de célestes messages;
La superstition et la servilité
Assuraient le respect par la crédulité.
C'est cet art disparu que Babel vit éclore,
Et qu'après dix mille ans le monde cherche encore!
Pour défier les airs et pour s'y hasarder
Les hommes n'avaient eu dès lors qu'à regarder :
Des ailes de l'oiseau le simple phénomène
Avait servi d'exemple à la science humaine.

A leurs flancs arrondis le char était pareil;
Dans sa concavité légère, un appareil
Pressait à flots cachés un mystère fluide
Plus léger que l'éther et flottant sur le vide :
Du vaisseau dans les airs il élevait le poids,
Comme sur l'Océan se soulève le bois.
Les hommes, mesurant le moteur à la masse,
S'élevaient, s'abaissaient à leur gré dans l'espace,
Dépassant la nuée ou rasant les hauteurs;
Et, pour frayer le ciel à ses navigateurs,
Pour garder de l'écueil la barque qui chavire,
Un pilote imprimait sa pensée au navire.
D'un second appareil l'habile impulsion
Donnait au char voguant but et direction.
Du milieu de la quille un mât tendait la voile,
Dont la soie et le lin tissaient la fine toile;
Sur le bec de la proue un grand soufflet mouvant,
Comme un poumon qui s'enfle en aspirant le vent,
Engouffrait dans ses flancs un courant d'air avide,

Et, gonflant sur la poupe un autre soufflet vide,
Lui fournissait sans cesse, afin de l'exhaler,
L'air dont, par contre-coup, la voile allait s'enfler.
Ainsi, par la vertu d'un mystère suprême,
Un élément servait à se vaincre lui-même !
Et le pilote assis, la main sur le timon,
Voguait au souffle égal de son double poumon.

Mais les amants, assis sous le mât qui chancelle,
Et dépassant du front les bords de la nacelle,
Flottaient sans rien comprendre au double mouvement
Qui les engloutissait dans le noir firmament.
Les grands balancements de la légère quille,
Roulis aériens de l'éther qui vacille,
Semblaient d'un astre à l'autre aux sept cieux les lancer,
Étourdissaient leurs fronts qui cessaient de penser,
Et les sourds sifflements de la brise nocturne
Battaient sans l'éveiller leur effroi taciturne.
Tantôt la nue en eau semblait les enfermer ;
Comme un vaisseau qui sombre aux gouffres de la mer,
Ils fendaient, engloutis, ces ténèbres palpables :
L'écume des brouillards ruisselait sur les câbles,
Et leurs cheveux d'horreur sur leurs têtes dressés
Distillaient l'eau du ciel sur leurs membres glacés.
Tantôt, sortant soudain de la mer des nuages,
Les étoiles semblaient pleurer sur leurs visages ;
Puis, au branle orageux des ondulations,
De constellations en constellations,
Les étoiles, fuyant au-dessus de leurs têtes,
Couraient comme le sable au souffle des tempêtes :
On eût dit que le ciel, dans un horrible jeu,
S'écroulait sur leur voile en parcelles de feu.
Mais la barque bientôt retrouvant l'équilibre,
Et planant, sans rouler, dans l'azur clair et libre,

Comme nous berce un songe avant notre réveil,
Sans mouvement, de peur d'agiter le sommeil,
Sur la vague élastique à peine cadencée
Ils fendaient l'horizon du vol de la pensée.

A mesure qu'au but la voile s'avançait,
Des teintes du matin le ciel se nuançait.
Déjà, comme un lait pur qu'un vase sombre épanche,
La nuit teignait ses bords d'une auréole blanche;
Les étoiles mouraient là-haut, comme des yeux
Qui se ferment, lassés de veiller dans les cieux;
Le soleil, encor loin d'effleurer notre terre,
Comme un rocher de feu lancé par un cratère,
Au lieu de se lever du nocturne plafond,
Montait, pâle et petit, de l'abîme sans fond,
Et ses rayons lointains, que rien ne répercute,
Du jour et de la nuit amollissaient la lutte.

Bientôt sous le navire, atteint de sa clarté,
Ils virent à leurs pieds, perçant l'obscurité,
Un globe pâlissant surgir des ombres vagues,
Comme une île au matin qu'on voit monter des vagues :
C'était la terre, avec les taches de ses flancs,
Ses veines de flots bleus, ses monts aux cheveux blancs,
Et sa mer qui, du jour se teignant la première,
Éclatait sur sa nuit comme un lac de lumière.
« Terre! » dit une voix; et par un art secret,
S'abattant comme un aigle où sa proie apparaît,
Le navire égaré sur ces flots sans rivage,
Sur les monts et les mers redressa son sillage,
Et, dirigeant sa proue aux pointes du Sina,
Sur la mer Asphaltite en glissant s'inclina.
Il entendit d'en haut battre contre ses rives
Les coups intermittents de ses vagues massives,

Sentit monter son vent dans sa voile fraîchi,
Au miroir de ses flots vit son vol réfléchi,
Et, suivant le Jourdain au rebours de sa course,
Avec Gad et Saphad s'éleva vers sa source.
Le saint fleuve déjà d'avenir bondissait,
Et de Génésareth le lac éblouissait !
On eût dit que leurs eaux pressentaient sous les âges
Les grands pas qui devaient sacrer leurs saintes plages.

Les cimes du Liban, qu'ils avaient à franchir,
Devant les nautoniers commençaient à blanchir ;
Ils entendaient grossir cet immense murmure
Qui sifflait nuit et jour parmi sa chevelure,
Comme un souffle lointain de l'inspiration
Que donnerait le cèdre aux harpes de Sion ;
Ils voyaient ondoyer en bas, à grandes ombres,
La bruissante mer de leurs feuillages sombres ;
Leurs flèches frémissaient sous le sillon grondant.
L'astre du jour déjà baissait vers l'occident.
Au-dessus d'une sombre et profonde vallée,
La barque suspendit soudain sa course ailée,
Et, comme dans une anse à l'abri d'un rocher
Le corsaire d'Ydra plonge pour se cacher
Jusqu'à l'heure où la nuit obscurcira la voile,
Le long du mât couché faisant plier sa toile,
Le pilote laissa son esquif onduler
Jusqu'au soir, sous la lune, au doux roulis de l'air.
Tandis que le vaisseau flottait à l'aventure,
Les matelots prenaient un peu de nourriture,
Et comme des oisifs, accoudés sur les bords,
D'un œil vague et distrait ils regardaient dehors
Écumer les torrents, pyramider les cimes,
Et les aiglons en bas tourner sur les abîmes.
Les lions seuls alors rugissaient dans ces lieux.

HUITIÈME VISION.

Quand la nuit renaissante eut obscurci les cieux,
Comme un oiseau qui part de la branche ébranlée,
La barque s'éleva vers la voûte étoilée,
Doubla comme un grand cap dans le ciel menaçant
Du Sannim nuageux le sommet mugissant,
Du Liban qui décroît redescendit la pente
Vers la plaine profonde où le Lithis serpente,
Et dans les libres flots d'un transparent éther
Sur le ciel des géants commença de flotter.

Déjà, comme un fanal qui sur l'écueil vacille,
Une vaste lueur ondoyait sur sa quille :
C'étaient les mille feux de l'immense Babel,
Comme un rouge volcan reflété dans le ciel.
L'esquif aérien, guidé par cette flamme,
De l'air sous son sillon faisait gronder la lame;
Le timon frémissait dans la robuste main.
Il plongea lentement dans ce cratère humain;
Comme des grandes mers qui battent leurs rivages,
Un bruit sourd et croissant montait jusqu'aux nuages.
Cédar et Daïdha regardaient autour d'eux,
Ne sachant d'où venait ce bruit tumultueux :
Involontairement au choc penchant leur tête,
Ils croyaient approcher d'une grande tempête,
Et s'étonnaient de voir dans un ciel de cristal
Le navire flottant bercé d'un souffle égal.
Par degrés cependant leur oreille assourdie,
Se penchant du côté de l'immense incendie,
Dans l'orageux roulis de ce bruit souterrain
Crut reconnaître l'âme avec l'accent humain;
Et plus le bruit croissant grossissait dans les nues,
Plus leur âme sondait ces clameurs inconnues.

De ces grands murs remplis par une nation,
C'était au soir d'un jour la respiration,
Ce bruit intermittent d'un million d'haleines
Dont les vagues de l'air sont sonores et pleines,
Lorsqu'une ruche humaine, avant de s'endormir,
Des passions du jour semble encore frémir :
Sourde ondulation de cette mer de vie
Où la vague de sons par une autre est suivie,
Où la longue clameur qu'un silence interrompt
Fait vibrer ou suspend les tempes dans le front ;
Où l'on entend mugir, par lointaines bouffées,
D'orageuses rumeurs sous d'autres étouffées,
Inextricable écho de sons, de cris, d'accents,
Dont on entend le bruit sans comprendre le sens !
Tel s'élevait du sein de la ville lointaine
Le bruit qu'interrogeait leur oreille incertaine :
Pas d'un peuple nombreux sous qui le sol gémit,
Coups sonores du fer sur l'airain qui frémit,
Roulement éternel des chars dans la carrière,
Cours du fleuve encaissé dans ses marges de pierre,
Grands orchestres jetant dans l'air mélodieux
En métalliques voix les ivresses des dieux,
Monotone soupir de la faim qui mendie,
Appels retentissants au meurtre, à l'incendie,
S'élevant confondus dans le calme des airs,
Ne formaient qu'un seul son de tous ces sons divers.
Un retentissement de verges et de chaînes,
Des râlements affreux de victimes humaines ;
Cris d'angoisse de mère à qui l'on disputait
Pour le couteau l'enfant que son sein allaitait,
De la vierge arrachée aux piliers qu'elle embrasse
Pour aller assouvir la fureur qui l'enlace ;
Émeutes aux pas sourds, assauts, séditions ;
Des applaudissements, des imprécations,

HUITIÈME VISION.

Déchirements de voix, vastes éclats de rire !
Puis, du sein d'un silence où toute voix expire,
Comme, au bord de la mer où le vent calme et sourd
Pousse à l'écueil grondant un flot égal et lourd,
Une neuvième vague, amoncelée en poudre,
Éclate sur l'écueil avec un bruit de foudre,
Une immense clameur s'élançant de la nuit
Montait du peuple entier en tempête de bruit,
Et, faisant trembler l'air comme une onde sonore,
Asphyxiait l'oiseau dans les feux de l'aurore.
A cette grande voix de ce monde nouveau,
L'esprit des deux amants tournait dans leur cerveau,
Et leur cœur tout tremblant, que la terreur resserre,
Sentait le contre-coup de chaque bruit de terre ;
Leurs tempes oubliaient de battre, et le frisson
Sur leurs membres glacés courait avec le son.

Envolés de leur lac, ainsi, lorsque deux cygnes,
Des précoces frimas voyant les premiers signes,
Pour dérober leurs fruits aux durs frissons du Nord,
En traversant le ciel passent du bord au bord,
Si leur vol les conduit sur un champ de batailles
Où deux peuples armés déchirent leurs entrailles,
Sur la plaine de sang où leur couple s'abat
Ils entendent rugir les vagues du combat ;
Les cris des combattants, les éclairs de la poudre,
Du cratère vivant font remonter la foudre ;
Dans le lac où leurs flancs aimaient à se baigner
Leur œil avec horreur voit les vagues saigner ;
A ces globes de fer que le salpêtre allume,
Jusque dans le nuage ils roussissent leur plume,
Et, sur ces champs d'horreur qu'ils ne peuvent quitter,
Leurs ailes sans ressorts n'osent plus palpiter.

NEUVIÈME VISION

C{EPENDANT, descendu sur l'horrible tempête,
L'esquif des hautes tours rasait le sombre faîte.
On eût dit à leur foule, à leurs sommets pressés,
En aiguilles, en arcs, en minarets dressés,
Une forêt de pierre où les granits, les marbres,
Auraient germé d'eux-même et végétaient en arbres :
Pyramides, palais, dressés sur leurs séants,
Ponts immenses montant sur leurs cintres béants,
Arcs sur arcs élevant de larges plates-formes
Servant de piédestal à des monstres énormes,
Obélisques taillés dans un bloc seulement,
Arrachés de la terre ainsi qu'un ossement,
Et sans rien supporter s'amincissant en glaive,
Dans le ciel étonné se perdant comme un rêve !
Aqueducs où grondait le fleuve aux grandes eaux,
Jardins aériens portés sur mille arceaux,

Dont les arbres géants, plus hauts que nos idées,
Jetaient sur les palais l'ombre de cent coudées!
Colonnades suivant, comme un serpent d'airain,
Des coteaux aux vallons les grands plis du terrain,
Où des troncs de métal, prodigieuses plantes,
Portaient à leurs sommets des feuillages d'acanthes ;
Des vases où fumaient des bûchers d'aloès
Pour embaumer, la nuit, la brise des palais,
Ou d'éclatants foyers, flammes pyramidales,
Qu'ondoyantes aux vents réverbéraient les dalles!

Le navire, voguant sur ces blocs en monceaux,
Comme un aigle au milieu de cent mâts de vaisseaux,
Craignait à chaque instant de déchirer sa quille
Contre une pyramide, une tour, une aiguille.
A travers ce dédale il dirigeait son vol,
Aux mille cris d'effroi qui s'élevaient du sol,
Vers le centre éclatant, des dieux forte demeure,
Qui dominait de haut la ville intérieure.
Là, planant de plus bas sur le sacré séjour,
Où les chefs s'enfermaient dans leur jalouse cour,
Ils virent, aux clartés de cent torches errantes,
Dans un jardin coupé de sources murmurantes,
Aux brises sans repos d'accords mélodieux,
Un innombrable essaim de déesses, de dieux,
Les regardant tomber comme file une étoile,
Et d'un immense cri faisant trembler leur voile.

Mais avant que l'esquif, un moment suspendu,
Au niveau des remparts de marbre eût descendu,
Celui qui paraissait régner sur cette foule
Fit un geste : aussitôt, comme la feuille roule
Quand le vent du midi qui vient la balayer
L'amoncelle en courant et la fait ondoyer,

NEUVIÈME VISION.

Par le geste écartés, ces hommes et ces femmes,
Montrant dans leur pâleur tout l'effroi de leurs âmes,
Sans oser vers le ciel détourner un regard,
Du jardin interdit s'enfuirent au hasard.
Le roi seul, entouré par un groupe céleste
De femmes, de géants, indique par un geste
Au pilote attentif le sommet d'une tour
Dont des créneaux d'ivoire enfermaient le contour;
Il y monte à pas lents d'étages en étages,
Et le navire enfin y descend des nuages!

Sitôt qu'il eut touché terre comme un oiseau,
La voile s'abaissa sur son mât de roseau,
Et des flancs affaissés de l'obscure nacelle,
Comme des bords penchés d'un vaisseau qui chancelle,
Les géants descendus saluèrent leur roi;
Débarquant les captifs immobiles d'effroi,
Comme des chiens dressés traînent, souillés d'écume,
Ou le daim ou l'oiseau dont ils mordent la plume,
Ils portèrent meurtris, dans leurs bras triomphants,
Aux pieds du roi des dieux le couple et les enfants.

L'aspect inattendu de cette jeune proie
Arrache à tous un cri de surprise et de joie;
Un silence succède à ce ravissement.
Aux clartés d'un flambeau promené lentement,
Et dont chaque lueur flottant sur leur visage
Paraissait dépouiller un ange d'un nuage,
Les deux bras soulevés par l'admiration,
Les géants l'exhalaient en exclamation.
Ils contemplaient des yeux, ils caressaient de l'âme
Le torse aérien de cette jeune femme,
Ces membres qu'ombrageaient, de sa tête à ses pieds,
Comme une écume d'or, ses cheveux dépliés;

Le marbre palpitant de ses épaules blanches ;
Ses bras par la langueur affaissés sur ses hanches,
Mais qui, s'ils s'entr'ouvraient jamais, dans leur contour
Devaient former l'anneau d'un invincible amour ;
Ce sein naissant, plus blanc que le lait qui découle,
Neige qui d'une coupe a conservé le moule
Et que deux blanches mains de leurs doigts entr'ouverts
Pressaient, mouches d'été sur des fruits encor verts ;
Ce long cou renversé sur l'épaule assouplie,
Dont la grâce a moulé chaque muscle qui plie ;
Cette bouche entr'ouverte, aux deux bords de vermeil,
Grenade de Damas éclatée au soleil,
Et d'où semblait sortir, avec sa faible haleine,
D'espérance et de doute une âme toute pleine ;
Ce pli de la douleur entre ses deux sourcils,
Ces perles qui brillaient sur le bord de ses cils ;
La pâleur de l'effroi, la rougeur de la honte,
Répondant sur sa joue au regard qui l'affronte ;
Vers Cédar enchaîné ces soupirs étouffants ;
Ce sourire de mère à ses pauvres enfants ;
Et ces yeux où l'éclat de cette torche errante
Brillait comme un reflet de feu dans l'eau courante,
Et laissait voir au fond de leur morne splendeur
Comme un monde sans fond d'amour et de candeur !

Puis arrachant leurs yeux de la céleste image,
Et portant la clarté sur un autre visage,
Ils contemplaient Cédar immobile à leurs pieds,
Embrassant des deux bras ses genoux repliés,
Et, comme pour cacher l'âme sur sa figure,
Laissant pendre en flots courts sa noire chevelure.
Sous le fer, en anneaux sur ses membres rivé,
Son beau corps s'affaissait ; mais s'il s'était levé,
On voyait que sa haute et robuste stature

Eût dépassé les dieux de toute la ceinture.
Les lourds anneaux de fer tordus par ses efforts
De quelque tache bleue avaient souillé son corps;
Mais de ce corps charmant la forte adolescence,
Dont la grâce partout relevait la puissance,
De ses muscles naissants les palpitations
Dont le regard suivait les ondulations,
Dans un jeune olivier comme on suit sous l'écorce
Les membrures du tronc qui révèlent sa force;
La blancheur de sa peau qu'un frissonnant duvet,
Comme une ombre ondoyante, à peine relevait;
De son front foudroyé la beauté tendre et mâle,
La jeunesse et la mort luttant sur son teint pâle;
Ce tronc qui semblait là du ciel précipité,
Sa taille, sa splendeur, son immobilité,
Le faisaient ressembler à la pâle statue
De quelque dieu de marbre à nos pieds abattue,
Dont les lézards rampants craignent de s'approcher,
Et qu'en le mesurant la main n'ose toucher.
Insensible au regard qui tombait sur lui-même,
Quand le géant orné du divin diadème,
Jetant sur Daïdha son regard de trop près,
De son désir brutal profanait ses attraits,
Relevant de ses mains son front mélancolique,
Contractant son sourcil sur son regard oblique,
On voyait dans son œil son esprit flamboyer :
Ce coup d'œil contenu paraissait foudroyer,
Et ses fers, secoués d'un bond involontaire,
Sonnaient comme un faisceau que le vent jette à terre;
Les reines pâlissaient de frissons, et le roi
Laissait tomber la torche et reculait d'effroi!
Tel quand un bûcheron dans un chêne encor tendre,
Après l'avoir coupé, met le coin pour le fendre,
Dans le tronc déchiré s'il enfonce les doigts

Pour voir saigner la séve et se tordre le bois,
Les deux bords rapprochés de sa large blessure
Font tout à coup crier l'homme sous leur morsure,
Et, saisissant la main qui le torture à bas,
L'arbre tombé se venge en emportant le bras!

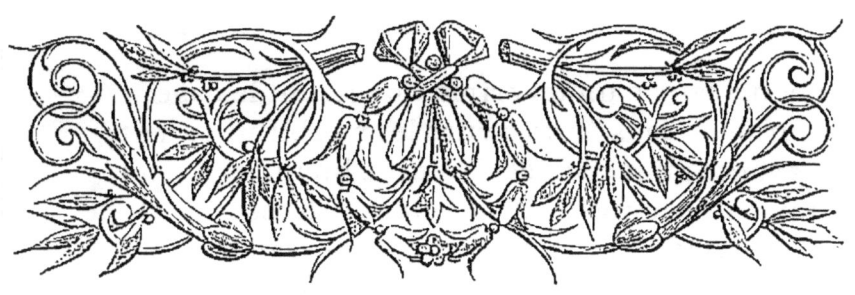

DIXIÈME VISION

Q<small>UAND</small> le maître des dieux, sur l'homme et sur la femme,
Dans ce premier regard eut assouvi son âme,
Les bourreaux prosternés racontèrent comment,
Tel qu'un éclair vengeur tombé du firmament,
Sur la grotte où l'impie ourdissait ses blasphèmes,
Sa mort avait vengé leurs volontés suprêmes;
Comment ce nid obscur de malédiction,
D'où sortaient le murmure et la sédition,
Avait vu dévorer en cendres par les flammes
Ce livre empoisonneur qui fascinait les âmes;
Et comment, du désert hôtes mystérieux,
Ces deux amants trouvés avaient ravi leurs yeux,
Et, chargés par leurs mains de chaînes et d'entraves,
Venaient servir aux dieux de victimes, d'esclaves.

Au récit de la mort du traître Adonaï,
Voyant du souverain le front épanoui
S'éclairer comme un mont qui surgit d'un nuage,

Les bourreaux d'un tel crime imaginant le gage,
Savouraient dans leurs cœurs leur sublime forfait,
Et d'avance au service égalaient le bienfait.
« Ministres courageux des divines colères,
Dit Nemphed, recevez vos trop justes salaires. »
En leur jetant ces mots, de son pied soulevé,
De cinq coups convulsifs il frappe le pavé.
Au terrible signal qu'un sourd écho répète,
Sortent en se courbant, d'une trappe secrète,
Cinq colosses humains, exécuteurs cachés,
Monstres dressés au sang, par le sang alléchés,
Dont la langue arrachée assure le silence.
Un fer nu à la main, chacun des cinq s'élance
Sur un des cinq géants de l'esquif descendus :
Le fer plonge cinq fois dans leurs cœurs confondus;
Le blasphème à la bouche, ils roulent sur les dalles
Aux pieds du roi des dieux, qui sourit de leurs râles;
Leur âme sous ses yeux s'échappe en lacs de sang;
Il joue avec l'orteil dans ce flot rougissant,
Comme au bord du ruisseau, sur la grève qui fume,
Un pied d'enfant distrait badine avec l'écume.
Et, quand toute leur veine a coulé de leur sein,
Les froids exécuteurs de son secret dessein,
Dans la mare de pourpre où leurs larges pieds glissent,
Prenant à quatre bras les cadavres qui gisent,
L'un par ses longs cheveux et l'autre par les pieds,
Comme on lance une roche aux gouffres effrayés,
Du gigantesque effort que l'élan leur imprime
Par-dessus les créneaux les jettent dans l'abîme.
Du faîte de la tour, qui leur brise le front,
On voit s'entre-choquer les membres et le tronc.

« Maintenant, dit Nemphed, qu'ils parlent à la terre !...
La mort seule et la nuit connaîtront ce mystère.

Célestes confidents de mon sacré pouvoir,
Qui pouvez seuls ici tout entendre et tout voir,
Que ces secrets divins meurent dans vos pensées
Par l'empire des cieux déjà récompensées !
Nos fourbes ont conquis ce pouvoir incertain,
Que la nuit rarement transmet jusqu'au matin :
Par nos complicités habilement tramées,
Sur les âmes des dieux soumises ou charmées
Prolongeons à jamais ce suprême ascendant !
De leurs séditions calmons le flot grondant !
Le trône veut sans fin qu'on trompe ou qu'on opprime :
Malheur à qui s'arrête un seul jour dans le crime !
Un plus hardi l'atteint aux périlleux sommets.
Que nos forfaits unis ne sommeillent jamais ;
Que la perversité d'en haut jamais ne s'use :
Le prestige des dieux, c'est le crime et la ruse !
Si d'un crime plus grand un autre est l'inventeur,
L'empire nous échappe et passe à son auteur !...

« Adonaï n'est plus ; le peuple qui sommeille
N'entendra plus d'en bas de voix qui le réveille.
Voyez, j'ai fait le crime, et j'ai coupé la main !
De l'enfer et du ciel chef-d'œuvre surhumain,
Le hasard m'a livré ces belles créatures
Dont la perfection fait honte à nos natures ;
Instruments de plaisir et de séduction,
J'ai des moyens nouveaux de domination ;
J'ai des projets sur eux qui ne font que d'éclore...
Ils m'ont frappé l'esprit comme d'un météore.
Allez, laissez-moi seul de mon vague dessein
Couver sous le secret les ombres dans mon sein ;
Et vous, allez jouir des célestes délices
Que ma main vous assure à force de supplices ! »
Puis, montrant aux muets par son doigt gouvernés

Les deux jeunes amants sur le marbre enchaînés :
« Emportez, leur dit-il, au palais des esclaves
Ce jeune enfant des bois rivé dans ses entraves ;
Qu'on prépare son corps avec précaution
A subir des muets la mutilation.
Pour énerver en lui cette audace virile,
Avant de le dompter il faut qu'on le mutile ;
Aux eunuques jaloux livrez le lionceau :
Que sa virilité tombe sous leur ciseau !
Arrachez ces jumeaux qui frissonnent sur elle,
Qu'une esclave au lait frais leur donne sa mamelle ;
Qu'ils boivent quelques jours la vie avant la mort :
Ma sagesse, plus tard, parlera sur leur sort.
Quant à cette beauté qui les baigne de larmes,
Portez-la comme un dieu sans regarder ses charmes,
Devant moi, sous mes yeux, dans le sacré séjour
Où j'abaisse ma main sur ces roses d'amour.
Les rayons embrasés de la céleste flamme
Relèveront du sein ce beau front qui se pâme,
Des lèvres sur ses yeux boiront ces gouttes d'eau !
Qu'on rompe ces liens qui froissent cette peau !
Que l'huile de la menthe et les larmes de l'ambre
En rosée odorante inondent chaque membre ;
Qu'on égoutte les fleurs pour composer son bain ;
Que le lait soit son eau, que le miel soit son pain,
Et que sur ses tapis elle n'ait pour entraves
Que les bras complaisants de vingt belles esclaves ! »

Il dit. Obéissant à ces accents sacrés,
Et de la tour sonore inondant les degrés,
Les esclaves courbés accomplissent son ordre.
En vain de Daïdha l'on voit les bras se tordre,
En vain sa voix brisée invoque son amant :
Le rire répond seul à son gémissement.

Aux tortures du corps de sa charmante proie,
Aux soubresauts du sein sous les ondes de soie,
Aux palpitations des muscles contractés,
Qui dévoilent à l'œil de nouvelles beautés,
Il semble qu'un regard plus satisfait l'attire,
Et que la volupté se double du martyre !
Tant la perversité des coupables désirs
Peut changer la douleur en féroces plaisirs,
Étouffer la pitié sous des instincts infâmes,
Abrutir la nature et renverser les âmes !...

Il la suit pas à pas, par ses cris fasciné,
Jusqu'au seuil du palais aux femmes destiné ;
Il détache à regret ses yeux de ce visage ;
Puis, le front tout rêveur et chargé d'un nuage,
Faisant pâlir de loin ses ministres tremblants,
Sous ses portiques d'or il s'enfonce à pas lents ;
Et, le front dans ses mains, terrible et sombre geste,
Il s'assied au banquet sur le trône céleste.

Or, au bruit de ces chants, aux vapeurs de l'encens,
Quelle distraction assourdissait ses sens ?
Aux éclats de plaisir des immortels convives,
Que roulaient dans leur front ces deux tempes pensives ?
De ce nuage obscur quel éclair sortirait ?

Nemphed de sa pensée avait seul le secret.
Adopté par les dieux dès sa première enfance,
Sans mère, sans amour et sans reconnaissance,
Dans l'intrigue des cours dès ce jour renfermé,
Nul sentiment humain en lui n'avait germé.
Son âme sans attrait n'était qu'intelligence ;
Ses passions, orgueil, ambition, vengeance :
Monter était pour lui l'univers tout entier,

Quel que fût sous ses pas l'abîme et le sentier;
Et comme il avait vu, dans les célestes luttes,
Que les grands pas étaient suivis des grandes chutes,
Pour gravir du pouvoir le sommet escarpé,
Sa sourde ambition dans l'ombre avait rampé.
Pour briser tout obstacle à sa fourbe sublime,
Sa main au lieu du glaive avait saisi la lime;
Soumettant à tout prix son orgueil déhonté,
De bassesse en bassesse il avait tant monté,
Il avait tant flatté les vanités pressées,
Avait tant infiltré sous terre ses pensées,
Tant servi, tant trahi de maîtres couronnés,
Pour des maîtres futurs d'avance abandonnés;
Il avait tant flairé sur des ondes limpides
Du vent encor dormant les invisibles rides,
De tant de dieux rivaux soufflé les passions,
Et tant vu remuer de flux de factions,
Qu'à chaque mouvement de la vivante houle
Un flot l'avait d'en bas soulevé dans la foule,
Laissé tomber, repris, laissé, repris cent fois,
Jeté comme une écume au piédestal des rois!

Nul sentiment humain, battant dans sa poitrine,
N'avait fait dans sa marche hésiter sa doctrine;
Dans son chemin couvert pitié ni repentir
N'avaient pu seulement d'un pas le ralentir.
Pour l'ami renversé, sans regard et sans honte,
L'homme n'était pour lui qu'un échelon qu'on monte,
Et dont on foule, après, le corps avec mépris.
Les hauteurs du pouvoir sont faites de débris.
Il riait dans son cœur de l'imbécile foule
Qui s'arrête à compter les corps morts qu'elle foule :
« Quand au faîte escarpé l'on dirige ses pas,
Malheur, se disait-il, à qui regarde en bas! »

DIXIÈME VISION.

C'est ainsi que, planant sur sa caste insensée
De toute la hauteur de sa froide pensée,
Jusqu'au trône céleste il s'était élevé.
Tel un miasme impur des marais soulevé ;
Traînant dans les bas lieux sa masse infecte et sombre,
De la fange exhalé, croupit longtemps dans l'ombre,
Puis, de ce vil niveau par degrés s'élevant,
Salit de ses lambeaux les ailes de tout vent,
Et dans le ciel enfin, éclatant météore,
Y fait briller sa boue à l'égal d'une aurore !

Maintenant sur le faîte, et l'abîme à ses pieds,
Il n'osait le sonder de ses yeux effrayés,
Et, pour y résister au vent qui le secoue,
Il rampait sur le trône ainsi que dans la boue :
Son empire n'était qu'une adulation
Aux chefs toujours déçus de chaque faction ;
Et, sur ce lac bouillant de sa ruine avide,
Il vivait de terreur, suspendu sur le vide !
Mais, bien qu'il renfermât sa pensée en dedans,
Sa domination voulait des confidents :
Ministres corrupteurs d'infernales intrigues,
Pour épier les cœurs et déjouer les brigues,
Pour lire sous les fronts et sonder le terrain,
Pour serrer tour à tour ou ramollir le frein,
Pour garder du complot la fortune du maître,
Sa coupe de poison, et son sommeil de traître,
Des dieux inférieurs à sa grandeur vendus,
De ses nuits, de ses jours, compagnons assidus,
Fils secrets et brisés de sa sanglante trame,
Entraient dans sa pensée et surprenaient son âme.
C'est par eux qu'il tenait sous d'habiles niveaux
Les partis endormis l'un de l'autre rivaux,
Et que, séparant seul leur orageuse lutte,

En les voyant monter il retardait sa chute.
Sabher, Azem, Akil, Serendyb, Asrafiel,
Étaient les confidents des hauts secrets du ciel;
Chacun, feignant l'amour pour le tyran suprême,
Dans ce chef méprisé n'adorait que soi-même,
Épiant le moment de le précipiter
Du faîte où leur dédain l'avait laissé monter;
Et lui, lisant du cœur leur haine dans leurs âmes,
Les tenait sous sa main comme un glaive à deux lames,
Qui défend la poitrine et blesse en défendant.

Son cœur dans un seul cœur se fiait cependant;
C'était un cœur de femme encore enfant, ravie
A sa mère inconnue en venant à la vie,
Fruit vert que mûrissait la prostitution,
Que, bien moins pour l'amour que pour l'ambition,
Nemphed, déjà glacé par les neiges de l'âge,
Avait soustraite jeune au banal esclavage,
A sa débile main préparée en appui,
Et jusqu'au rang suprême emportée avec lui.
Son nom était Lakmi. Sous sa douzième année
Sa joue était déjà légèrement fanée;
Car le miasme impur de cet air infecté,
Avant qu'elle eût fleuri, pâlissait la beauté.
Mais à la majesté de sa taille élevée,
A la splendeur des traits sur cette âme gravée,
Au marbre de sa peau sous les baisers poli,
A sa lèvre où l'orgueil naissant traçait son pli,
Au tissu délicat de chevelure noire
Qui de l'épaule à nu laissait briller la moire,
A l'ovale élargi de ses grands yeux de jais,
D'où son âme en s'ouvrant illuminait ses traits,
On voyait qu'une grande et puissante nature
Avait marqué d'un sceau la noble créature,

Et qu'un germe d'amour l'accomplirait plus tard,
Si l'homme ne l'avait brûlée à son regard!

Mais Nemphed sous son souffle avait flétri la rose
Avant que du matin la feuille fût éclose;
Dans la corruption d'un soleil trop hâté
Il avait fait mûrir son âme et sa beauté,
Et, pressé d'en tirer un infernal usage,
Il avait corrompu lui-même son ouvrage;
Il avait détaché ce cœur de tout lien
Pour l'arracher de terre et l'enchaîner au sien,
Et que, de ses forfaits instrument ou complice,
Elle eût la même gloire ou le même supplice.
Il l'avait enlacée, elle aux membres de lait,
A ses membres vieillis, ainsi qu'un bracelet
Que rive à l'avant-bras la vierge de l'Asie,
Et qu'on n'arrache plus du corps qu'avec la vie.
Non que son cœur stérile aimât la tendre enfant
Que son souffle tuait tout en la réchauffant;
Mais il avait besoin, pour mieux filer sa trame,
De se l'incorporer en se vouant son âme :
Elle était le lézard espion du serpent,
Qui devance au soleil le reptile rampant;
Le chacal que le tigre en avant de lui lance;
L'appât que le pêcheur sur les ondes balance;
L'aspic au dard de feu, sur soi-même endormi,
Que sur les bords du Nil la main d'un ennemi
Glisse dans la corbeille et cache sous la rose,
Pour distiller la mort à la main qui s'y pose!

Dès ses jours innocents pervertie à dessein,
Lui-même avait versé ses poisons dans son sein;
Comme on élève une âme à la chaste innocence,
A la perversité façonnant son enfance,

Il avait renversé par cet art infernal
Dans ce cœur tout à lui le vrai, le bien, le mal,
Donné d'une vertu le nom à chaque vice,
A la sincérité préféré l'artifice,
L'audace à la pudeur, la haine à l'amitié,
La cruauté railleuse à la tendre pitié ;
Et selon que l'enfant, de poison allaitée,
De malice et de crime était plus infectée,
L'instruisant par degrés de forfait en forfait,
Il la récompensait du mal qu'elle avait fait ;
Et pour horrible prix de cette horrible escrime,
Il lui donnait la joie avec l'orgueil du crime !...
Mais le dernier degré de cette instruction
Était l'œuvre accompli : dissimulation.

Aussi l'âme enfantine à cet air exposée,
Suçant l'odeur du sang au lieu de la rosée,
Par l'émulation torturant ses penchants,
Couvrait d'un front naïf l'astuce des méchants :
De génie et de grâce également douée,
Belle, tendre, pensive, et pourtant enjouée,
Savante à tous ces arts dont la corruption
S'efforçait d'exalter l'obscène passion,
A donner une voix à ces langueurs de l'âme,
Où sur des lits de fleurs la volupté se pâme ;
A feindre avec son corps le drame impur des sens
Dont la danse module en gestes les accents ;
A trouver dans les mots de si brillants symboles
Que la nature vit et sent dans les paroles ;
A composer, de sucs exprimés par ses mains,
Des philtres qui versaient des songes surhumains ;
A simuler du geste ou l'amour ou la haine
Qu'écrit la passion sur la figure humaine,
A passer à son gré du rire faux aux pleurs ;

A tresser ses cheveux des haleines des fleurs,
A donner au contact de ses lèvres errantes
L'odeur et le frisson des brises enivrantes;
A fasciner tout œil tombé dans son regard,
A remuer le cœur, même au sein du vieillard!

Nemphed, qui de ces dons décorait son ouvrage,
Les faisait servir tous à son infâme usage.
Bien qu'il fît son jouet de cet être charmant,
Ce jouet dans ses mains était un instrument,
Instrument de forfaits, dont la grâce et l'enfance
Écartaient de l'esprit jusqu'à la défiance.
C'est elle qui semait, par de rusés discours,
La discorde et l'envie, atmosphère des cours;
Qui fomentait la haine et soufflait les cabales
Pour nouer ou briser des intrigues rivales.
C'est elle qui, sous l'air d'un enfant indiscret,
Laissait comme échapper de son cœur un secret;
Secret qui, du tyran servant l'hypocrisie,
Déroutait des rivaux la sombre jalousie,
Et, détournant leurs yeux vers quelque faux dessein,
Au véritable coup leur découvrait le sein.
C'est elle qui, du cœur épiant les ivresses,
Leur surprenait un mot fuyant sous ses caresses,
Et, comme une tisseuse au doigt sûr et subtil,
Du seul bout de la trame ourdissait tout le fil;
Elle qui, préparant le piége où l'on trébuche,
Attirait en riant la victime à l'embûche.
Tandis que le poignard sur son front suspendu
La frappait, sans briller, d'un coup inattendu;
Elle qui, consommant des cruautés plus lentes,
Savait broyer la mort dans le venin des plantes,
Enivrer un amant et lui faire puiser
Sur ses lèvres de feu la mort dans un baiser!

Car, dans ce noir palais de ruse et de malice,
Toute lèvre en buvant soupçonnait le calice ;
Et pour verser la mort il fallait, ô stupeur !
Qu'un calice vivant la versât dans le cœur.

Par l'orgueil, et par l'or, et par mille délices,
Nemphed récompensait ces ténébreux services :
Elle jouait en reine avec son sceptre d'or,
Puisait, à son désir, dans le divin trésor,
Détachait de son front le sacré diadème,
Ou de son doigt jaloux l'anneau, signe suprême,
Et dont le seul aspect, du souverain des dieux
Faisait exécuter l'ordre silencieux.
Dans un palais touchant aux célestes demeures,
Cent esclaves choisis lui variaient les heures :
Les uns sous ses regards faisaient germer les fleurs,
Pour revêtir le sol de suaves couleurs ;
Les autres, de l'air même humectant les haleines,
Vidant et transvasant des urnes toujours pleines,
Ou des arbres trempés agitant les rameaux,
Donnaient au vent le froid et la senteur des eaux ;
Ceux-là faisaient pleuvoir, d'arcades en arcades,
Sur les gazons perlés les cheveux des cascades ;
Ceux-ci lui mariaient, au caprice des sens,
Les saveurs du festin tout embaumé d'encens ;
D'autres, pour la porter dans ses célestes chambres,
En corbeille animée assouplissaient leurs membres,
De peur que sous le poids de son corps étendu
Le muscle de leurs bras n'eût un pli défendu,
Et que ces chars vivants où son front se renverse
Ne lui fissent sentir le branle qui la berce ;
D'autres enfin, servant l'idole de plus près,
Eunuques réservés aux mystères secrets,
Des parfums du matin que l'art savant distille

Sur ses membres baignés faisaient ruisseler l'huile;
Lui tressaient, pour vêtir son beau corps à ses vœux,
En les bordant de fleurs, des tissus de cheveux
Blonds ou noirs, par le fer enlevés dès l'aurore
A des fronts de quinze ans qui les pleuraient encore,
Comme nous enlevons, pour tisser nos habits,
La toison de l'hiver aux frissons des brebis.
Ces tissus d'Arachné, noués par la ceinture,
Pour diviniser l'art profanaient la nature.
Lakmi, s'enveloppant dans ces duvets soyeux,
Ne songeait plus aux pleurs qu'ils coûtaient à des yeux,
Mais, comparant leur fil, leurs couleurs, leurs haleines,
Jouait avec le souffle en ces toisons humaines,
Et, les entremêlant de bandelettes d'or,
Sous ses doigts frissonnants les sentait vivre encor.

Sa beauté ravissante, ainsi multipliée,
Au gré de la couleur tour à tour essayée,
Dans le cristal des murs où flottait son portrait
Et dans des yeux ravis longuement s'admirait;
Non que l'enivrement qu'elle avait d'elle-même
Fût ce besoin secret de charmer ce qu'on aime,
Mais ce besoin jaloux d'écraser d'un coup d'œil
Des rivales beautés la malice et l'orgueil.
Elle sortait de là séduisante et rieuse;
Éblouissant d'attraits la foule curieuse,
Abeille matinale à butiner son thym,
Couvrant son cœur profond d'un visage enfantin,
Elle errait à son gré dans ce palais des vices,
Pour prendre tous les cœurs à ses vils artifices :
Tantôt elle tendait l'astucieux filet
De ses ruses de femme aux sens qu'elle troublait;
Dans les cœurs alléchés semait les espérances,
Affectait des penchants, montrait des préférences,

Donnait aux doux regards de ses yeux caressants
Ces songes avant-goût de l'ivresse des sens ;
Tantôt s'insinuant, volontaire et folâtre,
Dans les groupes charmés d'une cour idolâtre,
Par la danse ou le son du luth mélodieux
Elle enchantait l'oreille et captivait les yeux.
Ame parmi ces corps, sa vive intelligence
Dominait les instincts de cette vile engeance ;
Le sourire hébété l'applaudissait toujours.
Tantôt s'interrompant par quelques fous discours,
Comme un enfant distrait qu'un vol de mouche entraîne,
Déposant, pour jouer, la majesté de reine,
Aux regards étonnés des femmes, des géants,
Elle allait se mêler aux plaisirs des enfants,
Se laissait défier à leur lutte, à leurs courses,
Jouait avec le sable ou l'écume des sources,
Trempait comme eux ses pieds, et de ses vêtements
Semait sur les gazons l'or et les diamants ;
Comme si de ces jeux la présence et l'image
L'arrachaient à son rang et lui rendaient son âge !
Aussi toutes les voix partout la demandaient ;
Tous les fronts à ses yeux, sombres, se déridaient.
Sous la fausse couleur dont il gardait l'empreinte
Le sien à force d'art écartait toute crainte.
On oubliait auprès de cet être charmant
Que l'ombre de Nemphed la couvait constamment ;
On se laissait séduire à sa première vue :
Ainsi, lorsque la foudre éclate dans la nue,
Incendiant la mer de la flamme des cieux,
D'enfants assis au bord un groupe insoucieux,
Pour voir ce feu du ciel, se penche du rivage,
Et joue avec l'éclair, qui n'est que son image !

A ces banquets des dieux, aux pieds du maître assise,
Comme un oiseau privé, seule elle était admise,
Et Nemphed, du pouvoir pour oublier le poids,
Roulait de ses cheveux les ondes dans ses doigts.
Des autres confidents l'astucieuse troupe
S'écartait par respect du redoutable groupe,
Et, dieux inférieurs, sur les degrés du ciel
S'asseyaient à des rangs séparés. Asrafiel,
Le plus grand, le plus beau de ces Titans célestes,
Les dominait du front, du regard et des gestes;
On voyait que la terre avait, en le formant,
De la matière en lui prodigué l'élément,
Et, du feu des volcans que le tonnerre allume,
En secouant sa torche, animé cette écume.
La voûte de granit sentait sa pesanteur,
Sa taille des piliers égalait la hauteur;
Comme les nœuds du bois qui font renfler l'écorce,
Ses muscles au repos articulaient sa force,
Et sur sa nuque, égale aux nuques de taureau,
Au moindre pli du tronc palpitaient sous sa peau.
Ses bras nerveux, noués à l'épaule robuste,
Sur ses flancs onduleux pendaient le long du buste;
Ses larges pieds posaient au sol comme du plomb;
Et ses membres gardant l'équilibre et l'aplomb,
Même quand sous son poids penchait son tronc de marbre,
Rassuraient le regard et ressemblaient à l'arbre
Qui, dans le roc profond sous terre enraciné,
Balance aux vents ses bras sur son tronc incliné.

La foule des géants frissonnait à sa vue;
Sa main était l'étau, son poignet la massue;
Le peuple, à qui la force imprime le respect,
Le craignait, l'admirait, s'ouvrait à son aspect,
Et ne comprenait pas comment ce corps superbe

Sous les pieds de Nemphed se courbait comme une herbe,
Servait sa perfidie et son ambition,
Ni comment le serpent enchaînait le lion.
Mais cette force était son âme tout entière ;
Ses passions étaient celles de la matière :
Un seul doigt remuait ces immenses ressorts ;
Le seul feu des plaisirs couvait dans ce beau corps ;
L'inextinguible soif des voluptés obscènes
Allumait ses regards et desséchait ses veines ;
Et Nemphed s'assurait de sa complicité
En jetant la pâture à sa lubricité ;
Il apaisait son sang en nourrissant son vice,
Comme on gorge le tigre afin qu'il s'assouvisse.

De cette insatiable et vile passion
Ses traits désordonnés portaient l'impression :
Son front sans profondeur et fuyant en arrière
N'ombrageait qu'à demi sa saillante paupière ;
Le globe de ses yeux, d'un azur pâle et clair,
Dont la lourde paupière amortissait l'éclair,
Bien que vaste et sortant comme à fleur du visage,
Semblait toujours trempé d'un humide nuage,
Et, regardant à vide à travers ce brouillard,
En lui-même jamais ne rentrait son regard.
Dans ses canaux renflés sa sonore narine
Aspirait à grands flots le vent dans sa poitrine ;
Sa joue, où de la flamme ondoyait la couleur,
Trahissait de son sang la brutale chaleur ;
Sur les rebords pourprés de ses lèvres massives
On voyait respirer les images lascives ;
Et sur son sein le poil épais et chevelu
Flottait comme la soie aux flancs du bouc velu.
L'amour seul enflammait sa brutale énergie,
Et l'empire pour lui n'eût été que l'orgie.

DIXIÈME VISION.

Il regardait Lakmi jouant dans les genoux
Du souverain des dieux, avec un œil jaloux,
Et son âme, en dedans savourant ses caresses,
Se noyait dans ses yeux, s'enchaînait dans ses tresses.

A côté d'Asrafiel, mais moins fort et moins grand,
Le féroce Sabher s'asseyait à son rang;
Sabher, de tous ces dieux sous qui tremblait la terre,
De sang le plus gorgé, sans qu'il s'en désaltère!
Bourreau, sa main tuait, mais ne combattait pas;
Ses pères les géants l'appelaient le Trépas.
Cœur de lièvre au combat, cœur de tigre au carnage,
Sa cruauté sans borne était son seul courage.
Nemphed en avait fait son glaive et sa terreur,
Et l'on avait pour lui le respect de l'horreur.
Des voluptés du meurtre il faisait ses délices,
Toute sa joie était d'inventer des supplices.
Pour savourer le coup prolongeant le tourment,
Il ne donnait la mort qu'avec raffinement;
Il suçait la douleur dans les fibres humaines.
Goutte à goutte de sang il épuisait les veines,
Membre à membre il semait le mourant en lambeaux,
Brûlait à petit feu la victime aux flambeaux,
Déchirait la peau vive en saignantes lanières,
Des crânes décharnés arrachait des crinières;
Et, suspendant ainsi le squelette vivant
Aux créneaux d'une tour balancé par le vent,
Jusqu'à ce que la peau, du crâne détachée,
Du front qu'elle soutient fil à fil arrachée,
Abandonnant le corps, se rompît sous le poids,
Il le laissait tomber et mourir mille fois!

Cette panthère humaine en présentait les formes :
Ses gigantesques bras étaient longs et difformes;

Ses membres disloqués, mal attachés au corps,
S'emmanchaient pesamment à son buste distors;
Son cou grêle rentrait dans ses épaules hautes;
Ses flancs, vidés de cœur, s'enfonçaient sous ses côtes;
Son front, petit et bas, dégarni de cheveux,
Remuait agité d'un tremblement nerveux.
Sur son œil faux et gris sa paupière ridée,
Comme par la clarté du jour intimidée,
Se fermant, se rouvrant, sans repos palpitait.
Un sourire indécis sur sa bouche flottait,
Et laissait éclater entre ses lèvres pâles
Des dents que séparaient de larges intervalles,
Et qui, faisant le bruit d'une bouche qui mord,
Semblaient broyer des os comme un tigre qui dort.
Le cou tendu, l'œil fixe, et l'oreille dressée,
Dans les yeux de Nemphed il plongeait sa pensée,
Cherchant à pressentir, comme un chien de boucher,
Quel sang lui jetterait son vil maître à lécher.

Serendyb., après lui, géant pensif et sombre,
Qu'une large colonne effaçait sous son ombre,
Écartant de la foule un dédaigneux coup d'œil,
Semblait s'envelopper d'un égoïste orgueil.
Par le pli du dédain sa lèvre rebroussée
Donnait l'air de l'insulte à sa forte pensée.
Son œil profond rêvait sous son épais sourcil;
Les soucis allongeaient et creusaient son profil;
La morne indifférence éclatait dans ses poses;
Son regard descendait de haut sur toutes choses,
Comme le pied superbe et qui ne daigne pas
Choisir dans la poussière où s'impriment ses pas.
Le mépris des humains était son âme entière;
Ils n'étaient à ses yeux qu'une vile matière
Qu'il fallait façonner à son ambition,

Plier, briser, pétrir sous son oppression,
Sans prêter plus d'oreille au cri qu'on leur arrache
Qu'on n'en prête au bois sec qui gémit sous la hache,
Ou qu'en foulant l'argile un stupide potier
N'en prête au vil limon pétri dans son mortier !

Sans avoir de ce peuple amour, terreur ou haine,
C'est sa main qui forgeait et qui rivait sa chaîne.
Il était l'inventeur des profanations
Dont ces Titans scellaient leurs dominations ;
C'est lui qui, soutenant leurs lois de son génie,
Avait en art savant écrit la tyrannie,
Et, sous le joug affreux qu'il appesantissait,
Courbait le front du peuple et l'assujettissait.

Ségor, Azem, Jéhu, géants aux fronts sinistres,
De cette infâme cour courtisans ou ministres,
Et chefs inférieurs de sourdes factions,
Complétaient ce festin d'abominations.
D'un vice ou d'un forfait leur horrible visage
Dans la laideur des traits répercutait l'image ;
Car dans la race impie, où le crime était grand,
Sur la scélératesse on mesurait le rang !...

Du nocturne banquet la gigantesque salle
Élevait sur leurs fronts sa voûte colossale ;
Les marbres, découpés en rameaux gracieux,
Semblaient y soutenir les étoiles des cieux,
Et la lune, y glissant comme sur un feuillage,
Dans des bassins tremblants y doublait son image.
A ce grand dôme à jour sous le bleu firmament,
A ces eaux qui jouaient dans le marbre écumant,
A ces murs entr'ouverts aux brises comme aux ondes,
Aux fûts aériens de ces colonnes rondes,

Où le vent, circulant comme sous les forêts,
Apportait des jardins le parfum et le frais,
On sentait que ces murs, ces palais du mystère,
D'un inutile poids écrasaient cette terre;
Que leurs arches de pierre et leurs cintres béants
N'étaient dans ces climats qu'un luxe de géants,
Et que par cette vaine et massive structure
Ils avaient par orgueil défié la nature !
Cent colonnes portaient le long entablement;
Mais quand on contemplait l'étrange ameublement,
Quand on portait les yeux, du cintre jusqu'aux dalles,
Sur le luxe effréné de ces murs de scandales,
L'âme humaine fuyait sous le dernier affront,
Et les cheveux, d'horreur, se dressaient sur le front!...
Par des êtres vivants l'impie architecture,
Pour enivrer les yeux, remplaçait la sculpture.
D'une colonne à l'autre, en ornements humains,
Des enfants suspendus se tenant par les mains,
Et de plis gracieux arquant leurs membres souples,
En guirlandes de corps enlaçaient leurs beaux couples;
Au lieu de chapiteaux, d'autres enfants groupés
Semblaient porter le ciel sur leurs dos attroupés,
Et, sous la rude acanthe accroupis dans leurs niches,
Cariatide en chair, ils bordaient les corniches.
Sur la frise mouvante en foule circulait
Un long groupe que l'art mêlait et démêlait :
Femmes, enfants, guerriers, combats, amours obscènes,
Changeaient leur attitude et variaient leurs scènes,
D'un long fleuve de vie intarissable cours
Disparaissant sans cesse et renaissant toujours.
Muets comme le marbre, ils glissaient comme l'ombre :
Leur ondulation multipliait leur nombre;
Rapetissés à l'œil par leur éloignement,
A peine voyait-on leur léger mouvement.

DIXIÈME VISION.

On eût dit, à les voir animer cette frise,
Entre l'être et la mort la matière indécise,
Sous l'art surnaturel d'un magique pouvoir,
Avant de vivre encor forcée à se mouvoir.

Autour du fût poli des colonnes de marbre,
Comme le lierre en fleur autour du corps d'un arbre,
Qui s'enlace et serpente, et de nœuds festonnés
Cache la rude écorce aux regards étonnés,
Des spirales en chair, de jeunes formes nues
S'élevaient de la base et montaient jusqu'aux nues.
Leurs bras de la colonne embrassaient tout le tronc,
L'une plaçait ses pieds où l'autre avait le front :
Leurs membres suspendus, leurs mains entrelacées,
Par l'effort sur le dos leurs têtes renversées,
Sur le granit poli leurs muscles se tordant,
De leurs beaux fronts en pleurs leurs longs cheveux pen-
Ce gracieux chaos de corps et de visages,   [dant,
Ce ravissant amas de formes de tous âges,
Qui de chaque colonne enlaçant le pourtour,
Et de chair palpitante en brodant le contour,
Trompaient l'œil ébloui par l'infâme artifice,
Et faisaient ressembler le magique édifice
Au temple de la vie, où tous les blocs mouvants
Seraient bâtis de chair avec des murs vivants!...

Pour mieux idolâtrer tous les sens assouvis,
A des fronts de seize ans de longs cheveux ravis,
Comme au cygne habillé de ses plumes nouvelles
Pour amollir sa couche on moissonne les ailes,
Et tressés chauds encore en doux tissus soyeux,
S'étendaient en tapis sous les membres des dieux!
Duvet voluptueux, toisons de jeunes filles
Que d'odorantes fleurs on brodait aux aiguilles,

Et qui gardaient encor dans l'odeur et les plis
L'empreinte et le contour de beaux cous assouplis.
Sur ces tendres toisons couchant leurs membres rudes,
Ils étaient accoudés en molles attitudes.
Pour soutenir leur dos ou butter leurs genoux,
Ni siéges, ni carreaux, ni lits, ni coussins mous
N'avaient été jugés dignes de leur mollesse,
Et du seul corps humain la vivante souplesse
Pouvait, en se pliant à leurs moindres efforts,
Prêter sa complaisance aux mouvements du corps.
Des esclaves formés à cet usage indigne,
Et changeant d'attitude au geste, au moindre signe,
Hommes, femmes, couchés sur la natte autour d'eux,
Offraient leur blanche épaule à leurs membres hideux.
Dans ces coussins de chair ils enfonçaient sans crainte
Leurs coudes, dont un corps meurtri gardait l'empreinte ;
Sous le poids colossal de son maître étouffant,
Leur flanc lourd sous sa masse écrasait un enfant.
Leurs pieds chauds reposaient entre des mains d'ivoire ;
Et de fraîches beautés aux épaules de moire,
Sous leurs nuques de fer glissant leur beau cou rond,
Supportaient ces Titans qui renversaient leur front.
De ces monstres humains les insolents caprices
Pliaient ainsi la vie à leurs plus vils services.
Au lieu de bois et d'or sous leurs brutales mains,
Ils sentaient leur pouvoir dans ces meubles humains ;
Et la douce chaleur de la peau sous leur membre,
Plus suave au contact que l'ivoire ou que l'ambre,
Communiquant au corps sa tiède impression,
Leur donnait un plaisir à chaque inflexion.

Pour supporter le poids de cent mets délectables,
Ils n'avaient devant eux ni lourds trépieds ni tables ;
C'était pour leur orgueil un avilissement

Que d'étendre leurs bras vers le nectar fumant :
D'esclaves à genoux un admirable groupe
Sur leurs bras élevés leur présentant la coupe,
Avec leurs doigts de neige en corbeilles tressés
Imitaient devant eux des trépieds tout dressés,
Essuyaient sur le marbre, avec leur chevelure,
Du banquet ruisselant la lie ou la souillure,
Et, suivant attentifs les mouvements du corps,
Au niveau de leur lèvre élevaient ces supports.
Car ces monstres d'orgueil, enivrés d'esclavage,
De leurs membres sacrés ne faisaient nul usage,
Craignaient en s'en servant de les prostituer,
Et ne levaient jamais leurs bras que pour tuer !

Pour leurs goûts dépravés profanant la nature,
L'art changeait en forfaits jusqu'à leur nourriture ;
Demandant un délice à tous les éléments,
Ils écumaient le sel de tous les aliments.
Pour charmer leurs festins, tuant par hécatombes,
La moelle des agneaux, la langue des colombes,
Tout ce qui broute, ou nage, ou vole sous le ciel,
A pour le vil palais de plus substantiel,
Composait l'aliment de ces banquets célestes,
Et le peuple affamé se jetait sur les restes ;
Et la séve ravie aux rameaux mutilés,
Et des baumes en fleur les parfums distillés,
Et les feux du soleil, dont les liquides flammes
Des veines du pavot coulent dans les dictames,
Mêlés dans leur breuvage aux larmes de l'encens,
D'une ivresse éternelle incendiaient leurs sens.

Disputant ce service aux plus belles esclaves,
Et goûtant avant lui les mets les plus suaves,
Lakmi servait Nemphed, à ces festins sacrés,

De secrets aliments dans l'ombre préparés.
Le vieillard soupçonneux ne recevait que d'elle
Le breuvage effleuré par sa lèvre fidèle;
Sur la fin du banquet, quand les sens alourdis
D'ivresse et d'aliments paraissaient engourdis,
Que les regards distraits et la lèvre rougie
Semblaient préparer l'âme au comble de l'orgie,
Digne délassement de leurs affreux loisirs,
Un spectacle effréné variait leurs plaisirs.
Ce n'était pas ce jeu, cette feinte torture
Dont l'art sur le théâtre imite la nature,
Où le rire et les pleurs, le sang et le poignard,
Font frissonner la foule en trompant le regard,
Des scènes de la vie ingénieux emblème :
Leur spectacle, c'était la nature elle-même,
La nature surprise en ses impressions,
Avec ses cris réels, son sang, ses passions,
Ses plus intimes voix sous le coup éclatantes,
Et ses fibres à nu devant eux palpitantes !
Le peuple fournissait le drame et les acteurs.
Préparant la surprise aux divins spectateurs,
Un de ces vils tyrans, ourdissant cette trame,
Fatiguait sa pensée à composer le drame,
Et, choisissant pour scène un meurtre intéressant,
Le leur faisait jouer sous les yeux jusqu'au sang.
Pour que l'illusion fût le plaisir suprême,
Il fallait que l'acteur en fût dupe lui-même,
Et, victime ignorant l'artifice odieux,
Jouât, sans le savoir, son sang devant les dieux.

Ce jour-là, de ces jeux le prévoyant ministre
En avait surpassé l'invention sinistre :
C'étaient d'affreux combats de l'homme et des lions,
Des corbeilles d'aspics, des cuves de scorpions,

DIXIÈME VISION.

Où l'on faisait plonger parmi l'horreur du rire
Un bras d'homme trompé, crispé par son martyre,
Pour entendre éclater le cri de sa douleur,
Et de son front mourant savourer la pâleur;
Des corps vivants jetés dans un brûlant cylindre,
Pour entendre la chair crépiter et se plaindre;
Des blocs de lourd granit qu'on leur faisait rouler
Sur des ponts de roseaux tout près de s'écrouler,
Afin qu'à chaque pas, sur ces voûtes tremblantes,
La terreur de leurs pieds fît contracter les plantes;
Des fours que pour eux-même on leur faisait chauffer,
Et des pavés tranchants armés de dents de fer,
Que, pour fuir une mort plus horrible et plus sûre,
On leur faisait franchir tout hachés de blessure,
Entre d'affreux trépas d'affreuses options,
Et le rire insultant leurs hésitations!

Mais pour mêler aussi, dans ces scènes infâmes,
Aux tortures du corps la torture des âmes,
Des plaisirs du forfait l'ordonnateur brutal
Les avait combinés dans son drame infernal.

Il avait découvert, dans ce peuple servile
Que le sceptre des dieux écrasait dans la ville,
Un couple jeune et beau de fortunés amants;
Un enfant de six mois, fruit de ces cœurs aimants,
Délices de tous deux, extase de la mère,
Complétait, en l'ornant, ce bonheur éphémère.
De l'asile où leurs jours de joie étaient cachés,
Des bourreaux, le matin, les avaient arrachés :
Conduits séparément dans l'enceinte céleste,
Ils tremblaient l'un pour l'autre; ils ignoraient le reste;
La terreur et le doute écrasaient leur raison.
La scène était la cour d'une sombre prison,

Où les géants, du sein de leurs doux lits de roses,
Pouvaient sans être vus contempler toutes choses,
Où du drame réel les funèbres acteurs
Agissaient sans soupçon de l'œil des spectateurs.

Ichmé, c'était le nom de la jeune captive,
Sur un banc, dans un angle, était toute pensive ;
Ses yeux, rouges de pleurs, regardaient tour à tour
Son enfant qui dormait et les murs de la tour,
Et le pan bleu du ciel où la touchante femme
Avec ses gros soupirs semblait lancer son âme.
Tâtonnant les murs froids dans une demi-nuit,
Elle tendait l'oreille au moindre petit bruit.
Tout à coup des pas sourds lui font lever la tête,
Quelqu'un monte à la tour et paraît sur le faîte ;
Il incline son corps sur l'abîme profond,
Et son regard errant semble chercher au fond.
Un cri part à la fois du sommet, de la base ;
Ichmé lève ses mains dans une folle extase ;
C'est Isnel, son amant, qui du haut de la tour
Lui tend ses bras ouverts et la nomme à son tour !
« Ichmé, murmurait-il avec sa voix qui tremble,
Est-ce vous que je vois ? Quoi ! tous les trois ensemble !
Oh ! quelle nuit pourrait m'empêcher de te voir ?
Mais es-tu seule au fond de cet abîme noir ?
Nulle oreille des murs ne peut-elle m'entendre,
Nul œil nous découvrir, nul piége nous surprendre ?
— Oh ! parle ! répondait la captive à l'époux,
La distance et la nuit sont seules entre nous.
Mon cœur abandonné s'élance à ta parole ;
Je te tends sur mes bras l'enfant, ta chère idole :
Car sur mon sein tari, qui bat à ton accent,
Il a souri de joie en le reconnaissant.
De mon cachot obscur par une porte ouverte

J'ai traîné mes pieds nus dans cette cour déserte,
Pour faire respirer à notre pauvre enfant
L'air qui tombe des nuits ici moins étouffant.
Nul pas n'y retentit et nulle voix humaine;
Mon oreille n'entend rien que la rude haleine
Des lions enchaînés dans ces antres obscurs,
Dont les rugissements font frissonner les murs!
— O moelle de mes os, quel tourment! quelle joie!
Sans pouvoir vous toucher, faut-il que je vous voie?
Oh! comme l'hirondelle au sommet de ma tour,
Que ne peux-tu monter au nid de notre amour?
Si cette nuit n'est pas un songe, une chimère,
J'irai ravir aux dieux les petits et la mère!
Jusqu'à ces noirs créneaux où me cache la nuit,
De mon cachot ouvert des degrés m'ont conduit;
J'en parcours librement la haute plate-forme;
Au pied des murs déserts il semble que tout dorme!
La tour sert de rempart à la cité des dieux;
Le fleuve coule en bas, et brille sous mes yeux;
Des lierres où le pied glissant peut se suspendre
Jusqu'aux bords du courant nous laisseraient descendre,
Et je vous porterais au delà de ses eaux,
Dans l'antre où le lion cache ses lionceaux!

. . . .

Mais que vois-je! en ces lieux, par les dieux oubliée,
Une corde de jonc en serpent repliée
Semble nouée exprès aux créneaux de la tour
Pour tromper leur vengeance et pour sauver l'amour.
Ichmé! ne tremble pas! » Il dit et la déroule,
Le long des murs polis rapidement s'y coule,
Et, des astres du ciel seulement aperçu,
Entre des bras tremblants à terre il est reçu.
Oh! qui peindrait à l'œil ces deux têtes pressées,
Ces palpitantes mains autour du cou tressées,

Ces lèvres se quittant pour se serrer plus fort,
Ces membres fléchissant sous le poids du transport,
Ces silences coupés de paroles rapides,
Et ces mains dans les mains, et ces regards avides,
Assauts multipliés des mille sentiments
Que peignaient aux regards les gestes des amants !
Ils auraient fendu l'arbre et fait pleurer la pierre.
Mais les dieux ! rien d'humain ne mouillait leur paupière.
« Arrachons-nous, dit l'homme, à ces embrassements ;
La lune court au ciel, profitons des moments :
Sur la tour, où bientôt va poindre la lumière,
Laisse-moi dans mes bras t'emporter la première.
— Sauve d'abord l'enfant, dit la mère, et reviens,
De ses bras délié, me prendre dans les tiens ! »

Le jeune homme, à ces mots, dans une horrible transe,
Prend son fils sous l'aisselle, à la corde s'élance,
La presse des deux mains en renversant le front,
Y colle ses pieds joints comme un pasteur au tronc,
Et, sous le double poids dont cette échelle vibre,
En ménage avec soin l'ondoyant équilibre.
Ichmé les suit de l'œil et les soutient du cœur ;
Sa voix du jeune époux anime la vigueur.
Il atteignait déjà le tiers de la muraille ;
Soudain de pas humains le haut des tours tressaille :
L'ombre de corps géants s'y trace sur les cieux ;
La corde qui soutient le fardeau précieux,
Et dont le bout flottant traîne encor sur la terre,
Échappe, en remontant, à la main qui la serre,
Et, recevant d'en haut une vibration,
Décrit, en s'élevant, une ondulation.
O terreur !... au-dessous du créneau qui déborde,
Une invisible force a replié la corde ;
Là, son fils dans ses bras, le jeune homme éperdu

Se balance à cent pieds sur la mort suspendu.
La main surnaturelle en qui tremble le câble
Imprime aux corps flottants un branle épouvantable;
Les oscillations se doublent par le poids,
On dirait qu'elle veut les briser aux parois.
Comme une main terrible au branle de la fronde
Fait siffler l'air vibrant sous le caillou qui gronde,
L'élan du mur au mur les porte en bondissant;
Isnel à chaque coup les tache de son sang;
De peur que son enfant ne se brise aux murailles,
Son corps est un rempart, ses doigts sont des tenailles,
Tous ses membres crispés se ramassent en bloc;
Il présente son front pour lui parer le choc,
Prolonge sans espoir l'épouvantable lutte,
Et tombe mille fois pour disputer sa chute.

La mère cependant, levant vers eux les bras,
Les pieds cloués d'horreur, les regarde d'en bas :
Chaque fois que le câble éprouve une secousse,
Les murs tremblent d'horreur sous le cri qu'elle pousse;
Elle suit, en courant, et du geste et des yeux,
La courbe que décrit son amour dans les cieux,
Croyant, à chaque bond, que des doigts de son père
Le corps de son enfant va s'écraser à terre.
Mais comme un fil tendu par la balle de plomb,
Le câble lentement a repris son aplomb,
Et le groupe, affermi sur le frêle pendule,
Entre la double mort le long des murs ondule.
On n'entend que le vent au sommet de la tour.
Mais les pas des bourreaux résonnent dans la cour,
Et pendant que l'époux, par un effort sublime,
Son enfant dans les bras, le dispute à l'abîme,
Martyrisant Ichmé d'attentats odieux,
Ces monstres effrénés la souillent sous ses yeux.

Toutes les passions de la figure humaine,
Terreur, amour, pitié, rage, torture, haine,
Sur les traits contractés du père et de l'amant
Se peignent à la fois dans ce triple tourment.
Vingt fois ses doigts, crispés par l'horreur du supplice,
Sont prêts à s'entr'ouvrir sur la corde qui glisse;
Vingt fois, pour écraser le vil profanateur,
Il brandit son enfant sur eux comme un lutteur;
Mais chaque fois sa main, que la tendresse arrête,
Se refuse à lancer ce ceste sur leur tête.
Surmontant son horreur par un effort nouveau,
De la tour solitaire il atteint le niveau,
Et, pour soustraire au moins son petit au carnage,
Il traverse le fleuve et repasse à la nage.
. . . .
. . . .
Ichmé, que la douleur prive de sentiment,
Semble à ses souvenirs renaître lentement.
Pour presser son enfant sur sa mamelle aride,
Son bras cherche à tâtons et se referme à vide.
L'affreuse vérité la réveille en sursaut.
Son corps sur son séant se redresse d'un saut,
Sa poignante pensée en éclairs s'accumule;
Autour des sombres murs, penchée, elle circule,
Les deux mains en avant et n'osant les ouvrir,
Comme quelqu'un qui cherche et craint de découvrir!...
Aux soupiraux des cours elle colle l'oreille,
Où le fer enlacé se noue en forte treille:
Repaires souterrains, loges où les lions
Font vibrer en dormant leurs respirations.
L'œil ne peut pénétrer dans leur nuit sépulcrale,
Mais on sent leur haleine, et l'on entend leur râle.
Son cœur de mère, ô ciel! croit avoir entendu
Dans ces cachots de mort un pas sourd descendu:

DIXIÈME VISION.

Ce n'est pas un vain rêve, il approche, il redouble;
De lourds gonds ont gémi, son oreille se trouble.
Avec l'œil de son âme elle croit voir au fond :
Une confuse voix sort du gouffre profond.
Aux naseaux des lions qui mugissaient de joie,
Ces pas des pourvoyeurs font pressentir leur proie;
Leur souffle impétueux frémit dans les barreaux :
« Isnel, l'enfant ou toi ! répètent les bourreaux.
Nos bêtes de ta chair veulent leur nourriture;
Jettes-y ton enfant ou deviens leur pâture !... »
O comble de l'horreur ! Isnel semble hésiter,
Les bourreaux aux lions vont le précipiter.
Mais quelque chose tombe au fond du noir repaire :
Doute atroce ! est-ce, ô nuit, ou le fils ou le père?
Les lions couvrent tout de leur rugissement;
Puis d'un enfant tombé l'affreux vagissement,
Et le bruit de ses os que leur mâchoire broie,
A l'oreille de mère ont révélé leur proie...
Le sein contre la pierre elle tombe d'horreur,
Ses membres convulsifs palpitent de terreur;
Au cliquetis des os que les lionceaux mordent,
Ses bras désespérés sur sa tête se tordent;
Elle brise ses dents sur les barreaux de fer,
Et le cri de son cœur attendrirait l'enfer.

Cependant, descendu de la flottante échelle,
Isnel, pour l'emporter, reparaît devant elle :
Croyant voir de son fils le barbare assassin,
Son cœur, à cet aspect, se soulève en son sein.
Son pied, comme un serpent, recule; elle s'écrie :
« Monstre, as-tu pu donner notre âme pour ta vie?
Un père aux lionceaux a pu jeter son fils !
Et tu viens te montrer à la mère ! et tu vis !
Non ! tu ne vivras pas du pur sang de mes veines. »

Elle dit; et, levant un lourd faisceau de chaînes
Sur la tête d'Isnel à sa voix interdit,
D'un seul geste mortel le tue et le maudit !
Puis tournant contre soi cette main forcenée,
D'un tranchant de ces fers dont elle est enchaînée,
Elle s'ouvre la veine, et son corps pâlissant
S'affaisse en répandant le ruisseau de son sang ;.
Son beau front lentement tombe et se décolore,
Elle respire à peine, elle s'indigne encore.

. . . .
. . . .
. . . .
. . . .
. . . .

Tout à coup des flambeaux apportés dans la cour
Sur la scène de mort jettent un affreux jour;
Des tortures du cœur le féroce génie
D'un dernier désespoir veut railler l'agonie !
De l'erreur de la mère un bourreau triomphant
Plein de vie à ses bras rapporte son enfant,
Son enfant altéré qui l'embrasse et qui crie,
Et presse vainement sa mamelle tarie.
Des reproches mêlés d'affreux ricanement
Comblent son désespoir par son étonnement.
« C'était un jeu, vois-tu, jeune fille insensée !
D'immoler ton amant pourquoi t'es-tu pressée ?
Du repas des lions il était innocent.
Quel lait aura ton fils ? tiens, nourris-le de sang ! »
Les monstres, à ces mots, poussent un affreux rire :
D'une convulsion du cœur la mère expire,
Et les bourreaux, traînant le vivant et les morts
Vers l'antre des lions, leur jettent les trois corps !...

ONZIÈME VISION

A chaque acte infernal de ce lugubre drame,
Le visage des dieux montrait leur joie infâme.
On lisait sur leurs fronts, moites de cruauté,
Que la douleur humaine était leur volupté,
Et plus ce jeu féroce outrageait la nature,
Plus l'applaudissement égalait la torture.
Des battements de mains la salle s'ébranlait.
Du féroce Nemphed le front seul se voilait.
Seul distrait, et la main sur sa tête baissée,
Il roulait dans son front quelque lourde pensée;
Son empire glissant lui pesait dans la main,
Et son règne d'un jour penchait sans lendemain.

« Monté, se disait-il pendant l'horrible fête,
Monté de ruse en ruse à ce sublime faîte,
En équilibre ainsi mon pied s'y tiendra-t-il?
A de telles hauteurs tout vent est un péril.
Sous l'adoration tout œil cache l'envie.
Toute pensée aspire et dévore ma vie.
J'ai calmé jusqu'ici ce flot d'ambition

En jetant une proie à chaque passion :
Dans la mer de délice où ma ruse les vautre,
J'ai, pour les amortir, opposé l'un à l'autre ;
Et comme d'une voûte en butant les parois,
L'architecte soutient, par le seul contre-poids,
Ces grands blocs menaçants suspendus sur le vide,
Je marche en frémissant sous la voûte perfide
De haines, de complots et de rivalité,
Que soutient un moment ma seule habileté,
Mais dont un seul regard, un seul mot, un seul geste,
Détachant une pierre, entraînerait le reste,
Et sous mon édifice écraserait mon front.
Je les dominerai tant qu'ils se haïront,
Tant que, tenus par moi dans cette ardente lutte,
Ils craindront, moi tombant, de tomber de ma chute ;
Qu'ils croiront de mon règne avoir chacun leur part ;
Que leurs ambitions me feront un rempart ;
Et que, pour m'assurer leurs bras et leurs services,
J'aurai plus d'aliments qu'eux-mêmes n'ont de vices !

« En endormant ainsi leurs désirs assouvis,
J'achète d'un forfait chaque heure que je vis,
Mais leur instinct de sang, leur soif de tyrannie,
A la fin, je l'avoue, épuise mon génie :
Ils ont plus de désirs que le cœur de forfait.
S'ils s'éveillent un jour d'ivresse, c'en est fait !
S'ils cessent d'espérer leur monstrueux salaire,
Leurs mains renverseront la coupe avec colère,
Et d'un pied insensé fouleront ses débris.
Déjà de leur repos ils marchandent le prix ;
Déjà sous le respect masquant leur insolence,
De sourdes factions trament dans leur silence.
Des coups d'œil, des sourcils, d'obscurs chuchotements,
D'un pouvoir qui s'ébranle intimes craquements,

M'indiquent qu'il est temps, sous cette onde dormante,
De remuer du doigt la vase qui fermente,
Si je ne veux laisser le miasme mortel
S'échapper pour ma perte et gronder sur l'autel !
. . . .
. . . .
. . . .
. . . .
Asrafiel, lui surtout, m'inquiète et m'ombrage !
Je ne sais quel dégoût obscurcit son visage ;
On dirait qu'assouvi de molles voluptés,
Par des désirs plus hauts ses sens sont irrités,
Et que du rang suprême, où ma faveur l'excite,
L'audacieux espoir enfin le sollicite.
Point de retard ! Il faut dompter sous mon talon
Par de poignants désirs ce superbe étalon,
Ou, pour donner le change à ses trames rivales,
Lui faire aspirer l'air de ses viles cavales.
Les dieux inférieurs tremblent tous devant lui :
Il serait mon vainqueur s'il n'était mon appui.
Contre ses attentats son vice me protége ;
Son imbécillité le prend vite à tout piége,
Pourvu que la beauté l'y fasse trébucher ;
Par un nouvel appât tâchons de l'allécher :
Offrons un plus beau prix à ses ardeurs obscènes,
Jetons pour l'enflammer ce charbon dans ses veines ;
Il ne tentera rien tant qu'il espérera.
De ce poison des sens tant qu'il s'enivrera,
De ce vil débauché l'ardente léthargie
Occupera plus bas sa brutale énergie ;
Et, captif enchaîné dans d'ignobles liens,
Deux faibles bras de chair m'assureront des siens !
Vil marchepied du trône où sa mollesse aspire,
Que ce chien ronge un os, il oublie un empire !... »

Ainsi de sa grandeur Nemphed cuvait le fiel.
Puis d'un regard oblique effleurant Asrafiel,
Et feignant l'abandon d'une demi-pensée
Dans l'oreille d'amis négligemment versée :
« Soutiens de mon pouvoir, dit-il à haute voix,
Esclaves d'un seul maître, oui, mais esclaves rois,
Et dont chacun, formé de la chair dont nous sommes,
Marche au-dessous de moi sur la tête des hommes!
J'ai noyé dans le sang du traître Adonaï
De la sédition le rêve évanoui;
Le peuple, qu'agitait la voix de son prophète,
Va ramper quelque temps comme un serpent sans tête
Qui fait frémir encor la poudre du sillon,
Mais qui remue en vain et n'a plus d'aiguillon.
Le cœur de tout ce peuple était dans sa poitrine;
Son venin dans leur sang meurt avec sa doctrine.
Nous allons de leur sein, du coup déconcerté,
Extirper et jeter au vent la liberté,
Et d'une égalité criminelle, insensée,
Jusqu'en son germe impie étouffer la pensée!
Mais ce germe infernal, ce vil poison du cœur,
Du pied qui l'écrasa renaît toujours vainqueur.
Pour l'arracher du sol nos tortures sont vaines;
On dirait que le sang le roule dans les veines.
Il n'est à ce venin qu'un seul contre-poison :
C'est l'abrutissement de l'humaine raison;
C'est l'éblouissement de ces races esclaves
Qui leur fait à genoux adorer leurs entraves :
Pour être plus grands qu'eux, tenons-les à genoux!
Ne les laissons jamais se mesurer à nous;
Dépassons-les du front comme de nos idées;
Que nos membres divins, mesurés par coudées,
Leur impriment toujours le respect par les yeux!
Ils seront moins qu'un homme en nous croyant des dieux.

ONZIÈME VISION.

Notre premier prestige est la beauté divine.
Mais depuis quelque temps cette force décline;
De la nature en nous je ne sais quel affront
Presque au niveau des leurs abaisse notre front;
La force des géants décroît avec leur nombre,
Des Titans d'autrefois nous ne sommes qu'une ombre;
La majesté du ciel pâlit dans notre aspect,
Et l'œil déçu commence à douter du respect.
Les empoisonnements, les meurtres et la guerre,
Ont éclairci les rangs des maîtres de la terre,
Tandis que de sa fange un peuple plus nombreux
Ose pour les compter lever les yeux sur eux,
Et, du temple énervé que notre bras décime,
Avec étonnement voit décroître la cime.
Tremblons qu'en contemplant sa dégradation,
Il n'en tente plus tard la profanation,
Que notre abaissement ne lui soit une amorce,
Et qu'à notre faiblesse il ne sente sa force.
Si ce jour se levait jamais, malheur à nous!
La poudre de nos pieds nous engloutirait tous,
Et de la liberté l'audacieux génie
Ferait sur les tyrans crouler la tyrannie!...

« Mais la fatalité, ce seul dieu du plus fort,
Et surtout mon génie, écarteront ce sort.
Nous tresserons en joug l'audace et le prestige;
Nous ferons à propos éclater le prodige;
Nous les éblouirons pour mieux les asservir.
La nature a changé ses lois pour nous servir;
Elle nous a livré, dans sa magnificence,
Deux êtres où la terre épuisa sa puissance,
Ravissement des yeux, chef-d'œuvre de ses mains;
Beauté qui fait pâlir la beauté des humains,
Et dont le fier aspect et la grâce suprême

Feraient fléchir d'amour les genoux des dieux même !
Sur l'autel où languit la superstition
Exposons-les au peuple en adoration :
Que de nos majestés l'homme soit le symbole !
Que la femme par nous transformée en idole,
Et recevant de nous l'encens sur nos autels,
Soit la beauté des dieux révélée aux mortels !
Contre de tels attraits le cœur même est sans armes ;
La persuasion coulera de ses charmes,
Et ce peuple, sur lui la voyant resplendir,
De toute sa beauté nous sentira grandir. »

. . . .
. . . .
. . . .
. . . .

Des applaudissements partirent de la tourbe.

« Mais ce n'est pas assez, continua le fourbe,
Il faut dans mes desseins que cet être charmant
D'un prestige plus sûr devienne l'instrument ;
Qu'afin que sa beauté sur nous se perpétue,
Déesse, aux bras des dieux l'amour la prostitue,
Et, portant dans ses flancs leur type colossal,
Restaure en l'engendrant la race de Baal !
Nous préviendrons ainsi que du rang où nous sommes
La race des géants tombe au niveau des hommes.
Je pourrais la garder pour mon amour jaloux ;
Mais l'intérêt commun lui veut d'autres époux ;
Ma volupté sévère est l'empire du monde.
De ses divins amours que le ciel la féconde !
Des exploits glorieux pour mon trône entrepris,
Qu'elle soit pour vous tous et le but et le prix ! »

Il se tut : enflammant la luxure engourdie,
L'huile brûlante ainsi tombait dans l'incendie ;
D'astucieux projets perfides confidents,
Les géants renfermaient leur pensée en dedans,
Approuvaient du regard, mais cherchaient dans leur âme
Sous le poli du fer le tranchant de la lame.

Cependant comme, à l'heure où descendent les nuits,
Les pasteurs du désert assis au bord des puits,
Rappelant leurs chameaux de la plaine stérile,
Font passer devant eux leur troupeau qui défile,
Tandis qu'à côté d'eux les nombreux serviteurs
Dénombrent les petits au maître des pasteurs :
Ainsi du roi des dieux pour réjouir la vue,
De son peuple avili l'innombrable revue,
Courbant sous un seul doigt mille fronts asservis,
Défilait lentement par les sacrés parvis.

Sur le pavé muet que leur visage essuie,
Leurs pas silencieux ressemblaient à la pluie
Qui, découlant sans bruit sur les feuilles des bois,
Fait à peine frémir leurs sonores parois.
S'étendant, serpentant comme une énorme queue,
L'épaisse immensité se déroulait par lieue.
D'implacables pasteurs, des sceptres dans leurs mains,
Menaient, en les frappant, ces longs troupeaux humains ;
Serendyb de la voix les dénombrait : leur foule
Descendait, remontait en ondoyante houle,
Que fait enfler sans fin le lit des océans ;
Écume qui fumait aux pieds de ces géants.
Leur avilissement, empreint dans leur posture,
De leurs profanateurs révélait l'imposture.
Ils ne redressaient pas leur front horizontal

Comme un homme qui voit dans l'homme son égal ;
Leurs pieds ne portaient pas leur corps droit sur sa base.
Comme la brute immonde, et qu'un lourd bât écrase,
Sous les verges de fer dont les bouts les frappaient,
Les yeux sur la poussière en passant ils rampaient.
On sentait qu'énervés jusqu'à la pourriture,
Ils avaient dans leur moelle abdiqué leur nature,
Et descendu le vice à ce dernier degré
Où ce qui nous dégrade à nos yeux est sacré !...

Ils passaient, séparés en innombrables groupes :
De vieillards décharnés d'abord d'affreuses troupes,
Vieux restes insultés, vils rebuts de troupeau,
Dont les os mutilés perçaient souvent la peau.
De noirs lambeaux troués et souillés de vermines,
Par leurs mains retenus, laissaient voir leurs poitrines.
Leurs côtes se comptaient sur leurs flancs amaigris ;
Et les contours des seins, depuis longtemps taris,
Faisaient seuls reconnaître, à leurs ondes ridées,
Les mères sans enfants, aux mamelles vidées.
Comme le vent d'hiver chasse à demi fondus
De blancs flocons de neige aux fanges confondus,
Où l'arbre a secoué les débris de ses branches,
Ainsi se déroulaient ces mille toisons blanches,
Qui laissaient entrevoir des crânes dépouillés,
Et les vieux dos sans chair des corps agenouillés.

Les dieux les bafouaient de paroles amères,
Sans penser que peut-être ils insultaient leurs mères ;
Un œil cruel et froid les jugeait en passant.
Dans leurs veines à sec ils calculaient leur sang ;
Et quand, à la langueur de leur morne attitude,
Aux signes précurseurs de la décrépitude,
On jugeait qu'un vieillard, par la peine vaincu,

ONZIÈME VISION.

Pour servir et souffrir avait assez vécu,
Comme on traîne aux égouts des carcasses immondes,
Séparé de sa race, on le jetait aux ondes;
Et de leur proie humaine avertis par ses cris,
Les chiens sur le rivage attendaient ses débris !
Par ceux qui s'avançaient au milieu de la vie
La troupe décharnée était bientôt suivie :
De ces cruels pasteurs fort et rude bétail,
Dévoués par le fouet aux sueurs du travail;
Hommes, femmes, mêlés comme un fleuve qui coule
Au caprice du flot, au hasard qui les roule,
Sans ces liens sacrés, sans ces doux sentiments,
Des cœurs liés par Dieu délicieux aimants,
Ne connaissant entre eux ni fils, ni sœur, ni frère,
Pouvant fouler leur mère ou coudoyer leur père,
Sans qu'au fond de leur cœur leur sang muet parlât,
Ou qu'à l'œil incertain un œil se révélât.

Comme la meute aboie ou le vil troupeau bêle,
En innombrable armée ils marchaient pêle-mêle,
Seulement séparés, au gré de leurs tyrans,
Selon leur aptitude, en métiers différents.
Les uns, les dos courbés, accouplés de lanières,
Traînant les chars pesants dans les rudes ornières,
Ou, comme des taureaux saignants sous l'aiguillon,
Fumant sous le soleil dans le feu du sillon;
A leurs corps déchirés par d'horribles supplices,
Les yeux reconnaissaient leurs ignobles services;
L'habitude pliait leurs têtes et leurs cous,
Et leurs nuques gardaient les traces de leurs jougs.
Les autres, pour tailler ou pour scier les pierres,
Du marbre ou du porphyre excavaient les carrières;
Et, pour les soulever sous leurs corps en piliers,
Écrasés sous les blocs périssaient par milliers.

Bien des membres manquaient à ces bêtes de somme;
Leur corps n'était souvent que la moitié d'un homme.
Ceux-là, dressés par l'art à fondre les métaux,
A ciseler le bronze, à tailler les cristaux,
A forger en acier le glaive sur l'enclume,
A tisser en duvets ou la soie ou la plume,
A souffler dans l'airain des vents mélodieux
Pour enivrer de sons les oreilles des dieux;
A nuancer du doigt, sur les murailles peintes,
Pour leurs yeux enchantés, de merveilleuses teintes;
A donner, sous l'effort de leurs habiles mains,
Au marbre le visage et les contours humains;
A pétrir des saveurs pour leurs palais superbes,
A parfumer les vents de la senteur des herbes,
Et pour tout leur offrir, de l'hysope à l'encens,
Inventer autant d'arts que le corps a de sens.

A ces travaux divers pliés par l'habitude,
Chacun d'eux de son art conservait l'attitude;
On voyait qu'avec soin ces êtres abrutis
En machine vivante étaient tous convertis,
Et que sous leurs tyrans l'imbécile esclavage
De l'image de Dieu faisait un vil rouage!
Ils passaient, ils passaient, squelettes de la faim,
L'instrument de leur art élevé dans la main.
Les dieux les regardaient, foule immonde et grossière,
Comme le haut rocher voit passer la poussière :
Distraits, d'un coup d'œil même ils ne recueillaient pas
Cette adoration qui montait de si bas.

Subalternes tyrans commis à cet usage,
Des dieux inférieurs les comptaient au passage.
Par leur œuvre et leur nom ils les connaissaient tous;
Mais, quand ils leur parlaient, leur langue était des coups.

Pour mieux dompter le corps, ils persécutaient l'âme.
S'ils voyaient se former entre l'homme et la femme
Un de ces forts liens, un de ces saints amours
Qui des sens passe aux cœurs et les joint pour toujours,
De peur que ce lien que la nature serre
Ne fît naître les noms de fils, d'époux, de père,
Et, renouant l'instinct, qu'ils brisaient en morceaux,
Des familles en eux ne formât les faisceaux,
Condamnant leur tendresse à l'amour de la brute,
Ils arrachaient l'amante au cœur qui la dispute,
La jetaient tour à tour aux bras d'un autre époux,
Pour qu'aucun ne connût le fruit commun à tous!

C'était le peuple : après cette innombrable armée,
De tout rang, de tout art, de tout sexe formée,
Ainsi qu'une saison suit l'autre dans son temps,
Marchait l'immense essaim des vierges; doux printemps
Qu'attendait pour faner ces guirlandes qu'il fauche
Le souffle empoisonneur de l'impure débauche.
De longs voiles flottants qui traînaient sur leurs pas
Voilaient sans les cacher leurs pudiques appas.
Des instruments plus doux, qui vibraient en cadence,
Imprimaient à leurs pieds la grâce d'une danse;
La musique réglait leurs génuflexions;
Leur file déroulait ses mille inflexions.
Telle on voit en automne une immense avenue
De pâles peupliers élancés vers la nue,
Sous l'aquilon qui passe ensemble s'abaisser,
Et comme un seul roseau soudain se redresser;
Telles, en s'écoulant dans la divine enceinte,
Ces vierges s'inclinaient sous l'obscénité sainte.
Sur les tendres beautés victimes de leur choix
Les dieux jetaient l'horreur en étendant leurs doigts :
A ce signe compris, d'impudiques matrones

En dévoilant leurs fronts les approchaient des trônes.
L'impure raillerie ou l'admiration,
Ces préludes honteux de prostitution,
Circulaient en riant parmi la cour céleste ;
Ils outrageaient de l'œil, ils profanaient du geste.
Les pleurs de ces beaux yeux étaient le seul encens
Qui semblait les distraire et chatouiller leurs sens.

Par des mères d'emprunt, devant les dieux conduite,
La foule des enfants, lente, venait ensuite ;
Misérable troupeau que chaque jour mêlait,
Que l'on faisait changer et de mère et de lait,
Afin que la nourrice, à l'enfant qu'on lui jette,
Ne rêvât pas un fils dans l'enfant qu'elle allaite.
Depuis l'âge où leurs dents tombent pour repousser
Jusqu'à l'âge où, cherchant la mamelle à sucer,
Suspendus à l'épaule ou sur les bras qu'on tresse,
Ils n'ont que le sourire ou le cri de détresse,
Cherchant encor l'aplomb de leurs pieds chancelants,
Groupes de molles chairs et de beaux membres blancs,
Muets devant les dieux, ils passaient sans haleine.
Tels que de blancs agneaux à leur première laine,
S'enchevêtrant sur l'herbe aux appels du pipeau,
Se traînent en bêlant derrière le troupeau ;
Tels venaient les derniers, dans l'humaine revue,
Ces fruits piqués au cœur de la race déchue.
Et l'écho stupéfait du morne monument
Répétait après eux leur long vagissement !

. . . .
. . . .
. . . .
. . . .
. . . .
. . . .

. . . .
. . . .
Le peuple avait coulé tout entier comme un fleuve.
Voilà ce qui restait de cette race neuve
Dont le bassin du monde avait été rempli !
Voilà ce que de Dieu le criminel oubli
Et l'adoration des viles créatures
Avaient fait de la chair tombée en pourritures !
Voilà, quand Dieu sondait cet abîme profond
Où l'homme était tombé, ce qu'il voyait au fond !
Ainsi de l'Océan quand le niveau s'abaisse,
Dans ce grand vase à sec que sa retraite laisse,
L'œil découvre effrayé, sur ce rivage à nu,
Les mystères d'horreur de son lit inconnu :
De rares flaques d'eau, et des marais immondes
Dont le croupissement a corrompu les ondes,
Où le monstre marin dans la vase échoué
Expire, où le reptile au reptile est noué,
Où, foulant le limon que son museau secoue,
L'hippopotame seul exulte dans la boue !
Lorsque cette poussière eut tombé sous leurs yeux,
Nemphed d'un œil muet congédia les dieux,
Et rentra pour dormir dans la tour inconnue,
Comme la foudre rentre et couve dans la nue.

DOUZIÈME VISION

La nuit, qui livre l'homme à ses réflexions,
Et qui laisse à son cœur mordre ses passions,
Pleine de perfidie et d'embûches secrètes,
Jetait sur les palais ses ombres inquiètes.
Le sommeil ne bénit que des fronts innocents;
Leur lourd sommeil n'était que l'ivresse des sens,
Morne assoupissement, stupeur et léthargie
Du buveur effréné qui succombe à l'orgie.
Tous ces fronts, où la peur secouait le remord,
Ne rêvaient, assoupis, que le crime ou la mort :
De leurs cœurs, en dormant, ils écartaient des glaives,
Et la nuit sanglotait, pleine du bruit des rêves !

Sous ces toits convulsifs du palais endormi,
Deux êtres veillaient seuls : Asrafiel et Lakmi.
Asrafiel, repassant devant ses yeux l'image
De la femme céleste enlevée au nuage,
Ne pouvait effacer ni détacher de lui
Le doux rayonnement dont ce front avait lui.
Daïdha, dans la nuit seulement entrevue,
D'un éblouissement troublait encor sa vue.

Ses suaves contours, ses yeux, ses traits si purs,
Nageaient dans l'atmosphère et flottaient sur les murs;
Et s'il fermait les yeux, plus présents à son âme,
Sous sa paupière ardente il enfermait la femme.
Jamais de la beauté le miasme vainqueur
N'avait ainsi passé de ses sens à son cœur;
A la seule pensée, il sentait des ivresses
Dont l'extase effaçait mille nuits de caresses;
Il aurait préféré le vent de ses cheveux
A ces mille beautés qui devançaient ses vœux.
Pour la première fois cette chair sensuelle
D'un indomptable amour aspirait l'étincelle.
En tombant d'un regard, cette foudre du ciel
Allumait le limon dans le cœur d'Asrafiel.
Il avait entendu d'une oreille inquiète
Nemphed insinuer sa pensée indiscrète,
Et des plus grands exploits pour son trône entrepris
Aux Titans enflammés la promettre pour prix.
De désirs et d'orgueil d'abord l'âme inondée,
Il avait d'un espoir accueilli cette idée;
Certain de conquérir par un facile effort
Sur ses faibles rivaux cette palme du fort.
Mais du fourbe Nemphed l'astucieuse adresse
Avait jusqu'au délire irrité cette ivresse.
La coupe d'Asrafiel en avait débordé.
Ce doux objet repris aussitôt qu'accordé,
A leur banal amour cette beauté jetée,
Coupe qu'il faudrait rendre à qui l'aurait prêtée,
Comme on passe au convive après l'avoir vidé
Le calice de fleurs et d'ivresse inondé;
Cet avilissement de l'homme et de la femme
Pour la première fois soulevait sa vile âme;
Et le premier éclair de forte passion
Lui faisait détester leur profanation.

« Exécrable vieillard, tyran lâche et caduque,
Dont le vil sang croupit dans tes veines d'eunuque;
Qui n'as jamais senti d'autre frisson au cœur
Que celui de l'orgueil ou celui de la peur;
Qui glacerais le feu sous ta peau de couleuvre;
Ah! le fiel de tes yeux souillerait ce chef-d'œuvre?
Ah! tu nous daignerais jeter avec mépris
Ces célestes appas sous ton venin flétris?
Et qui sait? ce rebut de ton dédain suprême
Pourrait de bras en bras passer dans les miens même?
Je tremperais ma lèvre à cet égout d'amour,
Où les plus vils des dieux auraient bu tour à tour?
Et cette fleur du ciel qui donne le vertige,
J'en aurais une feuille et tu tiendrais la tige?
Asrafiel à ce prix serait ton seul soutien?
Sublime invention d'un cœur tel que le tien!
Prix bien digne en effet que ce bras fort se lève
Pour prolonger d'un jour ton règne qui s'achève,
Et dispute au vautour, sous ton trône abattu,
Ta carcasse divine où nul cœur n'a battu!...

« Moi plus fort et plus beau que tout ce qui respire!...
Moi dont le front portait mes titres à l'empire;
Moi que, pour le plaisir semblant me dédaigner,
Tu jugeais assez vil pour te laisser régner!
Ah! ton ingratitude à cet excès s'oublie!
Tremble! ce mot stupide a trahi ta folie!
De ton trône ébranlé je retire le bras.
Dans ton piége, à mes pieds, tyran, tu te prendras!
J'ai rampé trop longtemps, lion, sous le reptile!
Mes dents déchireront cette trame subtile
Que ton hypocrisie et ton ambition
Tissèrent de mensonge et de corruption.
Je t'y veux secouer de ma main indignée,

Comme à sa toile immonde on suspend l'araignée !
Du peuple et des géants ces muscles sont l'effroi,
Ma taille au-dessus d'eux m'élève maître et roi,
Ma suprême beauté me désigne à la foule.
Du trône humilié que ce monstre s'écroule !
Qui d'entre mes rivaux oserait m'affronter ?
Qui m'en arrachera si je veux y monter ?
Montons-y ! cherchons-y la palme à qui j'aspire !
Régnons, puisque l'amour est au prix d'un empire ! »

. . . .
. . . .
. . . .
. . . .

En se parlant ainsi, tels que ceux d'un taureau,
Ses muscles palpitants se tordaient sous sa peau.
La veine de son front, renflée en diadème,
Semblait le couronner de sa colère même.
Dans la salle sonore il marchait à grands pas,
En redressant le buste et balançant les bras,
Comme un athlète armé du redoutable ceste
Se prépare au combat par la pose et le geste,
De ses membres d'aplomb éprouve la vigueur,
Et foule à vide l'air sous son genou vainqueur.
Ainsi, mêlant tout haut la rage et la menace,
Son amour dans son âme enflammait son audace ;
Et dans ce cœur de feu la double passion
Poussait par la débauche à la sédition.
Sans pouvoir s'assoupir dans sa veille farouche,
Son corps impatient se tordait sur sa couche.

Couchée aux pieds divins de Nemphed endormi,
Que faisait cependant la perfide Lakmi ?
Dans un sommeil léger que le rêve entrecoupe,

Tenait-elle en esprit le poignard ou la coupe?
Ourdissait-elle en songe, en dévidant leurs fils,
La luxure et la mort dans ses complots subtils?
Ses yeux savouraient-ils dans l'horreur des supplices
Les voluptés du sang versé pour ses délices?
Non : par un seul coup d'œil son cœur était changé;
Elle avait vu Cédar, le ciel était vengé.
Ce jeune homme si beau, cette humaine merveille,
Tenait ses yeux ouverts et fascinait sa veille :
Un seul regard l'avait dans son âme sculpté,
Comme un type inconnu d'immortelle beauté.
Ainsi l'éclair écrit la forme de la foudre
Sur l'arbre qu'il écorce ou sur le marbre en poudre!
Ses songes de douze ans ne l'avaient pas rêvé.
Ce buste sur un coude à demi soulevé,
Ces membres enchaînés, mais dont les anneaux même
Relevaient l'élégance et la grâce suprême;
Ce front qu'assombrissait l'humiliation,
Mais qui se redressait sous l'indignation;
Ces forêts de cheveux rejetés en arrière,
Roulant sur son épaule ainsi qu'une crinière,
Au mouvement du cou découvrant tour à tour
Du profil attristé l'attendrissant contour;
De l'oblique regard l'humide et chaste flamme
Ces traits éblouissants de la beauté de l'âme,
Beauté dont sur les sens l'effet mystérieux
Touche et ravit le cœur de la splendeur des yeux,
Et dont sur cette enfant la lumière imprévue
N'avait jamais encore émerveillé la vue;
Ce désespoir vibrant dans ses muscles tordus,
Dans ses orteils crispés, dans ses bras étendus;
Ces pleurs silencieux qui tombaient sur la pierre,
Que le courroux séchait aux bords de la paupière;
Ange que ces démons écrasaient sous leur pied;

Cette admiration qu'attendrit la pitié :
Tout avait remué ses entrailles de femme,
Troublé son ignorance et fait parler son âme.

Et puis ces longs regards de tristesse chargés,
Entre les deux amants devant elle échangés;
Ces yeux qui s'attiraient à travers leur nuage,
Ce visage toujours tourné vers le visage;
Ces lèvres de Cédar qui semblaient aspirer
Le vent que Daïdha venait de respirer;
Ces deux cœurs qui battaient à briser leur poitrine;
Ce langage sans mots que le regard devine,
Qui, dans un seul coup d'œil au profane interdit,
Concentrait plus d'amour qu'un siècle n'en eût dit;
Ces élans, ces soupirs, ces déchirantes poses,
Ces silences, ces bras tendus : toutes ces choses
Avaient à son esprit révélé par hasard
Tout un monde d'amour éclos dans un regard.
Amour qui l'étonnait et qui la troublait toute,
Qui l'enivrait d'envie à sa première goutte,
Et qui faisait tomber de ses doigts déhontés
Le calice affadi des sales voluptés !
Elle avait d'un coup d'œil plongé dans les délices
De cet amour des cœurs que lui cachaient ses vices,
Et s'était dit, brûlant de l'inspirer aussi :
« Je donnerais le ciel pour être aimée ainsi !...
Pour qu'un de ces regards qui font pâlir d'envie,
Intercepté par moi, vînt tomber sur ma vie. »
Mais comparant, d'un œil par l'amour éclairé,
Aux traits de Daïdha son front déshonoré,
Sa ruse à sa candeur, son astuce à sa grâce,
Sa pudique tendresse à sa virile audace,
La pâleur de sa joue aux neiges de son teint,
De son abaissement elle avait eu l'instinct :

DOUZIÈME VISION.

Elle s'était sentie, impuissante, éclipsée,
D'elle-même rougir au fond de sa pensée !
La jalousie avait, en rentrant dans son cœur,
Empoisonné le dard de son amour vainqueur ;
L'humiliation avait courbé sa tête,
Et tous ses sentiments n'étaient qu'une tempête !

Tel fermentait l'esprit de Lakmi, d'Asrafiel.
Ainsi quand un rayon vient à tomber du ciel
Sous la muette nuit de ces cachots funèbres
Où l'œil habitué se plaît dans les ténèbres,
Perçant la profondeur de ces voiles épais,
Le jour de cette nuit trouble la morne paix ;
Il montre sur les murs, comme une sombre lampe,
Le poison qui suinte et le scorpion qui rampe :
Et l'homme du cachot, qui sèche de terreur,
Regrette que le jour lui montre son horreur !
Ainsi ces deux enfants de beauté primitive
Étonnaient cet égoût de leur splendeur naïve,
Et dans ce monde infect leur apparition
Troublait dans son repos l'abomination.

Lakmi, dont cette image embrasait la pensée,
Flamme vive et légère à tous les vents versée,
Sans attendre un moment, sans craindre, sans prévoir,
N'avait plus qu'une idée au fond du cœur : revoir ;
Revoir l'être inconnu dont l'enivrante image
Sur ses yeux sans sommeil répandait un nuage !
Nemphed aurait placé la mort entre elle et lui,
Qu'elle eût couru plus vite où ce front avait lui.
Son sexe de la femme avait l'imprévoyance,
Son âge de l'enfant avait l'impatience ;
Rien n'avait combattu dans son âme un désir ;
Sa main n'avait qu'un geste : aspirer et saisir.

S'approchant doucement de son maître farouche,
Dont les bras nus pendaient en dehors de sa couche,
Elle arracha du doigt du tyran endormi
L'anneau, signe sacré que connaissait Lakmi,
Et que pour accomplir ses volontés sinistres
Elle faisait briller à l'œil de ses ministres.
Ce talisman suprême enfermé dans sa main,
Des palais du mystère elle prend le chemin :
D'une torche enflammée elle éclaire sa route,
De degrés en degrés descend de voûte en voûte,
Glisse sous les arceaux comme un songe léger,
En laissant sur les murs son ombre voltiger ;
Sous le dédale obscur d'immenses avenues
S'enfonce à pas muets dans des routes connues ;
Terrasse, en leur montrant le signe révéré,
Les eunuques, gardiens de ce cachot sacré ;
Aux bourreaux étonnés défend avec mystère
D'accomplir sur Cédar leur affreux ministère ;
Les écarte d'un geste, et, tremblant de respect,
Pour la première fois se trouble à son aspect !

Le cachot de Cédar était dans les entrailles
Des remparts épaissis par d'énormes murailles
Qui défendaient des dieux les sacrés monuments.
Leurs mains avaient voûté ces massifs fondements
Pour cacher aux regards, dans les flancs de la terre,
L'abomination sous la nuit du mystère.
Sous ces temples géants de granit et d'airain
Régnait dans le silence un monde souterrain,
Monde de l'imposture, où par la tyrannie
La superstition exerçait son génie,
Des prodiges menteurs préparait les ressorts,
Torturait les vivants, engloutissait les morts,

DOUZIÈME VISION.

Instruisait à la fourbe, initiait aux crimes,
Sous le fer et le feu mutilait ses victimes ;
Sol impur et profond où du monde infecté
Plongeait jusqu'aux enfers l'arche d'iniquité !
Tout un peuple englouti dans ces antres funèbres
Habitait sous les pieds ces sphères de ténèbres ;
Des desseins de Nemphed fourbes exécuteurs,
Alchimistes, bourreaux, prêtres, mutilateurs,
Faux prophètes, devins, artisans d'imposture,
Dans leurs fourneaux secrets profanant la nature ;
Décomposant à l'œil, sous leurs coupables mains,
La séve de l'hysope et le sang des humains ;
Se vouant sous la terre à d'éternelles veilles
Pour imiter de Dieu les vivantes merveilles,
Lutter avec le feu, l'onde, la terre et l'air,
Frapper avec la foudre et luire avec l'éclair.
Les pierres de ces murs, en collines soudées,
Pesaient l'une sur l'autre en blocs de vingt coudées ;
Sur leur large épaisseur sept chars auraient roulé,
Et sous leur cintre immense un fleuve aurait coulé ;
Un bras du fleuve aussi sous ces arches profondes
Dans un lit souterrain faisait mugir ses ondes ;
Du seuil de ce portique à son extrémité
L'œil n'eût pas d'un flambeau distingué la clarté.
Comme de grands rameaux partant d'un tronc immense,
Des arches le coupaient de distance en distance,
Et, divergeant au loin sous le roc ténébreux,
En usages divers se divisaient entre eux.

L'une servait de rue aux gémissantes caves
Où les bourreaux divins mutilaient les esclaves.
Du cachot de Cédar illuminant le seuil,
La torche de Lakmi plongea dans ce cercueil ;
Sa lueur vacillante y glissa devant elle

Et du jeune captif éblouit la prunelle;
De légers pieds de femme approchaient : à ce bruit
Il regarda sans voir du milieu de sa nuit;
Et Lakmi, par l'amour naissant intimidée,
Reculant vers la porte à plus d'une coudée,
En revoyant ainsi cet être surhumain,
Laissa glisser d'horreur la torche de sa main.

Il était enchaîné par de pesantes mailles
A d'énormes anneaux scellés dans les murailles;
Une ceinture aux flancs, à la nuque un collier,
Le rattachaient encore aux boucles du pilier;
Des bracelets de fer noués sur sa peau tendre
Empêchaient ses deux bras et ses pieds de s'étendre,
Et laissaient seulement aux membres entravés
Assez de liberté pour joncher les pavés.
Comme un homme qui tombe abattu par la foudre,
Il était renversé sur le flanc dans la poudre,
Les chaînons de ses fers, qu'il ne soulevait plus,
Retombaient froids et lourds sur ses membres moulus.
Sur le dos de sa main à l'autre main croisée,
Le visage au pavé, sa tête était posée;
Et ses cheveux épars, mêlés, souillés, tordus,
Flottaient en noirs flocons sur la terre épandus.

Tel qu'un homme en sursaut et dont le sang s'arrête,
Au bruit soudain d'un pas il souleva la tête.
Étendant sous son corps son coude replié,
Il supporta son front dans ses doigts appuyé,
Et tourna lentement vers la pâle lumière
Son front tout ruisselant des pleurs de sa paupière.
Comme deux diamants, deux grosses gouttes d'eau
Brillèrent sur sa joue aux reflets du flambeau.
La douleur sans espoir peinte sur son visage,

Ce jour qu'il ne voyait qu'à travers un nuage,
Ce morne abattement donnait à sa beauté
La majesté du marbre et l'immobilité;
De l'ange de la tombe on eût dit la statue.
La clarté pas à pas pénétra dans sa vue;
La figure debout de la fille des dieux
Avec le jour entrait plus claire dans ses yeux :
Ses traits d'étonnement s'imprégnant à mesure,
Ses paupières s'ouvraient pour mieux voir la figure,
Et sa lèvre, aspirant cette apparition,
Palpitait de surprise et d'admiration.

Lakmi le regardait dans le même silence,
Comme un être indécis dont l'audace balance,
Et qui craint de troubler le charme par sa voix.
En voyant ruisseler des pleurs entre ses doigts,
D'une douleur divine en contemplant l'image,
Cette douleur d'autrui passait sur son visage;
Et, sans savoir en soi quelle source coulait,
De chacun de ses yeux une onde ruisselait.
Tels, en se pénétrant d'un regard plein de charmes,
Les yeux de deux enfants se font monter les larmes.

Cédar, en découvrant ces signes de pitié,
Sentait changer sa haine en muette amitié.
Dans les traits de Lakmi, femme, enfant, démon, ange,
De terreur et d'attraits mystérieux mélange,
Son regard sur ce front dont l'éclat ravissait
Ne pouvait démêler ce qui le repoussait :
De la couleuvre ainsi que sur l'herbe on admire
L'horreur retient la main que la couleur attire.
Ils restèrent ainsi longtemps silencieux,
Tantôt se regardant, tantôt baissant les yeux.

Enfin, Lakmi cherchant dans le fond de son âme
Tout ce qu'a de plus doux un son de voix de femme,
Accent que la pitié brisait de sa langueur
Et qui tremblait déjà du tremblement du cœur :
« O fils d'Adonaï, génie, ange sans aile,
Dont les pleurs font pleurer, qui pleures-tu? dit-elle.
Pourquoi détournes-tu tes yeux puissants des miens?
Ne briserais-tu pas d'un désir tes liens?
Le ciel n'a-t-il pas mis dans ta mâle poitrine
Une force semblable à ta beauté divine?
Et, si tu te levais libre sur ton séant,
Ne passerais-tu pas de l'épaule un géant?
N'écraserais-tu pas un dieu dans chaque étreinte,
Toi dont l'œil est amour et dont le bras est crainte?
. . . .
Oh! ces vers de la terre ont enchaîné leur roi!
. . . .
Pourquoi me regarder de ce regard d'effroi?
Cédar! si c'est ton nom, si l'humble créature
Peut prononcer ce nom sans souiller ta nature,
Pourquoi, sous mon regard, ce geste de stupeur?
C'est à toi de parler, c'est à moi d'avoir peur!
. . . .
Va, de tes oppresseurs je ne suis que l'esclave,
Mais esclave de nom, qui les trompe et les brave!
Confidente, instrument du vil tyran des dieux,
Quoique enfant, sous son nom je règne dans ces lieux.
Au seul nom de Lakmi tout tremble ou tout s'incline;
Ce que mon front séduit, mon esprit le domine.
Mon amour est le ciel, ma haine est le trépas!
Tout ordre cède au mien, tout seuil s'ouvre à mes pas;
Je suis du roi des dieux le regard et l'oreille.
Quand il parle, j'entends; pendant qu'il dort, *je* veille.
J'ai son sceptre et sa vie entre mes faibles mains.

DOUZIÈME VISION.

Cet anneau du palais m'ouvre tous les chemins :
Je l'ai du doigt du maître enlevé tout à l'heure,
Pour porter un rayon dans ta sombre demeure,
Et détourner le fer déjà levé sur toi.
Je ne sais quel instinct criait d'horreur en moi ;
Je ne sais à tes pieds quelle main m'a poussée,
Ni pourquoi j'entendais tes cris dans ma pensée !
Mais Lakmi pour te voir marcherait sur le feu,
Croirait en te sauvant sauver bien plus qu'un dieu !
. . . .
Oh ! ne repousse pas l'enfant qui te protége !
Dans sa folle amitié ne rêve pas un piége ;
Ce cœur, qui n'a jamais palpité que pour soi,
Infidèle à tout autre, est sincère pour toi.
D'un coup d'œil à ton sort mon âme est asservie ;
J'exposerais ce cœur pour préserver ta vie !
Un mot doux de ta lèvre, un rayon de tes yeux,
Me récompenseraient de la perte des cieux !
Si jamais tu disais : « Lakmi, sois mon esclave ! »
Oh ! ma gloire serait de porter ton entrave !
Mon génie abaissé s'élèverait en moi,
Et peut-être des dieux, captif, te ferait roi !
. . . .
. . . .
. . . .
Oh ! pourquoi pleures-tu, la tête ainsi baissée ?
Toi pleurer, homme-dieu, plus beau qu'une pensée !
Toi pleurer ! Oh ! dis-moi ce que pleurent tes yeux ?
Est-ce la liberté ? la lumière des cieux ?
Les libres horizons où s'égarait ta course ?
Les rameaux des forêts, la fraîcheur de la source ?
Ces dômes murmurants où tes pas habitaient,
Où t'embaumaient les fleurs, où les oiseaux chantaient ?

Va! je puis d'un seul mot, dans bien d'autres demeures,
Rendre à tes yeux ravis bien plus que tu ne pleures!
Mais dis-moi seulement... » Cédar la regarda :
« Trompeuse illusion! Ombre de Daïdha,
Toi dont le front d'enfant à mes sens la rappelle
Comme un son de sa voix et comme un rêve d'elle!
As-tu, céleste enfant, voulu lui ressembler
Pour m'envenimer l'âme ou pour me consoler?
. . . .
. . . .
Mais sa candeur naïve est-elle sur ta bouche?
Tu dis, fille des dieux, que mon destin te touche!
Tu demandes, au fond de cet enfer des dieux,
Ce que roule mon cœur, ce que pleurent mes yeux?
Non, ce n'est pas le jour levé sur la colline,
Ni l'air pur des déserts qui manque à ma poitrine,
Ni l'espace sans murs, libre à mes pas errants;
Ni les bois, ni les fleurs, ni les eaux des torrents;
C'est elle! Daïdha, que tes dieux m'ont ravie!
Mon jour est son regard, son haleine est ma vie,
Mon espace est l'empreinte où s'impriment ses pas,
Mon empire est son cœur, et mes yeux sont ses bras!
Ah! si tu me la rends, je te croirai sincère!
Tes dieux seront mes dieux!... Cédar sera ton frère! »

En lui parlant ainsi, levé sur son séant,
Et secouant ses fers de son bras suppliant,
Cédar dans chaque mot semblait darder son âme.
Lakmi sentit monter sa colère de femme;
Ce frénétique amour pour une autre beauté
Fit jaillir de son cœur l'instinct de cruauté :
Dans son amour jaloux, par l'amour offensée,
Avilir Daïdha fut sa vague pensée!
« Oui, je te la rendrai, se dit-elle tout bas,

Rebut souillé des dieux que tu ne voudras pas! »
Mais se mordant la lèvre et dévorant sa rage,
Son astuce soudain composa son visage;
Et d'un sourire amer cachant le pli moqueur,
Elle attendrit sa voix comme on parle du cœur :
« Te la rendre, ô Cédar! hélas! que ne le puis-je?
. . . .
Mais est-il pour Lakmi d'impossible prodige?
Si, versant une fois tout ton cœur dans le mien,
Tu fais de mes conseils ton unique entretien,
Qui sait? peut-être? un jour?... L'amitié d'une femme
Pour les infortunés est une seconde âme!
. . . .
Mais écarte à présent ce songe de tes yeux :
Elle vit réservée aux caresses des dieux;
Mille amoureuses mains vont essuyer ses larmes.
Les merveilles des doigts embellissent ses charmes;
Cent esclaves, chargés de tromper ses loisirs,
Pour les prévenir tous éveillent ses désirs.
De ses maîtres ravis sa beauté la fait reine :
Dans ses enivrements dont le torrent l'entraîne,
On ne laissera pas à ses yeux pleins de pleurs
Le loisir seulement de pleurer ses douleurs! »

Elle lut dans les yeux de Cédar que la lame
De ces mots aiguisés pénétrait dans son âme,
Et que de Daïdha l'inconstance et l'oubli
Passaient comme un soupçon sur ce beau front pâli.
Pour laisser ce serpent glissé dans sa poitrine
Mordre seul en secret ce cœur qu'il envenime,
Sa ruse se hâta de changer de discours :
« Oh! que longues les nuits, oh! que tristes les jours,
Pour l'habitant captif de cette nuit immonde,
Rongeant son cœur saignant sans qu'un cœur lui réponde!

Cédar! survivras-tu dans cet enfer vivant?
Ah! laisse-moi venir t'y consoler souvent!
Laisse-moi, quand Nemphed fermera sa paupière,
Muette, à tes côtés m'asseoir sur cette pierre,
Envelopper ton front de ma tendre pitié;
De tes fers, de tes maux réclamer la moitié;
Te dire tous les pas faits vers ta délivrance,
Et, n'étant pas ta joie, être ton espérance! »

Ici la vérité, lui donnant son accent,
Prêtait à sa voix molle un charme attendrissant.
De l'âme de Cédar cette voix prit la route;
De larme dans ses yeux il vit luire une goutte;
Convaincu par ses pleurs, son regard s'attendrit.
Assise auprès de lui, dans l'ombre, elle reprit :
« L'étoile de la nuit n'incline pas encore;
Longue sera la veille entre l'heure et l'aurore;
Mais le jour ne doit pas me surprendre en ces lieux :
Tout soupçon est un crime au cœur du roi des dieux.
Profitons des moments que leur sommeil nous donne.

« O céleste étranger qu'un mystère environne,
Si tu veux accepter mon dévouement ami,
Éclaire, en lui parlant, les doutes de Lakmi;
Dis-moi ton nom divin parmi les créatures,
Raconte à mon esprit tes tristes aventures,
De tes jours peu nombreux monte et descends le cours;
Dis-moi ton ciel, ta vie, et surtout tes amours!
Ouvre-moi les secrets de ta mélancolie,
Comme le lis son urne au doigt qui le déplie :
Tout ce que tu diras tombera dans mon sein
Sans bruit, comme une pluie au milieu d'un bassin,
Et n'en fera jaillir, quoique je la retienne,
Qu'un peu d'eau de mon cœur qui se mêle à la tienne! »

Ému par ce langage et par ce son de voix,
Cédar, sentant tomber des gouttes sur ses doigts,
De la séduction d'une pitié si tendre,
Vaincu par le malheur, cessa de se défendre,
Et, le front tristement sur ses mains appuyé,
Par le vent de la nuit l'œil souvent essuyé,
D'un son de voix tremblant que brisait sa mémoire,
Il lui fit de son cœur la merveilleuse histoire,
Depuis le premier jour où, né de l'inconnu,
Sous les cèdres divins il s'était trouvé nu,
Où, voyant sous ses yeux une autre créature,
L'amour avait en lui complété sa nature ;
Son indomptable instinct vers la fleur de beauté,
Ses combats, ses amours et sa captivité ;
Les troupeaux de Ségor gardés sur les collines,
De la vierge et de lui les rencontres divines,
D'amour et de pitié ces fruits charmants éclos,
Le courroux des pasteurs, sa chute dans les flots ;
De la tour de la Faim Daïdha délivrée,
S'enfuyant avec lui vers une autre contrée ;
Ce vieillard du rocher, père mystérieux,
De leur âme au grand jour ouvrant les faibles yeux ;
De son livre divin les voix, au regard peintes,
Réveillant dans l'esprit des mémoires éteintes,
Et rappelant au dieu que l'impie a quitté
Le monde enseveli dans son iniquité ;
Leurs jours délicieux dans cet Éden céleste ;
Le char volant des dieux... Elle savait le reste.

A ces touchants récits ivre d'attention,
Lakmi laissait son sein sans respiration.
Vers l'être merveilleux la figure penchée,
Aux lèvres de Cédar la prunelle attachée,

S'étonnant, frissonnant, admirant tour à tour,
Par chacun de ses sens elle aspirait l'amour.
Elle voyait grandir et splendir à mesure
Du céleste captif la touchante figure.
Chaque mot dans son cœur l'enfonçait plus avant;
Elle plongeait en lui son œil noir et rêvant.
Comme après l'avoir lue on relit une page,
Elle l'interrompait au plus tendre passage,
Et lui faisait redire en recueillant sa voix
Des choses et des mots déjà redits cent fois,
De ses amours surtout la naissance et l'extase,
Comme après avoir bu l'on égoutte le vase.

Elle voulait savoir par quel attrait vainqueur
Daïdha de Cédar avait conquis le cœur,
Quels mots elle trouvait pour enchaîner son âme;
Ce qui l'avait ravi dans sa beauté de femme;
Et si son cœur, toujours d'un même amour rempli,
N'avait jamais trouvé la langueur ou l'oubli.
Sa bouche sans haleine attendait la réponse,
Comme un mourant attend le glaive qu'on enfonce.
A ces tendres élans d'ineffables amours
Toujours coulant du cœur et débordant toujours,
Amours dont jusque-là son esprit, même en songe,
N'avait vu chez les dieux que le hideux mensonge,
Et dont en ces récits la chaste expression
Lui semblait d'autres sens la révélation,
Un nuage passait sur sa vue éblouie;
Ses oreilles tintaient; son âme, évanouie,
De honte et de désir en son sein rougissait,
Et de jaloux transports tout son cœur bondissait.
L'angélique miroir lui montrait tous ses vices;
Et ses yeux, comparant ses impures délices
A cet amour céleste à ses sens inconnu,

Pour la première fois voyaient son âme à nu.
Respirant l'air divin de ce magique monde,
Elle sentait l'horreur de sa nature immonde,
Et, comme d'un feu pur un impur aliment,
Son cœur purifié montait en s'enflammant.
Sous ce regard si chaste elle sondait sa fange,
Et se sentait trop bas pour ce commerce d'ange.

Mais, malgré sa nature et son abaissement,
Cet ange l'attirait d'un invincible aimant.
Elle éprouvait du cœur le supplice suprême :
Adorer, sans pouvoir monter à ce qu'on aime !
Oh ! si devant Cédar ce sein se fût ouvert,
Quel gouffre de l'enfer il aurait découvert :
Délire, abattement, jalousie, amour, rage !
Mais ce masque d'enfant dérobait ce visage,
Et, sous ces traits empreints d'apparente pitié,
Son œil n'apercevait qu'innocente amitié.

A travers le réseau d'une étroite fenêtre,
La blancheur du matin, qui commençait à naître,
Interrompit trop tôt ces secrets entretiens.
Lakmi s'enfuit, trompant l'œil fermé des gardiens.
Avant que le sommeil qui pesait sur sa couche
Eût du maître des dieux quitté le front farouche,
De son pas sur la soie assoupissant le bruit,
Elle prit à ses pieds sa place de la nuit;
Et remettant l'anneau, tremblante, au doigt suprême,
Feignit, en méditant, de dormir elle-même.

TREIZIÈME VISION

Mais sous ses yeux fermés son cœur ne dormait pas :
Elle eût rêvé Cédar sous la main du trépas.
L'amour qui l'embrasait pour le céleste esclave
Dans ses veines d'enfant roulait des flots de lave.
Sa tempe dans son front ne pouvait s'assoupir,
Sa respiration n'était qu'un long soupir.
La place où son regard était tombé sur elle
Brûlait sa peau dans l'ombre en ardente étincelle.
Le silence muet était plein de sa voix.
L'heure immense et sans fin semblait couler cent fois.
De l'aurore à la nuit son attente insensée
N'eût voulu comme un point faire qu'une pensée
Pour dévorer l'absence, et de la nuit au jour
Éterniser l'espace ainsi que son amour !
En vain à ses genoux ses esclaves tremblantes
Essayaient d'amuser ses heures indolentes,
Adoraient de son front la naissante beauté,
Relevaient par l'orgueil la fade volupté,
Lui parlaient à l'envi du pouvoir de ses charmes,
Briguaient sa confidence et pleuraient de ses larmes ;
En vain Nemphed, jaloux de devancer ses vœux,

Passait sur son beau front la main dans ses cheveux;
Et, sur ses traits charmants découvrant un nuage,
Lui demandait quel songe attristait son visage;
Toute sa vie avait coulé dans un regard.
Elle se retirait de la foule, à l'écart,
Elle cherchait la nuit des arbres les plus sombres.
Le cèdre pour ses pas n'avait plus assez d'ombres;
Seule elle s'enfonçait sous leurs mornes rameaux,
Les quittait pour s'asseoir pensive aux bords des eaux;
Regardait tout le jour dans ses bassins de marbre
Flotter le nénufar, tomber la feuille d'arbre,
Écoutait fuir la brise ou la source pleurer,
Mais en nul lieu longtemps ne pouvait demeurer,
Et, d'un instinct sans but secrètement poussée,
Changeait à chaque instant de place et de pensée.
Les spectacles divins, les féroces plaisirs,
Dont ses regards cruels avaient fait ses loisirs,
Ne divertissaient plus sa morne léthargie;
Son cœur se détournait des horreurs de l'orgie :
On eût dit qu'un rayon qui décolorait tout
Lui faisait prendre enfin ses forfaits en dégoût.
En voyant ces Titans, monstres à face humaine,
Son adoration se transformait en haine.
Si la foudre avait pu s'enflammer à sa voix,
Son mépris les aurait écrasés à la fois!
Complice involontaire, elle exécrait leurs crimes,
Détournait ses regards ou plaignait leurs victimes :
Du moment où ce cœur flétri venait d'aimer,
Un germe de vertu semblait s'y ranimer;
Et le dégoût du vice, à défaut d'innocence,
Venait régénérer cette coupable enfance.
Mais, haïssant les dieux, trop faible pour frapper,
Son dernier vice au moins était de les tromper :
Elle leur dérobait son cœur comme un mystère.

TREIZIÈME VISION.

Chaque fois que la nuit enveloppait la terre,
Des cachots de Cédar reprenant le chemin,
Elle disparaissait la lampe dans la main,
Et venait savourer jusqu'à la blanche aurore
La contemplation de l'être qu'elle adore.
Chaque absence d'un jour le lui rendait plus cher.
Son cœur fondait en elle avant de l'approcher;
Un mélange confus de respect, de tendresse,
Ralentissait son pas pressé par son ivresse;
Et debout devant lui, le front baissé, sans voix,
Elle avait aussi peur que la première fois.
Elle admirait de loin, dans sa morne attitude,
Ces membres à leurs fers pliés par l'habitude,
Ce corps qui tressaillait aux reflets du flambeau,
Comme un dieu rajeuni qui sort de son tombeau;
Ce front qu'ennoblissait sa tristesse divine;
Ce cou penché, ces bras, cette mâle poitrine,
Où le duvet naissant de l'homme à son été
Relevait de la peau le marbre velouté;
Et l'éclair de ses yeux voilés par la paupière,
Dont la splendeur humide aurait fondu la pierre;
Et ses lèvres s'ouvrant en volutes de lis,
Dont la mélancolie attendrissait les plis;
Et, n'osant le toucher de ses lèvres de femme,
De ses baisers craintifs le couvrait dans son âme.

Jusqu'à ce que Cédar eût daigné lui parler,
Elle restait ainsi muette à contempler.
Telle du fond des nuits d'où son amour l'attire,
Cherchant le beau pasteur fils mortel de Cynire,
La lune se penchant sur son Endymion
L'enveloppait d'amour, d'extase et de rayon!

Mais le divin captif, dont cette amitié tendre

Amollissait le cœur heureux de se détendre,
Et qui dans cet enfant sur ses chaînes couché
Ne voyait qu'un ami de son malheur touché,
Par son propre malheur s'attendrissant lui-même,
Impatient d'avoir un mot sur ce qu'il aime,
De sentir dans sa nuit un rayon de pitié,
Commençait à livrer son âme à l'amitié.
Sans soupçon de l'amour sous cet âge modeste,
Plus près, pour mieux l'entendre, il l'attirait du geste;
Avec impatience il attendait le soir;
Sur les fers de ses pieds il la faisait asseoir.
Pendant qu'elle parlait, il sentait son haleine;
Ses doigts distraits jouaient dans ses boucles d'ébène;
Oublieux de son sexe, il n'apercevait pas
Le trouble dont Lakmi frissonnait sous son bras :
Son cœur attribuait à sa pitié naïve
Le soupir qui coupait sa parole craintive,
De sa voix qui changeait le faible et tendre son,
Et de ses doigts glacés l'étreinte et le frisson.
L'enfant en devenait plus chère à sa détresse.
Elle le consolait avec tant de tendresse,
Elle confondait tant, dans ses longs entretiens,
Sa pensée à la sienne et ses soupirs aux siens,
Qu'elle était devenue, en sa morne demeure,
Le seul doux intérêt qui lui fît compter l'heure :
L'amitié naît si vite au cœur des malheureux !
Des gestes familiers déjà régnaient entre eux;
Quelquefois il penchait son front sur son épaule,
Comme un bras fort de chêne appuyé sur un saule,
Et laissait en silence égoutter dans son sein
Les pleurs de son amour dont son œil était plein :
Pour la pauvre Lakmi voluptueux supplice !
Comme un lis qui se fane entr'ouvre son calice
Pour aspirer la brise et pour boire sans bruit

TREIZIÈME VISION.

Les gouttes de sa soif que lui répand la nuit,
Elle sentait couler jusqu'au fond de son âme
Ces pleurs que lui versait l'amour d'une autre femme ;
Et, de rage et d'amour tressaillant à la fois,
De sa lèvre en secret les buvait sur ses doigts !

Chaque nuit resserrait cette amitié perfide ;
Et quelquefois Lakmi, dans ses vœux moins timide,
Dans l'innocent plaisir que Cédar éprouvait
Croyait sentir un peu l'amour qu'elle y rêvait !
Elle quittait ses pieds mourante de tendresse,
Et brûlait tout un jour du feu d'une caresse.

Une nuit que Cédar, d'un ton plus languissant,
De l'amour à sa voix avait donné l'accent,
Et, dans l'illusion dont l'erreur le domine,
Serré d'un geste étroit l'enfant sur sa poitrine,
Lakmi, qu'éblouissait sa folle passion,
Crut sentir son triomphe à cette pression.
Un cri, de son bonheur trahissant le mystère,
De son cœur éclaté jaillit involontaire.
Vers le divin visage elle leva son front,
S'enivra de ses yeux, et, d'un élan plus prompt
Que l'élan de l'abeille à la fleur qu'elle vide,
Aux lèvres de Cédar colla sa lèvre avide...
« Ah ! le feu de mon âme à la tienne enfin prend,
Cédar ! s'écria-t-elle ; enfin il me comprend ! »
Mais lui, comme un serpent qu'avec horreur on touche,
D'un geste de dégoût l'écartant de sa bouche,
Et retirant soudain ses membres repliés,
La fit tomber à terre et rouler à ses pieds,
Et, froissant de dédain sa superbe paupière,
La regarda d'en haut ramper dans la poussière.

L'humiliation, l'horreur, l'étonnement,
Les frappèrent tous deux de silence un moment,
Tel qu'après un éclair échappé d'un nuage,
Un silence interrompt ou précède l'orage.
Mais Lakmi, reprenant sa ruse avec ses sens,
La première à la fin retrouva des accents,
Et pour baiser ses pieds se traînant humble et douce,
Comme un chien qui revient au pied qui le repousse,
Et craintive enlaçant ses jambes dans ses bras,
Levant sa joue en pleurs et lui parlant d'en bas :
« Être dont le mépris sous ton œil me terrasse,
Pour le crime d'aimer n'auras-tu pas de grâce ?
Si je t'ai profané par un tendre forfait,
Ce crime de l'amour, est-ce moi qui l'ai fait ?
Oui, malgré moi, ma bouche a trahi ma pensée !
Oui, mon souffle a terni ta splendeur offensée !
Je devais le savoir, le ciel est entre nous ;
Les mortels ne devraient te parler qu'à genoux !
Je devais à jamais étouffer dans cette âme
Cet amour dont un geste a révélé la flamme,
Et, comme le charbon dans la main renfermé,
Ne découvrir mon cœur qu'en cendre consumé !
Mais n'as-tu pas toi-même au sein de ton esclave
Encouragé du cœur cet amour qui te brave ?
N'as-tu pas relevé son front humilié
Pendant qu'elle mettait sa tête sous ton pied ?
Sur tes genoux sacrés ne l'as-tu pas assise ?
N'as-tu pas rassuré sa tendresse indécise,
Attendri ta voix mâle, et sur son pauvre corps
De tes cheveux divins laissé flotter les bords ?...
N'as-tu pas approché de ton front qu'elle adore
Ce cœur où l'étincelle était dormante encore ?
Ne l'as-tu pas soufflée à ton souffle de dieu ?
Est-ce ma faute, oh ! dis, si la paille a pris feu ?

TREIZIÈME VISION.

Si ton divin regard, qui consumerait l'ange,
En tombant sur la terre a consumé ma fange?
Tout mon crime, ô Cédar! c'est toi qui l'as commis!
Mais moi, je l'expierai d'un cœur humble et soumis.
Frappe-moi! punis-moi du culte qui m'embrase!
Je bénirai ton pied si c'est lui qui m'écrase!
J'adorerai de toi jusques à ton mépris!
Esclave sans espoir, je servirai sans prix;
Je briserai moi-même au fond de ma poitrine
Ce cœur qui profana ta pureté divine,
Comme de l'arbre d'or le ver ronge le fruit,
Sans que l'oreille même en entende le bruit!
A quelque abaissement que ton cœur me ravale,
Je mettrai mon orgueil à servir ma rivale!
De mes mains, pour tes yeux, j'ornerai ses appas!
Je serai devant toi le tapis de ses pas!
Je t'en entretiendrai pour tromper ton attente;
Tu me diras : « Je l'aime », et je serai contente!
Je trouverai ma joie où d'autres ont leurs morts.
Mais ne me chasse pas de l'ombre de ton corps;
N'écrase pas du pied ta rampante couleuvre!...
Laisse-moi de ta fuite achever tout bas l'œuvre,
Ronger comme un lézard les murs de cette tour,
Te rendre à la lumière, aux déserts, à l'amour;
Et de tes fers tombés brise après ton esclave,
Comme on jette la lime en dépouillant l'entrave!... »

En lui parlant ainsi, ses bras nus enlaçaient
Les jambes de Cédar que ses lèvres pressaient :
De poussière à ses pieds elle souillait ses charmes;
Elle brûlait la place où ruisselaient ses larmes.
A ce feint repentir son courroux s'amortit.
« Sors en paix, pauvre enfant! » dit-il. Elle sortit...
Elle sortit, non pas telle qu'en sa présence

La ruse avait courbé sa fausse complaisance,
Mais le cœur bouillonnant de cet excès d'affront,
Précipitant sa marche et redressant le front.
Ivre de désespoir, d'amour, de jalousie,
En mots entrecoupés semant sa frénésie :
« Non, non, tu m'aimeras, disait-elle en montant,
Tu m'aimeras, cruel, ne fût-ce qu'un instant !
Quand je devrais mourir de son baiser suprême,
Je saurai quel bonheur il donne à ce qu'il aime !
Cet amour refusé, je le déroberai !
Si je tombe... en tes bras du moins je tomberai !
Tu n'échapperas pas au feu qui me dévore.
Périsse avec Lakmi ce palais qu'elle abhorre !
Que ces cruels Titans s'entr'égorgent entre eux !
Que l'enfer montre au ciel leurs mystères affreux !
Que dans ses fondements leur Babel s'engloutisse,
Pourvu que mon bonheur précède leur supplice,
Et que Lakmi, mêlant sa joie à leur trépas,
Emporte dans la mort son rêve entre ses bras ! »

Mais le palais des dieux était mouvant d'intrigues ;
Et Nemphed surveillait de l'œil toutes ces brigues.
A son regard partout de piéges occupé,
Les complots d'Asrafiel n'avaient pas échappé.
Il avait attendu que sa ruse plus mûre
Découvrît mieux au coup le défaut de l'armure ;
Mais ses yeux avaient vu les signes précurseurs.
Il fallait sous ses coups tomber sans défenseurs,
Ou, de ce furieux prévenant la colère,
Avant le bras levé lui donner le salaire.
Après un court sommeil dans la terreur dormi,
Sur ses genoux tremblants il attira Lakmi :
« Que l'œuf de mon courroux soit couvé dans ton âme,
Toi qui d'un sûr trépas couvres de fleurs la lame,

TREIZIÈME VISION.

Belle enfant dont le front masque si bien la mort,
Nuage du matin où mon tonnerre dort!
Que ce secret divin meure dans ta poitrine :
Asrafiel a creusé sous nos pas une mine;
Si tu n'étouffes pas la mèche dans sa main,
Mon empire et Lakmi seront à lui demain.
Serendyb et Znaïm sont des fils de sa trame.
Ma vengeance ne sait où reposer mon âme :
Contre les dieux et lui si je lève le bras,
Ma menace impuissante assure mon trépas;
L'arme qu'empruntera ma main contre ce traître,
Contre mon propre sein se tournera peut-être.
Dans ce péril suprême il n'est qu'un seul salut :
Te jeter, bel enfant, entre l'œil et le but,
Vers l'amour un moment attirer sa pensée,
De tes bras faire un piége à cette âme insensée,
Et pendant qu'il prendra ses yeux à tes appas,
Étonner ses amis par son soudain trépas!
Un de ses fils coupés, toute la trame coule;
Sa force donne seule audace à cette foule.
Lui tombé, leur complot est sans âme; et les dieux
Me chercheront en vain un rival dans les cieux;
Mon trône raffermi pèsera sur leur tête.
Vengeance de Nemphed, au signal es-tu prête?
Des venins de l'aspic as-tu rempli ton sein?
Ce soir, pour déguiser mon perfide dessein,
J'ai préparé pour eux la plus divine orgie
Dont la voûte du ciel se soit jamais rougie.
Pour laisser un moment leurs complots respirer,
D'une ivresse de dieux je veux les enivrer.
Pendant qu'anéantis de lubriques extases,
Ces monstres de l'ivresse égoutteront les vases,
Toi, le front rayonnant de la beauté du ciel,
Dans tes bras enlacé fais languir Asrafiel;

Et du poison subtil que ta main sait dissoudre,
Frappe entre deux soupirs son cœur comme la foudre !
J'aurai l'œil à ton œuvre : au cri qu'il jettera,
De mon sein endormi la foudre jaillira ;
Ses complices surpris, et se craignant l'un l'autre,
Rouleront dans la lie où l'ivresse les vautre.
Ces démons écrasés reconnaîtront leur dieu.
Laisse-moi ! tu comprends : sois mon tonnerre ! adieu ! »

Lakmi, comme un serpent privé, qui des mains glisse,
De l'infernal dessein feignit d'être complice ;
Sur sa lèvre muette elle posa deux doigts,
Son cœur se souleva de son sein comme un poids,
Et du combat des dieux l'épouvantable image
D'une secrète joie éclaira son visage.
Elle sortit soudain ; mais elle n'alla pas
Aux piéges de la nuit préparer ses appas,
Et, comme une Laïs qui se fie à ses armes,
Faire aiguiser par l'art l'aiguillon de ses charmes ;
D'un pas dissimulé, négligent et distrait,
Elle alla rencontrer Asrafiel en secret :

« O le plus beau des dieux, roi du cœur, lui dit-elle,
Je suis l'heure du trône ou ton heure mortelle !
Nemphed cette nuit même a juré ton trépas.
Tu devais sur mon cœur le trouver dans mes bras :
L'imbécile vieillard, qui n'ose te combattre,
Par la main d'un enfant avait voulu t'abattre ;
Mais dans son piége impur lui-même il se prendra,
Mais l'arme qu'il saisit de lui te défendra.
Lakmi, de ta beauté secrètement ravie,
T'adore, et pour sauver tes jours t'offre sa vie.
Ces jours n'ont qu'un soleil, si tu ne le préviens ;
Mets dans le crime enfin tes pas devant les siens.

TREIZIÈME VISION.

Trompe ce vil forfait qu'avec peine il soulève !
Marche pendant qu'il dort ! frappe pendant qu'il rêve !
Je m'offre pour guider, pour assurer tes pas :
Sois ma vie, Asrafiel ! je serai ton trépas !

. . . .

Au coup qu'il faut porter prépare tes complices.
Que leurs cœurs vigilants se sèvrent de délices.
Cette nuit, au moment où le tyran des dieux
Pour m'indiquer ta mort m'appellera des yeux,
Foudroyé du poison préparé pour toi-même,
La pâleur de la mort sera son diadème.
Son cadavre à tes pieds tombera devant toi !
Silence ! audace ! amour ! un enfant t'a fait roi !... »

. . . .
. . . .

Asrafiel, étonné, la vit fuir sans attendre
Le mot qu'à son regard l'effroi semblait suspendre :
« Insidieux serpent ! reptile impur ! dit-il,
Poignard empoisonné dont la ruse est le fil !
Traîtresse qui faillit entre les mains d'un traître !
Ver qui pique le cœur ! chienne qui mord son maître !
Oui, je te laisserai de ton infâme dard
Vibrer tous les poisons qui sont dans ton regard ;
Rampe pour moi, serpent qui dans mes pieds s'enlace,
Au trône où je prétends conduis-moi, fais-moi place !
Mais ne crois pas, perfide, y monter sur mes pas :
Toi seule y monteras, femme aux divins appas !
De toutes ces grandeurs que ce grand jour m'apprête,
Une femme sera la plus chère conquête !
Ses bras seront mon trône, et toi mon marchepied !
Oui, je t'aplatirai, vil scorpion, sous mon pied !
Et comme le frelon sur le miel qu'il exprime,
Va, je veux en montant t'écraser sur ton crime ! »

Mais Lakmi, déjà loin et sans penser à lui,
La rage dans le cœur, dans la foule avait fui.

Auprès de Daïdha furtivement conduite,
Dans ce palais des pleurs en mystère introduite,
L'amante infortunée était devant ses yeux.
Transformant à son gré son front insidieux,
Lakmi la contemplait, sans dire une parole,
De ce regard de sœur qui plonge et qui console,
Et, donnant à sa lèvre un doux pli de pitié,
Semblait de cette peine aspirer la moitié.

A ses chers orphelins, à son amant, ravie,
Mais dans un lieu divin en déesse servie,
Daïdha n'était plus la naïve beauté
Dont les longs cheveux noirs paraient la nudité.
De ses membres captifs magnifiques entraves,
L'or, la soie et l'argent, tissés par ses esclaves,
En plis voluptueux répandus sur son corps,
De ses pieds embaumés venaient baiser les bords.
Des ondes de saphirs, de perles et de pierres,
Ruisselaient de sa tête en splendides rivières,
Et semblaient, de son teint relevant la pâleur,
Une dérision au front de la douleur.
On eût dit une iris sans soleil ni rosée,
Et se fanant dans l'or où la main l'a posée.
La veille desséchait ses membres amaigris;
De livides sillons tachaient ses traits flétris;
Sur sa joue, où la rose avait éteint ses charmes,
Deux rides indiquaient le lit séché des larmes,
Comme l'herbe abattue et le gazon foulé
Montrent à nu la place où la source a coulé.

Son regard fixe et froid s'attachait au visage
Comme un œil qui voit tout à travers une image.
Ses lèvres, qu'agitait un vif tressaillement,
Des paroles sans sons avaient le mouvement.
A l'ombre de Lakmi, sous son regard venue,
Son œil interrogeait la figure inconnue;
Et Lakmi, prolongeant ses hésitations,
Entendait de son cœur les palpitations.

Enfin d'un faux accent couvrant sa joie amère :
« Pauvre femme, dit-elle, hélas! et pauvre mère!... »
Sans distinguer des mots l'accent double et moqueur,
A ces mots Daïdha sentit fondre son cœur.
Elle tendit ses bras vers la fourbe cruelle :
« Oh! vous me plaignez donc, vous du moins! cria-t-elle;
Vous avez donc une âme, une bouche, une voix!
Vous n'êtes pas de fer comme ceux que je vois.
Vous ne garderez pas cet odieux silence!
Oh! oui, tant de beauté, de candeur et d'enfance
Révèle un autre sang que ces monstres hideux.
Que font-ils? où sont-ils? oh! vous, parlez-moi d'eux!
Cédar?... mes doux agneaux?... Eux!... lui! quelle mamelle
Leur distille le lait?... N'est-ce pas qu'il m'appelle?...
N'est-ce pas qu'ils sont beaux?... Ah! parlez à la fois,
Parlez-moi d'eux... de lui!... » L'ardeur coupa sa voix,
Elle colla sa bouche aux mains de sa rivale.

Lakmi d'émotion mordit sa lèvre pâle :
« Pauvre femme! dit-elle! oh! oui, je les ai vus,
Lui, des géants esclave! eux, altérés et nus!
— Esclave! s'écria la malheureuse femme,
Esclave! lui le dieu du monde et de mon âme!
Lui qu'à ce cœur brûlant ces bras seuls enchaînaient!
Lui que des vils mortels les regards profanaient!

Lui dont l'étoile au ciel d'où tombe la lumière
Briserait ses rayons pour être sa poussière!...
Esclave! lui dont l'œil eût foudroyé des dieux!...
Quoi! vous les avez vus? quoi! vus, touchés des yeux,
Ces cygnes sans duvet qu'échauffait mon aisselle?
Ils avaient froid et soif? pas même une gazelle!
. . . .
Oh! vos femmes pour eux n'ont donc point de genoux?
Point de sang, point de lait dans leur sein comme nous?
Oh! pour nourrir d'amour ces fruits de mes entrailles,
Tout le mien coulerait à travers ces murailles!
Oh! portez, portez-leur mon sang pour les nourrir!
. . . .
Monstres! laisserez-vous ces deux anges mourir? »

Lakmi sentit son cœur au cri de la nature :
« Ils ne périront pas faute de nourriture,
Dit-elle; tous les jours, les entendant pleurer,
Quelque mère en secret vient les désaltérer,
Et, d'un reste de lait assouvissant leur bouche,
Les soulève du sol et sur ses bras les couche.
— Du sol? cria la mère en se levant debout,
Du sol dur et glacé? dites, dites-moi tout!
Quoi! sur la terre nue ils ont jeté leurs membres!
Quoi! pas même sous eux les tapis de ces chambres!
Quoi! ces corps délicats dans mes bras amollis,
Que de mon sein de mère auraient froissés les plis,
Sont là sans vêtement sur le sable ou le marbre,
Comme des passereaux tombés du nid sous l'arbre?
Nul duvet n'attiédit leur tendre nudité?
— Hélas! non, dit Lakmi. — Monstres de cruauté!
Hommes dont la malice assassine les anges!
Eh bien, de ces cheveux je leur ferai des langes!
Oh! ne résistez pas au dernier de mes vœux!

Vous, enfant! faites-leur un lit de mes cheveux!
Étendez sous le corps de ce tendre et beau couple
De mon front dépouillé ce duvet long et souple;
Couvrez leur blanche peau de ces anneaux coupés;
Je les ai si souvent de même enveloppés!   [blanches,
Sous ces réseaux flottants qu'entr'ouvraient leurs mains
Ils se sont tant de fois assoupis sur mes hanches!
Avec ces noirs anneaux qu'ils cherchaient à nouer,
Oh! j'aimais tant à voir leurs doigts de lait jouer,
Qu'ils en reconnaîtront l'odeur, douce chimère!
Et se croiront encore à l'abri de leur mère! »

Tout en parlant ainsi, sous le fil des ciseaux
Ses beaux cheveux coupés tombaient en longs réseaux;
Leurs flots s'accumulaient sous son pied qui les foule,
Comme les plis montants d'une robe qui coule.
Quand ils furent montés jusqu'à ses deux genoux,
Sur les bras de Lakmi elle les jeta tous :
« Oh! prenez, lui dit-elle, et portez, portez vite!
Portez-les encor chauds de ce front qui les quitte!
Laissez sur votre main mes lèvres se poser,
Et revenez bientôt me rendre leur baiser! »
Lakmi, les bras chargés de l'ondoyante soie,
Sortit en déguisant son infernale joie,
Regagna son palais, et loin de tous les yeux
Cacha dans ses atours ce dépôt précieux.

Mais à peine avait-elle enfermé sa parure,
Que, pressant les moments qu'un seul soleil mesure,
Et des géants trompés déroutant le coup d'œil,
Du cachot de Cédar elle touchait le seuil.
Humble et douce à ses pieds comme un tigre elle rampe.
« Homme pour qui mon cœur veille comme une lampe,
Cédar! ô le plus beau des songes de Lakmi!

Toi que j'adore en dieu sous ce doux nom d'ami,
Relève enfin ce front courbé sous l'infortune,
Et bénis une fois ma tendresse importune!
De tes membres sacrés l'esclavage est fini.
Demain à Daïdha par mes soins réuni,
Le soleil te verra libre, et prenant ta course
Vers ces monts, fils du ciel, remonter à ta source!
Ne perdons pas le jour en trop longs entretiens;
Ne m'interroge pas, mais écoute et retiens!

« Dans Balbek cette nuit un grand complot se trame.
Nemphed assassiné commencera le drame.
Sa mort mettra le glaive aux mains de nos tyrans,
Leur sang empoisonné coulera par torrents.
L'incendie à grands plis baignera ces murailles.
Tous les dieux prendront part aux divines batailles,
Et, montant pour combattre aux sommets de leurs tours,
Laisseront sans gardiens ces ténébreux détours.
Dans la confusion de l'horrible mêlée,
Une porte de fer, dans le granit scellée,
Restera, pour ta fuite, ouverte sous ces murs.
Une esclave voilée, aux pas discrets et sûrs,
Au signal de mes yeux t'y tracera ta route :
Quand tes pieds de la porte auront franchi la voûte,
Sous un bois de cyprès que tu traverseras
L'esclave remettra Daïdha dans tes bras.
Tu fuiras l'emportant le long des bords du fleuve,
Sans lui dire un des noms dont sa pauvre âme est veuve,
Sans suspendre d'un pas ton pied muet et prompt
Pour poser seulement un baiser sur son front :
Ton salut tout entier dépend de ce silence.
Fuis comme le coursier que le tigre relance;
Fuis tant que le fardeau serré contre ton cœur
N'aura pas pour ta course épuisé ta vigueur.

Tu ne t'arrêteras qu'une heure avant l'aurore,
Vers un détour du fleuve, au pied d'un sycomore ;
Là, tu déposeras ton amour de tes bras,
Et toujours sans parler, assis, tu m'attendras.
Avant qu'au firmament le jour commence à poindre,
Avec tes deux jumeaux je viendrai t'y rejoindre.
Ton bonheur tout entier se pressera sur toi.
Nous fuirons, nous fuirons ensemble, elle, eux et moi.
Si vous voulez encor que Lakmi puisse vivre,
Votre heureuse pitié me laissera vous suivre ;
Ou tu me diras : « Meurs » ; et tu m'étoufferas
Comme ce pauvre chien étouffé dans tes bras !...
Adieu, l'heure suit l'heure, et le temps nous dévore :
Tu me remercieras au pied du sycomore. »
Elle dit, et jetant une lime à sa main,
Elle lui fit un signe, il comprit : « A demain ! »

QUATORZIÈME VISION

La nuit, pleine de crime et de flambeaux rougie,
Roulait avec horreur ses astres sur l'orgie.
Les constellations, du haut du firmament,
Regardaient cette scène avec étonnement,
Admirant comment Dieu, dans son profond mystère,
Laissait monter si haut les forfaits de la terre ;
Et les anges chantaient d'un accent solennel :
« Patient ! patient ! car il est éternel ! »

Les flots emprisonnés jaillissaient en cascades ;
L'illumination serpentait en arcades ;
De cent mortiers d'airain les tonnerres des dieux
Lançaient du haut des tours des astres dans les cieux,
Qui, dans leur parabole entrecoupant leur route,
Formaient sous la nuit pâle une seconde voûte,
Un ondoyant réseau de mobiles soleils
Aux feux d'or ou d'argent, bleus, perlés ou vermeils.
Comme le firmament que l'arc-en-ciel essuie,
Les uns, gouttes de feu, tombaient en rouge pluie ;
Les autres dessinaient, suspendus dans les airs,
Des temples merveilleux illuminés d'éclairs ;

Puis, éclatant là-haut avec des coups de foudre,
Semblaient des pans de ciel qui ruisselaient en poudre.
La musique, jetant le bruit à grands accents,
Par l'air qu'elle ébranlait secouait tous les sens,
Et, leur donnant à tous comme une âme commune,
De mille impressions vagues n'en faisait qu'une,
Emportant à la fois dans ses fougueux courants
Et l'âme de l'esclave et celle des tyrans.
Tout le peuple, assistant aux splendeurs de ces fêtes,
Couronnait les créneaux de membres et de têtes;
Un geste s'imprimait à tous ces fronts mouvants.
Les pavés, les lambris, les murs semblaient vivants :
On eût dit, en voyant respirer les poitrines,
Que l'air du ciel allait manquer à leurs narines!
Le peuple avait livré pour ces impuretés
Les essaims avilis des plus jeunes beautés;
Elles étaient l'encens d'odieux sacrifices,
Des lubriques autels misérables prémices;
La promiscuité de ces amours affreux,
Ainsi qu'un vil bétail, les échangeait entre eux.
Le vin, l'amour, le sang, les cris d'homme et de femme
Ruisselaient, infectaient comme la mort de l'âme.
L'atmosphère élevant les miasmes du sol
Eût asphyxié l'ange étouffé dans son vol.

Se sevrant de la lie où le reste se vautre,
Nemphed et son rival se regardaient l'un l'autre,
Et, pour se préserver de l'invisible mort,
De leurs libations n'effleuraient que le bord.
Au moment où Nemphed, dans sa perfide adresse,
Croit voir son ennemi chanceler sous l'ivresse,
Et lui-même, à son tour feignant d'être endormi,
Du forfait convenu fait le signe à Lakmi,

Celle-ci, s'approchant comme pour mieux entendre,
Par les mains à son cou rieuse vient se pendre,
Et semblable à l'enfant qui, cherchant le baiser,
Entre l'œil et la bouche hésite où le poser,
D'un dard qu'entre ses dents cachait sa lèvre jointe,
Dans la tempe du monstre elle enfonce la pointe.
La hache est moins mortelle et l'éclair est moins prompt;
Il tombe de son trône en se brisant le front.
Asrafiel de son sein tire soudain son glaive.
L'orgie en chancelant se disperse et se lève ;
Trônes, tables, autels, s'écroulent en débris,
Le palais retentit d'épouvantables cris.
En groupes acharnés tous les dieux s'entr'égorgent.
Des restes des festins les esclaves se gorgent;
Et pendant les horreurs de cette longue nuit,
Tout se disperse et meurt, tout triomphe ou tout fuit.

Dans la confusion de la lutte insensée,
Comme un éclair de mort Lakmi s'est éclipsée.
Les laissant disputer le trône ou le trépas,
Vers son palais désert elle court à grands pas.
A ses crimes secrets une esclave attachée
Tire la chevelure à la mère arrachée :
Sa main surprise à peine en soulève le poids.
Elle en lisse avec art les tresses sous ses doigts;
Et, les réunissant au sommet de la tête,
Elle pare Lakmi de sa riche conquête.
Lakmi, dans le cristal reflétant sa beauté,
Triomphe amèrement de ce charme emprunté,
Effile les cheveux, dans les parfums se lave,
Et, fuyant les regards, sort avec son esclave...
. . . .
. . . .
. . . .

. . . .
. . . .
. . . .
. . . .
. . . .

Cependant, comptant l'heure à ses pulsations,
Cédar est abîmé dans ses réflexions.
Avec la lime sourde il a limé ses chaînes;
Son sang impatient coule libre en ses veines;
Il entend le combat sur son front retentir,
Il voit tous ses gardiens se troubler et sortir.
Seul au fond de l'abîme où son oreille écoute,
Il attend qu'une main lui révèle sa route;
D'un pas léger de femme il distingue le bruit.
Elle approche, il s'avance; elle marche, il la suit.
Sous les pas assoupis de sa muette escorte,
De l'épaisse muraille il a franchi la porte.
Son guide l'abandonne, il est libre, il est seul!

La nuit sur la nature étend son noir linceul.
On croirait qu'elle veut, de ce mystère instruite,
D'une ombre impénétrable envelopper la fuite.
A peine aperçoit-il les têtes des cyprès
Sur l'horizon du ciel dessiner quelques traits.
Il avance à tâtons vers un arbre qu'il touche!...
Un cœur est sur son cœur, un doigt est sur sa bouche!...
Il sent de Daïdha, sous l'haleine du vent,
Les cheveux l'entourer de leur voile mouvant.
Sur ses bras en berceau, muet, il la soulève;
Il fuit en l'emportant, plus légère qu'un rêve.
Au bruit grondant du fleuve il dirige ses pas;
Son haleine de feu ne se repose pas.
Sa lèvre aspire en vain le vent d'une narine;
En vain ce cœur tremblant qui bat sur sa poitrine

QUATORZIÈME VISION.

Communique à son sang ses palpitations;
En vain liant son cou dans leurs inflexions,
Deux bras entrelacés comme des nœuds de saule
Supportent un front lourd jeté sur son épaule;
En vain ce doux fardeau qu'il sent tout frissonner
A ses embrassements semble s'abandonner;
Il ne se baisse pas pour effleurer sa lèvre.
De son brûlant amour par amour il se sèvre,
Comme un cœur oppressé qui s'arrête un moment,
Afin de respirer après plus librement.
Rien ne peut ralentir sa course qu'il redouble;
Chaque roseau lui semble un géant qui le trouble,
Chaque plainte de l'onde un cri qui le poursuit :
Il franchit un royaume en un quart de la nuit,
Et ne s'arrête enfin, le pied rapide encore,
Que sur le cap du fleuve, au tronc du sycomore.
Là, sur un vert tapis qui glisse au bord de l'eau,
Il dépose en tremblant son amoureux fardeau,
Et, respirant enfin de son cruel martyre,
Il s'assied auprès d'elle et sur son cœur l'attire.

Oh! pourquoi de la nuit le dôme est-il si noir?
Que ne lui laisse-t-il seulement entrevoir
Ces membres adorés, ce regard, ce visage
Qu'ont flétri la douleur et maigri le veuvage!
Son cœur d'époux éclate et se brise en sanglots;
Ses pleurs à ses baisers se mêlent à grands flots.
Il presse, à le briser, d'une muette étreinte,
Ce corps tout palpitant de délire et de crainte.
Dans sa tremblante extase il redit mille fois
Les noms que des soupirs lui répondent sans voix;
Son amour remplirait une nuit éternelle!
Tremblante de bonheur, Lakmi, car c'était elle!
Dérobant ces transports à la chaste beauté,

S'enivrait de terreur et de félicité.
Sur ce cœur qu'abusait sa malice infernale,
Elle brûlait du feu qu'allumait sa rivale;
Et, de peur de changer le délire en soupçon,
Du souffle sur sa lèvre elle enchaînait le son.
Elle craignait qu'un mot, qu'un soupir ou qu'un geste,
N'anéantît l'erreur de la nuit qui lui reste;
Et sachant que l'horreur suivrait l'embrassement,
Voulait boire l'erreur jusqu'au dernier moment.
Occupant dans ses bras la place de la femme,
La lueur d'une étoile épouvantait son âme.
Tel que dans la prairie un avide serpent
Au sein de la brebis se dresse et se suspend,
Et, de la blanche mère épuisant la mamelle,
Boit le lait de l'agneau qui meurt de soif loin d'elle;
Telle au sein de Cédar cette perfide enfant
Savourant jusqu'au bout son larcin triomphant,
Et des mots les plus saints aspirant les tendresses,
Sur son front profané recevait les caresses.
Cédar pencha le sien sous un poids de langueur,
Et Lakmi s'endormit la tête sur son cœur.

. . . .
. . . .
. . . .
. . . .
. . . .
. . . .

Quand Cédar s'éveilla, Lakmi dormait encore.
Aux premières blancheurs de la naissante aurore,
Avant de regarder la lumière des cieux,
Sur l'astre de son âme il abaissa les yeux.
Il entr'ouvrit du doigt, pour revoir ce visage,

De ces cheveux épars le liquide nuage,
Ces cheveux dont l'odeur et dont la pression
D'un duvet d'ailes d'ange avaient l'impression.
« Éveille-toi, dit-il, ô jour de ma paupière! »
Et découvrant ce front sous son regard de pierre,
Mesurant d'un seul trait le forfait et l'erreur,
Il l'écarte du coude et se dresse d'horreur!

Réveillée à ce cri, Lakmi de ses bras roule;
Son bras s'attache en vain au pied qui la refoule.
Cédar, la secouant comme un pasteur blessé
Secoue en vain l'aspic à sa jambe enlacé :
« Exécrable instrument de vice et d'imposture,
Vipère! criait-il, va! meurs sur ta piqûre! »
Et du front écrasé sous son genou nerveux,
D'une main frémissante, arrachant les cheveux :
« O voile de pudeur! disait-il, chastes ondes!
Avez-vous pu flotter sur ces membres immondes? »
Et sur le bord à pic poussant toujours Lakmi :
« Va souiller, disait-il, l'enfer qui t'a vomi!... »
La pente, en cet endroit escarpée et profonde,
Dominait de cent pieds le lit grondant de l'onde;
Un pas de plus, Lakmi se détachait des bords :
Au moment de sa chute elle roidit son corps,
Et, retenant Cédar d'une dernière étreinte,
Des ongles sur sa peau laissant l'horrible empreinte :
« Oui, lave, ange souillé, mon forfait dans ma mort!
Frappe-moi sans pitié! brise-moi sans remord!
Je savais à quel prix mon audace jalouse
Achetait dans tes bras ce rêve de l'épouse.
J'ai fait le pacte impie et ne m'en repens pas :
Ce songe de l'amour valait bien un trépas!
Ma vie est un orage, il devait se résoudre;
J'ai cueilli la rosée, et j'en ai fait la foudre!

Qu'elle frappe à présent! je la provoque! adieu!
J'ai ravi sur ton sein la tendresse d'un dieu! »
Elle dit, et, cessant l'épouvantable lutte,
Elle roula du bord, résignée à sa chute;
Et, comme une immondice enlevée à ses bords,
Teint de fange et de sang, le flot roula son corps.

De haine et de stupeur, debout sur le rivage,
Cédar avec dégoût détourna le visage;
Et, les cheveux au ciel élevés dans sa main,
Du pas d'un insensé revint sur son chemin.
Les roseaux ondoyaient au vent de sa narine;
Un sourd rugissement sortait de sa poitrine;
Ses pas retentissaient sur le sol souterrain,
Comme les pas pesants d'un colosse d'airain.
Les lions des forêts fuyaient à son approche,
Et l'aigle épouvanté s'envolait de sa roche.
Sa poitrine fendait les flots sans les sentir;
On entendait les coups de son cœur retentir;
Il sortait par moments entre ses dents grinçantes
Des paroles sans suite et des voix mugissantes.
Des muscles palpitants son corps s'accentuait,
Son œil était l'éclair et son geste tuait.
Sa sueur, sur ses pieds pleuvant à large goutte,
D'une trace fumante enveloppait sa route,
Non la sueur du corps d'où coule sa vigueur,
Mais la sueur d'esprit qui fait bondir le cœur.
Ainsi qu'une machine à son œuvre lancée,
Vers son but sans rien voir il marchait sans pensée;
L'éclair de la vengeance éclairait seul ses yeux.

La nuit jetait déjà son ombre sur les cieux,
Quand du haut de ses toits le peuple au cœur servile

Le vit monter de loin les sentiers de la ville.
« Quel géant, disaient-ils, monte par le chemin ?
Quel étendard doré lève-t-il dans sa main ?
On le dirait tissu des rayons de l'aurore.
Son haleine mugit, son large pas dévore;
Son ombre sur le mur dépasserait l'oiseau;
Un chêne sous son bras vibre comme un roseau !
Les portes de nos tours feraient baisser sa tête !
Est-ce le vent, l'éclair, la foudre ou la tempête ?
Accourez!... le voilà!... tremblez!... n'approchez pas ! »
Et la foule de loin se pressait sur ses pas,
Et, s'ouvrant devant lui pour lui laisser la place,
En flots toujours grossis se fermait sur sa trace.
Lui cependant marchait, marchait, marchait toujours,
Comme un fleuve entraînant des ruisseaux dans son cours;
Et levant dans sa main ces beaux cheveux de femme,
Que le vent dépliait en flottante oriflamme,
Il semblait secouer ce crime de Lakmi,
Tel qu'un réveil de feu sur ce peuple endormi !
Et ce peuple insensé, qui vole où le vent vole,
Le suivait par instinct, sans souffle et sans parole.

Quand il vit tout le peuple, autour de lui béant,
Que dépassait du front sa taille de géant,
Comme un mât qui se dresse au sein de la tempête,
Il s'arrêta terrible et retourna la tête;
Et d'un geste de dieu, d'une voix dont l'accent
Aurait fait remonter un fleuve mugissant :
« Est-il quelqu'un de vous qui garde au fond de l'âme
Du feu d'Adonaï quelque mourante flamme ?
Est-il quelqu'un de vous qui conserve enfoui
Dans les plis de son cœur le Dieu d'Adonaï,
Ce Dieu des opprimés dont le nom est un glaive ?
S'il en est un encor, qu'il parle et qu'il se lève !

Ce Dieu vient à la fin en moi vous visiter,
Affronter vos tyrans et les précipiter!... »

De la foule à ces mots de grandes voix montèrent,
Du livre dispersé mille pages flottèrent;
Les fils de la parole, à la voix ralliés,
Brisèrent les vils jougs dont ils étaient liés,
Et, du peuple étonné fendant l'épaisse houle,
Sous la main de Cédar se groupèrent en foule.
Les lâches, par l'exemple à l'audace aguerris,
Secouèrent les fers dont ils étaient meurtris.
On n'entendit au loin qu'un cliquetis sublime
De chaînes qui tombaient sous l'enclume ou la lime :
Un million de bras s'étendit à la fois,
La liberté jaillit d'un million de voix!
Et l'esprit du Seigneur, qui souffle ces tempêtes,
Ondoya comme un vent sur cette mer de têtes.

Cédar, dont à leurs yeux la colère avait lui,
Sentit monter l'esprit de tout ce peuple en lui :
« Vile chair, car qui sait le nom dont on vous nomme?
Levez vos fronts, dit-il, et redevenez homme!
Sous les pieds de vos rois, terre, remuez-vous;
Et dans leur propre audace engloutissez-les tous!
Secouez sur leurs noms leur crime et votre injure,
Comme mon bras secoue au vent sa chevelure;
C'est le sacré drapeau qu'eux-mêmes nous ont fait,
Leur dernière infamie et leur dernier forfait!
Que sur leurs fronts maudits autant de morts ruissellent!
Que de cheveux vengeurs dans ma droite étincellent!
Ils en ont dépouillé la plaintive pudeur,
Comme vous de vos droits et de votre grandeur.
Comme je remettrai sur ce front sa dépouille,
Remettez vos saints droits sur votre chair qu'on souille!

Pour vous paraître grands, ils courbent vos genoux ;
Ils ont jeté leur ombre entre le ciel et vous ;
Effaçant dans vos cœurs la foi de vos ancêtres,
Ils en ont chassé Dieu pour en rester les maîtres,
Mais nommez avec moi le nom du Dieu vivant :
Ils seront la poussière et vous serez le vent !...
Contre l'humanité leur règne est un blasphème ;
Venger l'homme avili, c'est venger Dieu lui-même !
Prostituer ses dons, c'est les déshonorer ;
Reconquérir ses droits, amis, c'est l'adorer ;
C'est le culte de sang pour l'homme qu'on opprime !
La tyrannie aussi de l'esclave est le crime ;
Se courber sous le joug, c'est presque le forger,
Et subir les tyrans, c'est les encourager !
Lavez ce long forfait dans le sang et les flammes,
Forcez dans ces palais ces prisons de vos âmes !
Remontez vers le ciel par ce sublime assaut !
La liberté, la foi, Dieu lui-même est là-haut !
De vos desseins vengeurs leurs forfaits sont complices ;
L'heure, l'occasion, les ombres sont propices.
Ces monstres déchaînant leur sourde inimitié,
Ont déjà de votre œuvre accompli la moitié.
Leurs temples sont remplis de leur lutte intestine ;
Ils ne soupçonnent pas la nuit qu'on leur destine !
Dans leur vil sang qui coule enfonçons les talons !
Allons ! » — Le peuple entier s'élançant dit : « Allons ! »

Tel, quand le vent changeant sur la plaine liquide
Fait frissonner le flot d'une première ride,
Coulant devant la brise, insensible d'abord,
A peine d'un murmure elle effleure le bord ;
Mais, au souffle croissant du vent qui la déplie,
Par cent mille sillons elle se multiplie :
Sur l'horizon des mers qu'elle fait onduler

On voit le flot qui monte au flot s'accumuler;
La ride devient vague, et la vague colline.
Elle court en grondant battre un cap en ruine,
Et dans la mer d'en bas qui n'osait l'approcher,
Avec ses bras d'écume entraîner le rocher.
Tel ce peuple, appelé par l'accent d'un seul homme,
S'éveillait en sursaut de son terrible somme,
Et, lançant vers le ciel ses ressentiments mûrs,
Tout armé de ses fers, grossissait sous les murs.

QUINZIÈME VISION

CEPENDANT Asrafiel, vainqueur par sa complice,
De ses lâches rivaux débarrassant la lice,
Le pied sur un cadavre au trône était monté.
Pour lui le prix du sang était la volupté ;
Et, pour aiguillonner sa luxure assouvie,
Des scènes du carnage aux excès de la vie
Passant sans intervalle et sans transition,
La nuit n'était qu'ivresse et prostitution.
Sur les parvis souillés du palais des scandales,
Le sang et les parfums se mêlaient sur les dalles ;
Les hymnes effrénés, les sons des instruments,
Y couvraient de la mort les derniers râlements.
Mille femmes formaient des guirlandes obscènes,
Dansaient en secouant des flambeaux sur ces scènes.
La débauche vivante y peignait l'horizon ;
Étouffant dans la chair un reste de raison,
On eût dit qu'effrayé du jour qui devait suivre,
Des cinq sens à la fois il se hâtait de vivre.
Par ces hideux tableaux son esprit excité

Voulait un nouveau sel à l'impudicité.
Les yeux de Daïdha brûlaient de loin son âme;
L'empire n'était rien pour lui sans cette femme :
Tous ses forfaits n'étaient que des forfaits ingrats
S'ils ne lui jetaient pas ce rêve entre les bras!
Il voulait, réservant pour lui ce prix céleste,
Être un amant pour elle, être un dieu pour le reste,
Et, l'élevant de terre à sa divinité,
Faire de sa débauche une solennité!
Ces lieux étaient la scène et cette heure était l'heure.
Conduite de la nuit de sa morne demeure
Au jour étincelant de ces temples des dieux,
Daïdha, debout, nue, était devant ses yeux.

Ses regards, étonnés par l'éclat de la flamme,
Dans l'éblouissement laissaient nager son âme;
Ses longs cils l'ombrageaient en vain de la splendeur;
Ses beaux cheveux coupés manquaient à sa pudeur.
La tête qui se baisse et la rougeur qui monte
Contre tant de regards la vêtissaient de honte;
Son cœur pétrifié s'arrêtait de stupeur,
Sa peau se nuançait des frissons de la peur;
Ses épaules à nu, se serrant aux aisselles,
S'efforçaient de voiler son corps, comme deux ailes
Dont les duvets ravis par le cruel ciseau
Se referment en vain sur les flancs de l'oiseau.
Par une de ses mains, comme un fruit qu'on dérobe,
De son sein virginal elle couvrait le globe;
L'autre pour ombrager ses pudiques appas
En ceinture à ses flancs faisait plier son bras.
Parmi tant de beautés et tant d'esclaves nues,
Son tremblement, sa peur, ses grâces ingénues
Jetaient sur elle seule un voile de respect;
L'impudique regard rentrait à son aspect.

Tant la pudicité, parure intérieure,
Rayonnait de ce corps contre l'œil qui l'effleure !

Un silence d'extase et de ravissement
Donnait à tous les yeux le regard d'un amant.
Un murmure courait dans l'assemblée immense,
Comme dans les forêts la brise qui commence ;
Tandis que Daïdha, rouvrant ses chastes yeux
Qu'épouvantaient d'horreur les murs licencieux,
Par ces hideux tableaux toujours plus offensée,
S'enfonçait plus avant dans sa propre pensée,
Comme un vase d'amour et de dilection
Au fond de cette mer d'abomination.

Asrafiel, aux splendeurs de ce beau front d'esclave,
Sentait avec son sang rouler des jets de lave ;
Son geste et son regard dévoraient tant d'appas.
Ses longs cheveux tombés ne la flétrissaient pas :
Semblable au beau palmier qu'à la cime l'on taille,
Dont la nudité même a relevé la taille,
Plus souple vers le ciel son buste s'élançait ;
Et cette peau sans ombre où le frisson glissait
Ressemblait à la peau de grenade pourprée
Dont la première écorce est déjà déchirée,
Et qui laisse éclater aux regards une chair
Que de l'avide enfant la dent craint de toucher.

« Viens, disait Asrafiel, ô perle de l'aurore
Que la vague à mes pieds apporta pour éclore,
Viens luire sur ce front où luit tant de grandeur
Tu feras dans ce ciel sa première splendeur.
Étoile de la nuit, qui brillais inconnue
Derrière les forêts ou derrière la nue,
Des astres du matin viens effacer le jour !

Le bonheur de tes yeux coule en rayons d'amour ;
Sur tes lèvres de nard un ciel entier respire !
C'est pour te conquérir que j'ai conquis l'empire !
Viens, couronnant mon cœur de tes chastes beautés,
Me payer ma grandeur par mes félicités ! »

En lui parlant ainsi, sa main rude et robuste,
S'assouplissant un peu, l'enlaçait par le buste,
Et dans ses forts genoux l'attirait vers son cœur ;
Mais Daïdha bondit avec un cri d'horreur.
Il sourit, et dardant un regard de satyre :
« Biche à l'œil curieux qui fuit ce qui l'attire,
Dit-il, charmante enfant, reviens à moi, reviens !
Ton pied léger, vois-tu, traîne encor ses liens ;
De quoi te serviraient la colère et la fuite ?
Plus vite sous ma main tu reviendrais réduite.
Mais pourquoi t'enfuis-tu ? viens ; tu ne sais donc pas
Que l'œil d'un dieu lui-même adore tes appas ?
Qu'il veut, gardant pour lui sa volupté jalouse,
D'esclave, sur son cœur, te proclamer épouse ?
T'élever aussi haut sur celles que j'aimais
Qu'aucun rêve de femme ait aspiré jamais !
Pour tapis sous tes pieds jeter toutes ces femmes ;
Pour parure un empire, et pour jouet des âmes !
Oh ! viens, folle beauté, sur le cœur d'Asrafiel,
De bonheurs inconnus étonner jusqu'au ciel !... »
Il se tut, et tendant les bras vers la rebelle,
Attendit un instant qu'elle y tombât... Mais elle,
D'une voix dont la honte et l'indignation
Relevaient tout à coup la molle inflexion :
« Dieu seul est Dieu, dit-elle, et le ciel de mon âme,
C'est le cœur de celui dont il m'a fait la femme :
Cédar, mon saint amour ! Cédar, mon seul époux !
Un cachot avec lui plus qu'un trône avec vous !

De vos pieds tout-puissants que dans mes pleurs je lave,
Poussez-moi, jetez-moi, foulez-moi comme esclave;
Mais rendez-moi Cédar, Cédar, mon seul amour,
Et mes petits enfants dont les yeux sont mon jour!
J'embaumerai vos pieds d'éternelle caresse,
Et vous serez un dieu, du moins pour ma tendresse... »

Comme si cette bouche eût blasphémé le ciel,
Un murmure d'horreur la couvrit. Asrafiel,
La repoussant du pied sur le marbre abattue :
« Ah! dit-il, c'est donc lui! Qu'on coure et qu'on le tue!
Que l'on traîne à ses yeux ses membres torturés!
Qu'elle entende!... Mais non, reprit-il, demeurez!
Avant que de sa vie un geste me délivre,
D'un seul mot, Daïdha, tu peux le laisser vivre;
C'est toi qui vas frapper, c'est toi qui le tueras!
Viens chercher ton amant, sa vie est dans mes bras!...»
A ces mots Daïdha, par la crainte éperdue,
Se jetait... Mais soudain sur un pied suspendue,
Et rebroussant d'horreur son beau corps incliné :
« Non! non! qu'il meure avant son amour profané!
Qu'il meure avant de voir son épouse avilie
Au prix de son honneur lui racheter la vie!
Qu'il meure avant de voir mortes sous ton baiser
Ces lèvres où son cœur du moins peut se poser!
Frappe, mon choix est fait!... — Eh bien, non, dit l'hyène,
Je suspendrai le coup pour que ta vie y tienne!
Esclaves, apportez ses enfants par les pieds,
Comme deux vils chevreaux pour le couteau liés.
Par tous les sentiments de sa vile nature,
Sur leurs membres sanglants donnez-lui la torture;
Oui, respectez son corps et torturez son cœur,
Jusqu'à ce qu'elle tombe aux bras de son vainqueur... »
Les petits, à ces mots, arrachés de leur couche,

Chacun d'eux sur les bras d'un esclave farouche,
Sur le seuil du parvis sont apportés soudain.
L'aboiement ne fait pas bondir plus fort le daim
Que le vagissement de ses fils qu'on apporte
Ne fait bondir d'amour la mère vers la porte.
Avant que des bourreaux son geste ne soit vu,
Se jetant sur leurs mains d'un élan imprévu,
Elle arrache ses fils à leur cruelle serre,
Sur son cœur étouffé par l'étreinte les serre,
Les laisse, les reprend, roule son front sur eux,
Les couvre sur leurs corps de baisers plus nombreux
Que l'orage du cœur n'a de gouttes de pluie;
Les baigne de ses yeux, des lèvres les essuie;
Puis, les pressant sur elle à les faire crier,
D'un regard qui paraît défier et prier,
Regarde les bourreaux un moment en silence;
Aux genoux d'Asrafiel avec ses fils s'élance,
Contre son cœur transi les presse d'une main,
De l'autre le genou de ce monstre inhumain;
De la foudre du cœur, que son coup d'œil lui darde,
L'attendrit, le foudroie : « Oh! dit-elle, oh! regarde,
Regarde à tes genoux ces innocents agneaux!
Des mères de tes dieux les fils sont-ils plus beaux?
Oh! touche cette chair d'ivoire, où la tigresse
Changerait, en léchant, sa morsure en caresse!
Vois ces yeux où tes yeux se reflètent; oh! vois
Comme ils touchent tes pieds avec leurs petits doigts!
Comme dans tes genoux ils plongent leur visage,
Ainsi que deux aiglons plongent dans le nuage!
Oh! tu n'es pas de pierre, oh! tu t'attendriras!
Tu les laisseras vivre, et moi tu me tueras!... »
Puis, avec cet instinct rapide de la mère,
Aux lèvres d'Asrafiel voyant la joie amère,
Et comprenant soudain qu'il avait découvert

QUINZIÈME VISION.

Le seul point sans défense où son cœur fût ouvert,
Du sol où se courbait sa face prosternée
Relevant les enfants d'une main forcenée,
Et changeant tout à coup de figure et de voix,
Elle se retourna comme un cerf aux abois.

« Non, tu les frapperas ! je le vois dans ton rire !
Monstre ! l'amour y raille et l'enfer y respire !
Mais viens, tyran ! bourreaux, meurtriers, venez tous !
Ma seule arme de mère est plus forte que vous.
Essayez d'arracher du sein qui vous défie
Ce couple que j'y rentre et que j'y pétrifie !
Vous briserez plutôt ces lourds câbles de fer
Que ce nœud de mes bras qui va les étouffer !
Vous ne les percerez qu'en perçant mes entrailles !
Ce sang, avec le leur, rougira vos murailles ;
Et ce monstre obtiendra, pour prix de ses forfaits,
Trois cadavres jetés à ses pieds satisfaits !...
— Bourreaux ! dit Asrafiel en haussant les épaules,
Ouvrez, sans les briser, ces tendres bras de saules ;
Prenez ces fruits séchés avant que d'être mûrs,
Et brisez à ses yeux leurs têtes sur les murs ! »

Deux bourreaux, à ces mots, d'une étreinte robuste,
Déplièrent ses bras qui se collaient au buste,
Et de ses vains efforts sans peine triomphants,
Écartèrent la mère et prirent les enfants.
Chacun en saisit un comme un boucher sa proie,
Lia ses pieds meurtris d'une rude courroie.
Tel qu'un bloc qu'en tournant la fronde va lancer,
Chacun vers sa colonne on les vit s'avancer.
Déjà les airs sifflaient sous le vent de leurs crânes,
Déjà le mur rasait leurs cheveux diaphanes :
Un pas de plus ! leurs fronts éclataient en débris

Le plus beau des jumeaux jette deux faibles cris;
A cette voix d'enfant, dont l'accent la déchire,
L'horreur de Daïdha monte jusqu'au délire.
Ah! le cœur d'une mère est enfin le plus fort :
« Pour sauver mes petits, j'embrasserais la mort! »
Dit-elle; et, s'élançant comme l'air à la flamme,
Dans les bras d'Asrafiel elle tombe sans âme!

. . . .

. . . .

. . . .

. . . .

Le monstre, se penchant sur son front sans couleur,
Sous d'odieux regards rappelait la chaleur;
Il allait profaner sous son haleine immonde...
Quand un cri dont l'horreur ferait crouler un monde,
Un cri semblable au cri dont le terrible écho
Fit rentrer dans le sol les murs de Jéricho,
Un cri semblable au cri dont la puissance seule
Fait lâcher au lion la brebis de sa gueule,
Et de l'aigle tremblant ouvre la serre au ciel,
Fascina tout son sang aux veines d'Asrafiel,
Ouvrit ses fortes mains comme une main plus forte,
Et laissa retomber Daïdha demi-morte!

Cédar, car c'était lui, du haut des escaliers,
Cédar, montrant sa tête entre deux hauts piliers,
Cédar, grand comme un dieu dont la mâle statue
Tombe du piédestal sur la foule abattue,
Les cheveux hérissés, le bras haut, l'œil béant,
Marche sur les corps morts au trône du géant.

Pendant que les géants abandonnaient les portes,
Du peuple débordé précédant les cohortes,
Précipitant ses pas de la foule suivis,

QUINZIÈME VISION.

Il s'était avancé jusqu'aux secrets parvis.
Comme avant de frapper l'orage plane et tonne,
Pour assurer ses yeux que la splendeur étonne,
Derrière une colonne un instant arrêté,
Par l'ombre du portique il s'était abrité.
Pendant qu'il suspendait l'assaut grondant du geste,
Il avait vu ses fils balancés comme un ceste,
Et Daïdha, jetant son dernier cri d'effroi,
Tomber morte et souillée aux bras du monstre-roi !
A cet excès d'horreur, dans son sein condensée,
La foudre de son âme avait été lancée,
De l'orteil aux cheveux l'horreur avait jailli,
La racine du cœur en avait tressailli.
Tout ce qui sent dans l'homme, aime, frémit, abhorre,
En avait concentré le contre-coup sonore :
Rage, colère, amour, mort, indignation,
S'étaient multipliés dans sa vibration !
La voix de tout ce peuple, à sa voix confondue,
Comme un mur qui s'écroule était d'en haut fondue.
L'enfer n'aurait pas mis les tyrans à l'abri ;
La vengeance du monde était dans ce seul cri !...

Comme se courbe un front quand passe la tempête,
Les géants avaient mis les deux mains sur leur tête,
Et, pareils aux épis par l'ouragan pliés,
Sous son ombre ondoyants s'écartaient de ses pieds.
Le peuple à flots pressés le suivait de sa foule.
Tel, au milieu d'un lac quand une tour s'écroule,
On voit le lac, grossi par les rocs éboulés,
Surmonter ses hauts bords de ses plis refoulés,
Et, dépassant du flot les grèves du rivage,
Suspendre son écume au rocher qui surnage ;
Telle, tombant au sein de ce monde avili,
Où de l'iniquité l'abîme était rempli,

La colère d'un homme et sa seule énergie
Avaient d'un peuple entier troublé la léthargie,
Et de ces murs sacrés, qu'il n'osait regarder,
Jusque sur ses tyrans l'avait fait déborder !

Armé de jougs brisés, de socs et de massues,
Il se précipitait par toutes les issues,
Entraînant dans son flux, noyant dans sa fureur
Ces dieux qu'une heure avant adorait sa terreur.
Nul n'osait se roidir contre ce grand déluge ;
Tous tombaient ou mouraient, ou cherchaient un refuge.
La droite de Cédar agitait leur linceul.
Asrafiel pâlissant osait le fixer seul ;
Et, ne connaissant pas la force d'un bras libre,
Sur ses muscles tendus reprenant l'équilibre,
De toute sa hauteur se dressant en sursaut,
De Cédar qui s'avance il attendait l'assaut.
Daïdha de ses mains pressait encor sa jambe.
Cédar, venant à lui sur le corps qu'il enjambe,
Comme un bélier jaloux qui, pour abattre un tronc,
Incline obliquement les cornes de son front,
Le souffle du lion grondant dans sa narine,
D'un seul coup de sa tête enfonce sa poitrine.
Asrafiel, à ce choc qui le fait chanceler,
De ses côtes de fer sent les os vaciller ;
La force de son bras manque au coup qu'il assène ;
Ses poumons écrasés font ronfler son haleine ;
Mais, pressant de Cédar la nuque entre ses doigts,
Ses deux coudes ouverts, il l'écrase du poids,
Et, comme un sanglier plonge sa dent d'ivoire,
Dans son épaule nue enfonce sa mâchoire :
Tel on voit, pour ouvrir ses grands ongles mordants,
Le dogue secouer le tigre avec ses dents.
Cédar, sans étancher son sang pur qui ruisselle,

Glisse son front rampant sous son immense aisselle,
Et, par ses flancs charnus à son tour l'étreignant,
Déchire sa mamelle en gros lambeau saignant.
On dirait qu'insensible au vil sang qui le souille,
Pour dévorer son cœur jusqu'aux côtes il fouille ;
Sa dent, qui sur ses os heurte sans s'ébrécher,
Emporte à chaque coup des lanières de chair ;
Un ruisseau de sang noir sur ses lèvres écume ;
Chaque lambeau du corps sous sa mâchoire fume.
Sans ralentir sa rage il les secoue au vent,
Élargit sa morsure, et plonge plus avant ;
Et, découvrant le cœur sous la chair déchirée,
Il y plonge en lion sa dent désespérée.
Le colosse à l'instant, frappé du coup mortel,
Des pieds de Cédar croule aux marches de l'autel.
Les globes de ses yeux tournent sous sa paupière ;
Son front sonore est pâle et froid comme la pierre.
Cédar, penché sur lui, le prend par les cheveux,
Tend, pour le soulever, ses deux poignets nerveux,
Et, contre l'autel même où son forfait s'expie,
Comme un serpent dans l'œuf brise son crâne impie ;
Puis, cherchant du regard ses autres ennemis,
Il voit tout, devant lui, mort, fuyant ou soumis.

Le peuple fluctuant, que la peur encourage,
Pendant qu'il combattait, s'acharnant au carnage,
Avait, vengeant d'un jour tant de jours odieux,
Égorgé sans combat la moitié de ses dieux ;
L'autre moitié, fuyant le fer levé sur elle,
Avait, par des détours, gagné la citadelle ;
Tour qui montait au ciel, et dont les murs de roc,
Dressés en précipice et ne formant qu'un bloc,
Défiant des béliers la poutre la plus forte,

Recevaient l'air du ciel et n'avaient qu'une porte.
Pendant que leur vainqueur s'enivrait du succès,
De cette tour d'airain gardant l'unique accès,
Les dieux, réfugiés dans cet antre de pierre,
En refermant la porte, avaient roulé derrière
Trois grands blocs de granit, dont la masse et le poids
Auraient épouvanté mille hommes d'autrefois,
Et que de la colline où leur masse est soudée
Trente siècles n'ont pu déplacer d'une idée !
Ce vil reste de dieux couvert par ses remparts
Du faîte des créneaux plonge d'affreux regards.
Le peuple, dont la rage à leur aspect s'allume,
Se brise sur ces murs en impuissante écume ;
Sa fureur, qui ne peut si haut les assaillir,
Sur les corps mutilés des morts vient rejaillir ;
Ils dépècent des doigts ces cadavres livides,
Allument des brasiers, et, pour leurs faims avides,
Dévidant de leurs dieux les sanglants intestins,
De cette chair fumante ils font d'affreux festins.
L'incendie au palais s'attache en longues lames,
Le vent souffle engouffré dans des courants de flammes ;
Sous des vagues de feu le sol semble ondoyer :
Tout roule et s'engloutit dans ce large foyer.
Il calcine la pierre, il effeuille le marbre ;
La colonne s'allume ainsi que le tronc d'arbre,
Et, comme des rameaux sur les herbes fumants,
Sème du haut des airs ses grands entablements !
On dirait qu'un volcan allumé de lui-même
Dévore avec le sol ces temples du blasphème.
De ces foyers vengeurs les feux semblent vivants.
Les chefs-d'œuvres humains sont la cendre des vents.
L'œuvre d'impiété des siècles consumée,
Éteinte en un seul jour, se balaye en fumée.

QUINZIÈME VISION. 345

L'ange de la justice et de la liberté,
Sur ses ailes de feu par les flammes porté,
Tel qu'un pasteur qui brûle une ruche d'abeilles,
Avec l'iniquité consume ses merveilles.
Aux sinistres éclairs des bûchers dévorants,
Aux bouillons de la lave, aux clameurs des mourants,
On voit courir le peuple, ivre d'horrible joie,
Repousser dans la flamme ou disputer sa proie,
Battre des mains aux feux, encourager les vents,
Jeter sur les charbons les esclaves vivants,
Assouvir de leurs sens les vengeances infâmes,
Violer dans la mort les cadavres des femmes,
Et, d'agneaux égorgés devenus égorgeurs,
Surpasser les forfaits dont ils sont les vengeurs!...

Cédar, encor souillé de sang et de fumée,
Relevant Daïdha par sa voix ranimée,
Emportait loin du feu, sur ses bras triomphants,
Pressés contre son cœur, sa femme et ses enfants.
Ne pouvant s'arracher à leur tremblante étreinte,
Il s'assit à l'écart au pied d'un térébinthe,
Dont sur un grand bassin les immenses rameaux,
Par leurs feuilles courbés, se baignaient dans les eaux.
Tel qu'un buffle altéré lave ses crins immondes,
Il se plonge trois fois tout fumant dans les ondes,
Et trois fois relevant sa tête sur les flots,
De son sang encor tiède il lave les caillots.
Le venin d'Asrafiel sortit de sa morsure.
Daïdha de ses pleurs arrosa sa blessure,
Et dans son chaste sein restaurant sa vigueur,
Tout ce qu'il adorait se groupa sur son cœur.

Oh! de crainte et d'amour quels rapides échanges

De mots inachevés qu'entendaient seuls les anges,
D'éclairs d'une âme à l'autre éclatant tour à tour,
Illuminant d'un mot les doutes de l'amour,
Dans ce rapide instant absorbèrent leurs âmes!
Pendant que l'incendie en ses longs jets de flammes
Leur jetait par moments ses sinistres reflets,
Et que le sol tremblait aux chutes du palais,
Amant, père, vainqueur, enfant, épouse, mère,
Leur joie accumulée était leur atmosphère.
Le ciel aurait croulé sur le monde englouti,
Que le bruit dans leur cœur n'en eût pas retenti.

Cependant ce vil peuple, achevant son ouvrage,
Jusqu'après le triomphe étendait le carnage.
Cédar en eut pitié; la tête dans sa main,
Il pleura sur lui-même et sur le genre humain.
« O race, pensait-il, faite pour qu'on l'opprime,
Vengeras-tu toujours le crime par le crime?... »
Il se leva d'horreur pâle sur son séant.
La foule de ses cris poursuivait un géant;
Il vint tomber aux pieds du vainqueur de sa race.
Où la force éclatait, il espérait la grâce :
« Sauve-moi, cria-t-il, de ce peuple assassin! »
Cédar lui fit contre eux un rempart de son sein;
Comme un cap immobile il divisa la foule.
Le peuple en murmurant rebroussa sur sa houle :
Tel qu'à la voix de l'homme un tigre rugissant
Qui laisse et qui regrette une goutte de sang.
Mais Cédar indigné, les réprimant du geste,
Des tyrans poursuivis préserva quelque reste.
« Qui de vous, disait-il en détournant les yeux,
Du maître ou de l'esclave, est le plus odieux?
Oh! fuyons, mon amour, ces races de vipères!
Emportons nos enfants aux forêts de nos pères!

N'est-il donc plus un juste au fond des nations? »
Et Daïdha pleurant lui répondit : « Fuyons ! »

Au sommet de la tour qui leur servait d'asile,
Les géants consternés regardant sur la ville,
Voyant cette pitié d'un vainqueur généreux,
Comprirent leur salut et parlèrent entre eux.
Dans ce monde pétri de mal et d'artifice,
Chaque vertu du juste est une arme du vice.
Quand l'incendie éteint languit sans aliment,
Et que l'épaisse nuit couvrit le firmament,
L'un d'eux par une corde aux créneaux suspendue,
Et du poids de son corps jusqu'aux fossés tendue,
Glissa le long du mur, et d'un pas indécis
S'avança vers Cédar sous le grand arbre assis.
Tombant à ses genoux tout interdit de crainte,
Et pressant ses deux pieds d'une muette étreinte,
Sa voix cherchait des mots et ne pouvait parler;
Sa pensée en suspens semblait aussi trembler.
Comme un coupable enfin que son juge rassure,
Et sur les mots pesés composant sa figure :
« O divin étranger, envoyé par le ciel
Pour délivrer la terre et punir Asrafiel,
De quelque nom caché que Jéhovah te nomme,
Puissante main d'en haut qui viens relever l'homme,
L'homme qu'elle relève est indigne de toi !
A leurs iniquités, ô juste ! arrache-moi !
Tu vois devant tes yeux une de leurs victimes,
Respirant l'air impur qu'ils infectent de crimes,
Buvant l'iniquité tout en la détestant,
Et pour leur échapper épiant chaque instant.
Du sommet de la tour où cette race impie,
Comme l'aigle blessé, de son aire t'épie,

Je t'ai vu tout à l'heure à ces hommes ingrats
Ravir tes ennemis protégés par ton bras;
J'ai reconnu ma race à ta vertu sublime,
J'ai mis ma confiance en ton cœur magnanime;
Et du haut des remparts glissant inaperçu,
Comme l'ombre de Dieu ton ombre m'a reçu.
Sauve-moi, choisis-moi de cette race infâme
Que ma tribu déteste et que vomit mon âme!
Mon nom n'est pas leur nom, mon Dieu n'est pas le leur;
Jeune ils m'ont pris au piége, ainsi que l'oiseleur.
Sous les palmiers sacrés de Mésopotamie
Je suis né d'une race à leur race ennemie;
Là, le nom des géants comme un crime est haï;
Là, règne seul au ciel le nom d'Adonaï!
Là, le lait et le miel coulent d'un sol propice,
Et du cœur des mortels l'amour est la justice;
Là, tout homme, plantant ses tentes en tout lieu,
A son frère dans l'homme et son père dans Dieu.
Oh! laisse-moi m'enfuir vers ces rives prospères,
Et reporter mon âme aux tentes de mes pères! »

Cédar le relevant en étendant la main :
« Saurais-tu de ces bords retrouver le chemin?
Pourrais-tu vers ce ciel me guider sur ta trace?
Parle! oh! parle! dit-il, enfant d'une autre race.
Si tu sais où trouver les fils de Jéhova,
Mes pieds seront tes pieds, et tes yeux mes yeux : va!

— Vers ces climats bénis où l'aurore a sa source,
Neuf soleils, dit Stagyr, achèveront ta course.
Nous marcherons d'abord par un profond vallon,
La poitrine tournée au ciel de l'aquilon.
Nous passerons bientôt les ondes de l'Euphrate;
Nous entrerons après dans une terre ingrate

Qui ne germa jamais herbe ni nations,
Déserts touchés par Dieu de malédictions,
Où, déroulant aux vents ses vagues infécondes,
L'océan sablonneux laboure seul ses ondes.
Là, pour ne pas mourir, sur les flancs du chameau
Le patriarche errant charge deux sources d'eau.
Après trois jours entiers, du côté de l'aurore,
La terre des palmiers commencera d'éclore.
Un fleuve indiquera les bords que nous cherchons. »
Ainsi parla Stagyr, et Cédar dit : « Marchons ! »

Il prit sur chaque bras un des fils de ses larmes,
Et l'espoir dans le cœur étouffant les alarmes,
Appuyant sur son cou la main de Daïdha,
Il suivit hors des murs l'homme qui le guida.
A la lueur des feux sur des monceaux de cendre
De la cité du crime on le vit redescendre,
Et, maudissant du cœur l'infâme nation,
Secouer de ses pieds l'abomination !
Il vit autour des murs errer une chamelle
Dont le petit suçait la pendante mamelle ;
Stagyr, d'un geste adroit lui passant le licou,
En chassant son petit l'emmena par le cou.
Sur les marges du puits deux outres oubliées
Pleines de l'eau du ciel, l'une à l'autre liées,
Du fleuve qui s'éloigne emprisonnant les flots,
Balancèrent leur poids en liquides ballots.
Daïdha sur le dos de l'animal robuste
Prit sur ses bras ses fils pressés contre son buste.
Suivant d'un souple corps ses cahots ondulants,
Ses beaux pieds nus pendaient contre les rudes flancs.
Cédar, qui du regard surveillait cette charge,
Lui prêtait pour appui son bras solide et large ;

Et Daïdha du haut de son siége ondoyant,
Effleurait ses cheveux du souffle en s'appuyant,
Et sur la forte épaule où son bras se déploie
Lui redoublait son poids pour lui doubler sa joie.
Quand un des deux enfants s'éveillait ou criait,
Dans le creux de sa main que leur lèvre essuyait,
Cédar, faisant un peu ruisseler la mamelle,
Rassasiait leur soif du lait de la chamelle.
Ainsi, cherchant l'abri d'un Dieu juste et vengeur,
Fuyait vers l'Orient le couple voyageur;
Et chacun de leurs pas, rapprochant l'espérance,
Semblait jeter un siècle entre eux et leur souffrance!
. . . .
. . . .
Ils marchèrent ainsi jusqu'au pâle matin.
Déjà le grand désert rougissant le lointain,
Comme une flamme envoie un reflet au nuage,
Incendiait le ciel de sa livide image.
La vapeur que la nuit lui faisait exhaler
Aux rayons bas du ciel paraissait onduler.
Ses sillons accouplés fumaient comme une braise
Que la pelle remue aux bords de la fournaise.
Tout l'horizon flottait dans la confusion.
Seulement, par moments, un oblique rayon,
Rasant du sable d'or la crête qu'il allume,
Le faisait éclater comme un bouillon d'écume;
Puis, d'un sommet à l'autre avec le jour glissant,
Semait de points de feu le sable éblouissant,
Et, noyant le regard dans ses horizons vagues,
De cette mer de flamme entre-croisait les vagues.
En avançant d'un pas hors du monde fini,
On croyait tout vivant entrer dans l'infini.
Le doute et la terreur reposaient sur ces cimes.
En jetant leurs regards sur ces mouvants abîmes,

QUINZIÈME VISION.

Cédar et Daïdha, l'un sur l'autre appuyés,
Sentirent tous leurs nerfs se crisper dans leurs pieds;
Reculant sur leurs corps, d'un geste involontaire,
Leurs orteils contractés s'attachaient à la terre.
Mais, se tournant vers eux, Stagyr dit : « Le voilà!
Des hommes et de Dieu la terre est au delà! »

Sous l'haleine de feu que le désert apporte,
Sur la terre déjà toute vie était morte.
Ils ne voyaient au loin que des troncs calcinés,
Sous le poids du simoun et du sable inclinés;
Semblables à ces mâts, grands débris de naufrages,
Qu'en ses jours de courroux la mer jette aux rivages,
Et qui dressent de loin, à l'œil des matelots,
Leurs cadavres penchés et rouillés par les flots.
Ainsi, sur les confins de la terre vivante,
Le désert dépliait son écume mouvante;
Et le sable en bouillons débordait de son lit,
Comme une eau sur le feu qui bout et rejaillit.

Rassurés par les pas de l'homme qui les guide,
Les amants, abordant cette arène liquide,
Comme un esquif se lance aux flots des océans,
Confièrent leurs pas à ses sables béants.
Les ondulations des premières collines
Leur cachèrent bientôt les campagnes voisines.
L'horizon décroissant s'affaissa sous leurs yeux :
Ils ne voyaient au loin que l'arène et les cieux.
Leur route, serpentant de l'abîme au nuage,
D'un vaisseau qui talonne imitait le tangage;
Le gouffre, dont à peine on les voyait sortir,
Ne les rendait au jour que pour les engloutir.
Ils levaient un moment au sommet de ces lames
Leurs deux fronts que le jour colorait de ses flammes,

Comme l'on voit surgir et plonger tour à tour
La voile des pêcheurs teinte des feux du jour.
Le vent qui fraîchissait, soufflant à leur figure,
Ballottait de Cédar la noire chevelure,
Et la faisait fouetter et claquer sur son dos
Avec un bruit pareil au claquement des flots.

Depuis que leurs regards avaient perdu la terre,
De leurs impressions symptôme involontaire,
Ils marchaient en silence et n'osaient échanger
Une pensée entre eux pleine de leur danger :
Soit que la majesté de ce roulant abîme
Imprimât à leur lèvre une terreur intime;
Soit que de leur péril le secret sentiment
Accumulât sa force en ce grave moment.
Comme une caravane aux défilés entrée,
Aucun son ne troublait leur marche mesurée;
Le pied sourd du chameau ne retentissait pas :
Le sable buvait tout, jusqu'au bruit de leurs pas.
Seulement, par instant, sous leur corps qui chancelle,
Ils entendaient un bruit comme d'eau qui ruisselle.
Leur oreille, trompée, avec ravissement
Écoutait gazouiller ce doux ruissellement;
Au murmure de l'eau leurs yeux cherchaient la source;
Pour y tremper leur âme ils suspendaient leur course :
L'illusion au cœur bientôt se refoulait;
Ce n'était sous leurs pieds qu'un gravier qui coulait,
Comme si du désert cette arène tarie
Eût à l'aridité mêlé la raillerie.

De la terre et du ciel les rayons du soleil
Fondaient leur tête nue et leur brûlaient l'orteil.
Quelquefois sur le flanc d'un monticule sombre
Se collant sur la pente, ils goûtaient un peu d'ombre,

QUINZIÈME VISION.

Et de leurs fronts baissés laissant égoutter l'eau,
Ils reprenaient haleine et partaient de nouveau.
Ils marchèrent ainsi jusqu'à l'heure tardive
Où le soleil plongea dans ces vagues sans rive.
La brise de la lune enfin se fit sentir;
L'ombre basse du soir commença de vêtir
La nudité du sol d'apparences plus douces;
L'œil trompé le voyait teint d'herbes et de mousses.
Le désert, que renflait quelque roc souterrain,
Affectait la rudesse et les plis du terrain;
Les coteaux élargis arrondissaient leurs croupes;
Sur leurs flancs affaissés des monts nouaient leurs groupes,
Leurs formes découpaient l'azur plombé des cieux,
Les étoiles rasaient leurs pics audacieux.
L'illusion jetait aux crêtes de ces chaînes
Les profils nuageux des cèdres et des chênes;
On aurait pu se croire errer sur quelque banc
Des rochers du Taurus ou des monts du Liban,
Et des sommets ombreux de leurs cimes voilées
Voir leur neige écumer dans la nuit des vallées.

De ces illusions leur cœur se nourrissait.
Sur leurs pas ralentis la nuit s'épaississait.
Dans le creux d'un vallon de ces trompeuses pentes
Où les rideaux des nuits furent leurs seules tentes,
Les amants épuisés s'arrêtèrent enfin :
Ils choisirent pour place un lit de sable fin.
Après avoir tiré le lait de sa mamelle,
Cédar remit en garde à Stagyr la chamelle.
Ils mangèrent des fruits portés pour le chemin;
Se passèrent après l'outre de main en main;
Et, rendant grâce à Dieu de ces sobres délices,
Se couchèrent en paix aux flancs des précipices.
Stagyr de quelques pas s'était éloigné d'eux.

Après tant de misère ils étaient là tous deux.
Ils entendaient dormir les deux fruits de leur couche,
Un vent frais sur le front et du lait sur la bouche;
Le cœur contre le cœur et la main dans la main,
Leur veille se portait sur un long lendemain;
Ils avaient retrouvé le ciel dans leur présence.

Il est dans les repos de l'humaine existence
De célestes moments, moments, hélas! trop courts,
Où dans le cœur trop plein le sang suspend son cours;
Où des afflictions que le présent soulève
Sur l'esprit dilaté le poids n'est plus qu'un rêve;
Où, comme la brebis au tournant des saisons,
L'âme se sent pousser de nouvelles toisons,
Et de ce lac de joie où Dieu l'a retrempée
Sort sans se souvenir de sa toison coupée!
Semblables à ces jours qu'au milieu des hivers,
Tout fumant de frimas, le soleil donne aux airs;
Qu'au-dessus du brouillard qui ternit les campagnes
Le voyageur rencontre au sommet des montagnes;
Où le rayon du ciel chauffe comme un manteau,
Où la lumière baigne et dore le coteau,
Où du brouillard des nuits le cèdre qui s'essuie
En rosée odorante égoutte aux pieds sa pluie,
Où le merle frileux siffle au bord du chemin,
Où rien ne manque au jour, hélas! qu'un lendemain!

Ainsi dans son repos ce couple solitaire
Se sentait l'un dans l'autre enlevé de la terre;
Ils se laissaient bercer par leur ravissement,
Ainsi que le nageur par le flot écumant.
Leur âme, à qui la paix rendait la confiance,
Ne se fatiguait plus d'obscure prévoyance;
A ces regards du ciel qui les environnaient,

QUINZIÈME VISION.

Comme leurs membres las, leurs cœurs s'abandonnaient.
Le front devant le front et les mains enlacées,
Aux genoux l'un de l'autre, ils noyaient leurs pensées.
Des étoiles du ciel les rayons amoureux
Enviaient les regards qu'ils échangeaient entre eux.
Des brises de la nuit l'haleine parfumée
En effleurant leur bouche en était embaumée;
Elle emportait leurs mots et leur âme en soupir;
Leurs touchants entretiens ne pouvaient s'assoupir;
Pour entendre le son de la voix qu'il adore,
Les mots déjà redits se redisaient encore;
Pour retrouver l'épaule ou le cou de l'amant,
Daïdha dépliait son bras déjà dormant;
Cédar, pour écouter le souffle de sa bouche,
S'appuyait sur le coude au sable de sa couche.
Le sommeil du bonheur enfin ferma leurs yeux.

Astres, amis du cœur, qui regardiez des cieux!
De l'éclatante nuit brillantes providences,
Étoiles où montaient leurs chastes confidences!
Yeux ouverts du Seigneur sur l'ombre des déserts!
Esprits qui remplissez l'air, la terre et les mers!
Anges de tous les noms, mystérieux fantômes
Dont le monde invisible est plus plein que d'atomes!
Saints ministres du père en tous les lieux vivant,
Qui luisiez dans ce feu, qui passiez dans ce vent,
Oh! pourquoi, déjouant des desseins sacriléges,
N'éloignâtes-vous pas ces beaux pieds de tous piéges?
Pourquoi laissâtes-vous jusqu'au réveil du jour
S'assoupir ces deux cœurs dans l'embûche d'amour?
N'avaient-ils point d'ami dans le monde céleste
Qui pût les éveiller d'une idée ou d'un geste?
Pour l'incompréhensible et sainte volonté,
La ruine de l'homme est-elle volupté?

Mais silence : envers Dieu la plainte est une offense,
Ses anges ne sont saints que par l'obéissance!...

. . . .
. . . .
. . . .
. . . .
. . . .
. . . .

Quand la barre de feu fendit le firmament,
Ils furent éveillés par le gazouillement
Des enfants assoupis, dont la main étendue
Cherchait la coupe humaine à leurs lèvres rendue,
Mais que l'anxiété d'un sevrage cruel
Avait vidée, hélas! sur le sein maternel.
A ces doux cris, Cédar sur son séant se lève;
Il promène d'en haut ses regards sur la grève.
Trois fois d'une voix forte il appelle Stagyr :
De chaque pli du sable il croit le voir surgir;
Mais sa voix, du désert seulement entendue,
Expire sans réponse, et meurt dans l'étendue....

. . . .
. . . .
. . . .
. . . .

Son esprit est frappé d'une horrible lueur;
Son front se couvre à froid d'une moite sueur;
Il tourne sous l'assaut de confuses idées.
Son pied heurte en marchant les deux outres vidées,
Dont le sable stérile avait bu toute l'eau,
Et qui portaient aux flancs l'empreinte du couteau!
A ce témoin parlant de tant de perfidie,
Comme d'un coup mortel son âme est engourdie.
Aux yeux de Daïdha, pétrifiés d'horreur,

QUINZIÈME VISION.

Ses yeux en se portant redoublent sa terreur.
Dans leur anxiété plus leur regard s'enfonce,
Plus à leur doute affreux la mort est la réponse;
Dans ce regard muet, dialogue sans mots,
D'une longue agonie ils ont bu tous les flots.
Sous le poids de l'horreur leurs cous brisés se ploient;
Pour mourir sur la place en silence ils s'assoient.
L'aspect de leurs enfants les secoue et les mord.
Leur résignation s'agite d'un remord.
A leurs cris, en sursaut Cédar encor se lève;
Les yeux sur la poussière, interrogeant la grève,
Il cherche à retrouver dans le sable mouvant
La route de Stagyr; mais les ailes du vent
Qui se lève au matin sur ces vagues arides
De l'océan de poudre ont nivelé les rides,
Et du guide infidèle enseveli les pas.
Le pied du passereau ne s'y connaîtrait pas.
Il revient épuisé de sa course inutile.
Daïdha, se collant à l'arène stérile,
A la place où de l'eau le sol était imbu,
Cherchait à retrouver l'onde qu'il avait bu,
Mordait le sable sec d'une lèvre farouche;
Approchant les enfants, leur y collait la bouche,
Espérant que le sol, de leur soif attendri,
Ne refuserait pas de la rendre à leur cri;
Et, bondissant sous elle ainsi qu'une panthère,
Comme pour se venger frappait du poing la terre.

Cédar, les bras levés, un moment regarda;
Puis à ce vain délire arrachant Daïdha,
Et remettant au ciel un cœur transi de doute,
Pour qu'un guide invisible illuminât leur route,
Il prit un des enfants sur chacun de ses bras,
Et marcha sans savoir où le menaient ses pas.

Daïdha, regardant l'horizon et sa brume,
Le désert qui poudroie ou le brouillard qui fume,
Montrant avec un cri son espoir de la main,
Le faisait revenir cent fois sur son chemin;
Voyait dans les vapeurs, de son regard de mère,
Surgir à l'horizon chimère sur chimère.
A tous ces buts changés leur force succombait;
Sur chacun de leurs pas le doute retombait;
Sans cesse un repentir ramenait en arrière
Leurs pieds, dont les erreurs centuplaient la carrière;
Puis, saisis tout à coup d'un nouveau repentir,
On les voyait s'asseoir, se lever, repartir.
Le soleil cependant, suspendu dans sa voûte,
Marquait de leur sueur les haltes de leur route;
De leurs membres trempés leur force ruisselait.
Daïdha se frappait les seins vides de lait :
Au lieu du blanc nectar dont son malheur les sèvre,
Arrachant à Cédar ses enfants, sur leur lèvre
Elle faisait couler, pour les désaltérer,
Ses larmes, lait du cœur, que les yeux font filtrer !
Mais le sel de ses pleurs, qui rend cette onde amère,
Détournait les petits des baisers de leur mère :
« Cœur qui les as portés, les laisses-tu mourir ?
Sein qui les as conçus, ne peux-tu les nourrir ? »
Criait-elle en voyant toutes ses ruses vaines.
« Oh ! s'ils voulaient du sang, je m'ouvrirais les veines ! »
Et déchirant sa peau de son ongle impuissant :
« Que n'êtes-vous lions ? vous lécheriez ce sang ! »
De ses cris maternels la douleur insensée,
En épuisant son corps, égarait sa pensée.
Cédar contre son cœur vainement l'appuyait;
De ses bras contractés ce cher fardeau fuyait,
Et, lassé d'un espoir qui sans cesse retombe,
Embrassait le désert des bras, comme une tombe !

QUINZIÈME VISION.

Les étoiles du ciel commençaient de jaillir,
La nuit dans ses terreurs vint les ensevelir ;
D'une étreinte mortelle, assis, ils s'embrassèrent,
Comme deux naufragés, et muets s'affaissèrent.
Nul n'osait de sa voix faire entendre le son ;
Leurs cœurs ne se parlaient que par leur seul frisson :
En proférant le mot qu'il eût fallu répondre,
Ils craignaient de sentir tout leur courage fondre ;
Chacun d'eux dévorait ce que l'autre pensait.
Des enfants sur leurs bras le cri s'affaiblissait ;
Leur cœur les réchauffait entre leurs deux poitrines ;
A peine entendait-on le vent de leurs narines ;
Comme la poule encor couve mort son poussin,
La mère réchauffait ces deux corps dans son sein.
Oh ! durant cette longue et suprême insomnie,
Combien le sable but de gouttes d'agonie !
La brise du matin les rafraîchit un peu,
Le soleil nu monta comme un charbon de feu ;
L'aube, qui se jouait splendide sur leur tête,
Teignit le firmament de sa couleur de fête.
Cette gaieté semblait une insulte des cieux.
Pour y chercher secours, ils levèrent les yeux :
Une cigogne, seule, à l'aile diaprée,
Sans doute, hélas ! aussi de sa route égarée,
Comme une longue flèche à la fin de son vol,
Fendait l'air résonnant à quelques pieds du sol,
Dans ses deux pattes d'or emportant avec elle
Un de ses chers petits à l'ombre sous son aile.
L'oiseau, comme étonné de l'aspect des humains,
S'approcha d'eux ; Cédar éleva les deux mains
Comme pour arrêter cet ami dans sa course,
Et conjurer l'oiseau de lui montrer la source.
Le fort vent de son vol effleura ses cheveux ;
Mais l'oiseau s'éloigna sans entendre ses vœux.

Ils suivirent longtemps, de colline en colline,
Son vol bas, jusqu'au bord où l'horizon décline,
Et marchèrent plus seuls quand l'oiseau disparut.
Le matin de ce jour, un des jumeaux mourut;
L'autre mourut le soir. Faux sourires de joie
Qui finit en sanglots et qu'une larme noie!
Cédar n'entendit pas mourir leurs souffles sourds :
Seulement il sentit leurs corps froids et plus lourds,
Et leurs têtes, pendant du bras qui les supporte,
Battirent sur son cœur comme une chose morte.
Son œil pétrifié sans pleurs les regarda,
Et, de son bras droit libre enlaçant Daïdha,
Il s'enfuit emportant ses fils morts et sa femme,
Comme un spectre emportant les trois parts de son âme,
Ou comme la victime échappée au boucher,
Qui traîne dans son sang les lambeaux de sa chair.

Il courut au hasard jusqu'au bout de sa laisse,
Tant que les nerfs tendus trompèrent sa faiblesse.
Ces pas pressés, ce poids, ce fougueux mouvement,
De ses maux à son âme ôtaient le sentiment.
Quand son pied s'arrêta, ses forces succombèrent;
Sur lui, de tout leur poids, ses fardeaux retombèrent:
Daïdha, de son sein, sur le sable glissa;
Ses enfants sur son cœur, lui-même il s'affaissa.
Précurseur de la mort, dont il était l'image,
Le sommeil sur ses yeux répandit son nuage,
Et, de songes trompeurs abusant sa raison,
De ruisseaux et de lacs inondait l'horizon.

Quand il se réveilla de cette léthargie,
Le matin à ses sens rendit quelque énergie;
La nature lutta plus forte que la mort;
Son œil crut du désert apercevoir le bord :

QUINZIÈME VISION.

« Oh! lève-toi, dit-il, si ton cœur bat encore;
Je vois les hauts palmiers tout noyés dans l'aurore!
Les anges du Seigneur ont eu pitié de toi.
— Me lever! me lever! dit la mère, et pourquoi?
Ah! tigre que je hais plus que l'agneau sans tache
Ne hait le nœud coulant qui le traîne à la hache;
Moi, me lever, te suivre, et marcher sur tes pas!
Ah! tu voudrais encor m'égarer, n'est-ce pas?
Tu voudrais, du désert m'infligeant les tortures,
Faire mourir de soif mes douces créatures?
. . . .
Oh! non, non, à mes bras le ciel les a rendus!
Par ce cœur à jamais ils y sont défendus :
Tu ne les auras plus, monstre, qu'avec ma vie!
Viens me les arracher, viens; mais je te défie!
Dieu les protége ici contre tes cruautés;
Il les a de tout mal dans ces lieux abrités.
Vois comme ils sont heureux aux bords garnis de mousses
Où leurs petites mains puisent des eaux si douces!
Comme du nénufar l'ombre les rafraîchit!
Comme du citronnier le rameau qui fléchit
Roule à leurs pieds joueurs ses savoureuses pommes!
Que de fleurs, que de miel, que de sucs et de gommes
Distillent de l'écorce ou pleuvent des rameaux,
Ou de la ruche pleine échappent en ruisseaux!...
Qu'il fait bon en ces lieux, qu'un seul aspect offense,
Que menace un seul mal! tigre, c'est ta présence!... »
Et, regardant Cédar avec ce long regard
Où le délire ardent semble rougir un dard,
Et reculant de lui sa tête renversée,
Et des coups de sa main lui lançant sa pensée,
Pressant contre son cœur, hélas! ses enfants morts,
Elle les dérobait dans les plis de son corps!

En vain des plus doux noms conjurant ce délire,
Cédar cherchait ses yeux, leur parlait du sourire;
Ses plus tendres regards n'inspiraient que terreur,
Elle n'avait pour lui que geste et cri d'horreur!
Ah! ce fut là le fond de son amer calice!
Dans la dernière goutte il but tout son supplice.
Dans ce sort à son sort par le trépas lié,
Son cœur fort jusque-là s'était multiplié.
Mourir, mais en rendant son souffle à ce qu'il aime,
Laisser quelque saveur à ses angoisses même;
S'en aller embrassés vers un plus doux séjour,
Cette agonie encore eût été de l'amour!
Mais n'être plus connu de cet œil fixe et sombre,
Du seul point lumineux qui restât dans son ombre!
Ne pouvoir rappeler du regard, de la voix,
Ce rayon dont l'amour l'inondait autrefois!
Frapper de sa parole une oreille de pierre,
Ne trouver qu'un abîme au fond de sa paupière!
Que dis-je? être soudain devenu pour ses yeux
L'objet le plus étrange et le plus odieux!
La voir tendre les mains afin qu'on l'en délivre!
Ah! c'est mourir cent fois par ce qui faisait vivre!
C'est voir le passé même échapper! c'est sentir
Le cœur où s'appuyait le cœur s'anéantir!
A l'horrible lueur de ce tourment suprême,
Cédar douta de lui, d'elle, de Dieu lui-même;
Comme un homme qui sent finir tout sentiment,
Son âme eut du néant l'évanouissement.
Il roula dans son gouffre, écrasé sur ses pointes.
Le cou plié, le pied en avant, les mains jointes,
Immobile il resta contemplant Daïdha,
Et la mer de douleurs flot à flot l'inonda.
Quand il revint à lui pour marcher vers l'aurore,
Il voulut dans ses bras la soulever encore :

QUINZIÈME VISION.

Mais Daïdha, nouant ses doigts comme attachés
Aux maigres filaments d'arbustes desséchés,
Et cramponnée au sol d'une étreinte farouche,
De poussière et de sang se remplissait la bouche;
Et, couvant contre lui ses enfants de son sein,
Dans son amant, hélas! voyait leur assassin.
Il ne put l'arracher, trop faible, de la terre,
Où sa fureur cherchait une mort volontaire :
En allant quêter seul au loin la goutte d'eau,
En marchant plus léger sans son triple fardeau,
Il espéra trouver la source poursuivie,
Et devancer la mort en rapportant la vie.

Il partit vers la plage où l'espoir avait lui.
Le sable du désert disparaissait sous lui.
Ainsi qu'un fossoyeur qui mesure une tombe,
Et marche en enjambant la terre où son pied tombe,
Les anges le voyaient arpenter à grands pas,
Dans le deuil de son cœur, le champ de son trépas.
Son ombre le suivait comme une aile cassée
Que traîne sur le sol la cigogne blessée.
Les pentes du désert par degrés s'abaissaient;
Sous le sable déjà les pierres le blessaient;
Les têtes des palmiers d'une terre féconde
Sortaient de l'horizon comme les mâts de l'onde.
Sous le voile ondoyant de ses bords de roseaux
Le fleuve tout à coup lui déroula ses eaux.
Cet aspect lui rendit l'espérance et la force;
D'un palmier séculaire il déchira l'écorce,
Sa main en large coupe en déplia les bords :
Il descendit au fleuve, il y plongea son corps.
Écumante au niveau de sa lèvre altérée,
Montait la brise humide et la vague azurée :
Il détourna de l'eau sa bouche et son regard

Avant que Daïdha n'en eût goûté sa part;
Il en remplit l'écorce, et reprenant sa route,
Tout tremblant que sa main n'en perdît une goutte,
Il courut le corps droit, les deux mains en avant,
Retrouva tous ses pas sur le terrain mouvant;
Et de son amour mort voyant de loin le groupe,
Dans ses mains en criant il éleva la coupe.

Hélas! à cette voix nulle ne répondit!
Vers les bras qu'il tendait nul bras ne s'étendit.
Daïdha sommeillait sur sa dernière couche.
L'air ne frémissait plus du souffle de sa bouche.
Le lézard s'approchait; la mouche et la fourmi
Parcouraient librement son visage endormi;
Sur sa lèvre entr'ouverte on pouvait encor lire
Le sourire insensé de son dernier délire.
Les enfants en travers sur elle étaient couchés,
Leurs visages charmants à son corps abouchés :
On eût dit, à la fin d'une longue journée,
Aux cris de ses enfants la mère retournée,
En leur donnant le sein surprise de sommeil,
Et dormant avec eux seule et nue au soleil!
A l'immobilité de ce funèbre groupe
Il reconnut la mort, et, renversant la coupe,
Il regarda couler sa vie avec cette eau,
Comme un désespéré son sang sous le couteau!
Puis, se roulant aux pieds des êtres qu'il adore,
Et frappant de ses poings sa poitrine sonore,
Pour bondir au hasard bientôt se relevant,
Tel qu'un taureau qui fait de la poussière au vent,
Il ramassait du sable en sa main indignée,
Et contre un ciel d'airain le lançant à poignée,
Comme l'insulte au front que l'on veut offenser,
Il eût voulu tenir son cœur pour le lancer!

« O terre ! criait-il, ô marâtre de l'homme !
Sois maudite à jamais dans le nom qui te nomme !
Dans tout grain de ton sable, et tout brin de gazon
D'où la vie et l'esprit sortent comme un poison !
Dans la séve de mort qui sous ta peau circule,
Dans l'onde qui t'abreuve et le feu qui te brûle,
Dans l'air empoisonné que tu fais respirer
A l'être, ton jouet, qui naît pour expirer !
Dans ses os, dans sa chair, dans son sang, dans sa fibre,
Où le sens du supplice est le seul sens qui vibre !
Où de la vie au sein les palpitations
Ne sont de la douleur que les pulsations !
Où l'homme, cet enfant d'outrageante ironie,
Ne mesure son temps que par son agonie !
Où ce souffle animé, qui s'exhale un moment,
Ne se connaît esprit qu'à son gémissement !
Tout être que de toi l'inconnu fait éclore
Gémit en t'arrivant, en s'en allant t'abhorre !
Nul homme ne se lève un jour sur son séant
Que pour frapper du pied et pleurer le néant !
Que maudite à jamais, qu'à jamais effacée,
Soit l'heure lamentable où je t'ai traversée !
Que ta fange m'oublie et ne conserve pas,
Une heure seulement, la trace de mes pas !
Que le vent, qui te touche à regret de ses ailes,
De nos corps consumés disperse les parcelles !
Que sur ta face, ô terre ! il ne reste de moi
Que l'imprécation que je jette sur toi ! »

Pour unique réponse à son mortel délire,
L'air muet retentit d'un long éclat de rire.
Derrière un monticule il vit de près surgir
Les fronts de cinq géants et du traître Stagyr.
« Meurs, lui crièrent-ils, vile brute aux traits d'ange !

Ta force nous vainquit, mais la fourbe nous venge.
Laissons cette pâture aux chacals des déserts;
Allons! Nous sommes dieux, et l'homme attend ses fers! »
Ils dirent : et, tournant le dos, ils disparurent,
Et leurs voix par degrés sur le désert moururent.

Cédar, dont leur mépris fut le dernier adieu,
A cet excès d'horreur se dressa contre Dieu.
Tout l'univers tourna dans sa tête insensée :
Il n'eut plus qu'une soif, un but, une pensée,
Anéantir son âme et la jeter au vent.
Comme un gladiateur blessé se relevant,
Il cueillit sur les flancs des arides collines
Une immense moisson de ronces et d'épines;
Autour du groupe mort où son pied les roula,
En bûcher circulaire il les accumula;
Dans ce cercle funèbre il s'enferma lui-même,
Et pour hymne de mort vomissant le blasphème,
Sur cet amas de ronce entassé lit sur lit,
Il frappa le caillou dont le feu rejaillit;
Puis, prenant dans ses bras ses enfants et sa femme,
Ces trois morts sur le cœur, il attendit la flamme.

La flamme, en serpentant dans l'énorme foyer
Que le vent du désert fit bientôt ondoyer,
Comme une mer qui monte au naufrage animée,
L'ensevelit vivant sous des flots de fumée.
L'édifice de feu par degrés s'affaissa.
Du ciel sur cette flamme un esprit s'abaissa,
Et d'une aile irritée éparpillant la cendre :
« Va! descends, cria-t-il, toi qui voulus descendre!
Mesure, esprit tombé, ta chute à ton remord!
Dis le goût de la vie et celui de la mort!
Tu ne remonteras au ciel qui te vit naître

QUINZIÈME VISION.

Que par les cent degrés de l'échelle de l'être,
Et chacun en montant te brûlera le pied ;
Et ton crime d'amour ne peut être expié
Qu'après que cette cendre aux quatre vents semée,
Par le temps réunie et par Dieu ranimée,
Pour faire à ton esprit de nouveaux vêtements
Aura repris ton corps à tous les éléments,
Et, prêtant à ton âme une enveloppe neuve,
Renouvelé neuf fois ta vie et ton épreuve ;
A moins que le pardon, justice de l'amour,
Ne descende vivant dans ce mortel séjour ! »

. . . .
. . . .
. . . .

. . . .
L'ouragan, à ces mots se levant sur la plaine,
Souffla sur le bûcher de toute son haleine,
Et dispersa la cendre en pâles tourbillons,
Comme un semeur, l'hiver, la semence aux sillons.
L'immobile désert sentit frémir sa poudre,
L'occident se couvrit de menace et de foudre ;
Des nuages pesants, pleins de tonnerre et d'eau,
Posèrent sur les monts comme un sombre fardeau,
Et, sur son front levé vers la céleste voûte,
L'homme sentit pleuvoir une première goutte.
. . . .
. . . .

ÉPILOGUE

Et le vieillard finit en disant : « Gloire à Dieu ! »
Seul mot qui contient tout, seul salut, seul adieu,
Seule explication du ciel et de la terre,
Seule clef de l'esprit dont s'ouvre tout mystère !
Il étendit sa main pour le bénir sur nous !
Nous pliâmes, contrits, nos fronts et nos genoux ;
Comme un homme qui craint de renverser son vase,
Nous sortîmes muets, emportant notre extase.
Le navire aux mâts nus, endormi sur les flots,
Sous l'ombre du Liban berçait nos matelots.
Sous la vergue où le câble avait roulé les toiles,
L'hirondelle du bord en becquetait les voiles.
Le sifflet réveilla le pilote dormant,
Et le vaisseau reprit son sillage écumant.

TABLE DES MATIÈRES

Avertissement. 1

LA CHUTE D'UN ANGE.

Récit. 9
Première vision. 27
Deuxième vision. 55
Troisième vision. 73
Quatrième vision. 119
Cinquième vision. 137
Sixième vision. 147
Septième vision. 163
Huitième vision. 187
Neuvième vision. 231
Dixième vision. 237
Onzième vision. 269
Douzième vision. 283
Treizième vision. 303
Quatorzième vision. 321
Quinzième vision. 333
Épilogue. 369

PARIS. TYPOGRAPHIE DE E. PLON ET Cie
RUE GARANCIÈRE, 8.

www.ingramcontent.com/pod-product-compliance
Lightning Source LLC
Chambersburg PA
CBHW050542170426
43201CB00011B/1526